フローチャート消費税

図解による消費税の課税関係

税理士・司法書士 内川 毅彦【著】

法令出版

まえがき

税理士が加入する「税理士職業賠償責任保険」の保険事故のうち、支払われた件数及び支払金額は、次頁の表（「税理士職業賠償責任保険事故の税目別内訳と主な事故原因」）にあるとおり毎年消費税がトップです。

その保険事故となった原因は、①簡易課税制度の選択適用届出書・不適用届出書の提出失念、②課税事業者選択届出書・不適用届出書の提出失念、③簡易課税／原則課税（一般課税）の誤選択、④仕入税額控除計算の個別対応方式／一括比例配分方式の誤選択などが主なものとなっています。

消費税は、様々なルールがあり、それに応じた手続きが必要となるケースが多々あることから、上記保険事故の原因で見るように、手続を失念することがあったり、選択の判断を誤ったりといった税務過誤が生じていると考えられます。

このような過誤は、将来の予測、シミュレーションを十分に行い、それらに備えた手続を対策すれば、多くは防げたものではないでしょうか。

本書は、消費税の手続面を中心に、将来予測、シミュレーションをフローチャートによりビジュアルに示し、そこからどのような手続を採るべきなのか、何が有利なのかの判断のお役に立てるような情報を提供しようとするものです。

消費税の課否判定や課税仕入れの範囲など、解釈面での手引き書は確かに重要ですが、それらは別書とすることで手続面での視点に絞り込んだ対策本として書き上げました。

いくらかでも納税者の方々又は実務家の方々の転ばぬ先の杖となれば、望外の喜びです。

本書の出版に当たり、法令出版編集部の下島克仁氏にはひとかたならぬお世話になりました。この場をお借りして御礼申し上げます。

令和４年10月

内川　毅彦

○　税理士職業賠償責任保険事故の税目別内訳と主な事故原因

		2021年	構成比	2020年	構成比	2019年	構成比
消費税	件数	282　件	48.5％	261　件	51.9％	252　件	49.3％
	金額	77,000万円	43.5％	109,500万円	48.6％	96,700万円	42.8％
法人税	件数	130　件	22.4％	110　件	21.9％	131　件	25.6％
	金額	43,000万円	22.8％	79,900万円	35.4％	68,500万円	30.3％
所得税	件数	115　件	19.8％	83　件	16.5％	72　件	14.1％
	金額	44,000万円	24.9％	21,500万円	9.5％	25,500万円	11.3％
相続税	件数	40　件	6.9％	24　件	4.7％	31　件	6.1％
	金額	14,200万円	8.0％	6,800万円	3.0％	18,700万円	8.3％
贈与税	件数	5　件	0.5％	16　件	3.2％	17　件	3.3％
	金額	1,100万円	0.6％	5,400万円	2.4％	14,800万円	6.5％
その他	件数	9　件	1.5％	9　件	1.8％	8　件	1.6％
	金額	400万円	0.2％	2,500万円	1.1％	1,700万円	0.8％

2021年度　消費税の事故原因	件　数
① 簡易課税選択届出書・提出失念	52 件
② 簡易課税不適用届出書・提出失念	88 件
③ 課税事業者選択届出書・提出失念	38 件
④ 課税事業者選択不適用届出書・提出失念	15 件
⑤ 簡易課税／原則課税（一般課税）誤選択	17 件
⑥ 課税事業者・誤選択	6 件
⑦ 課税仕入れ税額　一括比例／個別対応　誤選択	24 件
⑧ その他	42 件
合　　　計	282 件

（以上「税理士職業賠償責任保険事故事例」（株）日税連保険サービスより）

目　次

第Ⅰ部　フローチャートによる消費税の課税関係

第9章　インボイス方式の導入

第Ⅱ部　用語解説

凡　例

法	消費税法
新法	平成28年度税制改正（所得税法等の一部を改正する法律（平成28年法律第15号））による改正法（令和５年10月１日から施行）
令	消費税法施行令
措置法	租税特別措置法
輸徴法	輸入品に対する内国消費税の徴収等に関する法律
ウイーン条約	外交関係に関するウイーン条約
基通	消費税法基本通達

第Ⅰ部
フローチャートによる消費税の課税関係

第1章

課税事業者・免税事業者の判定

はじめに

実務における消費税の納税義務の判定を時系列で見てみると、ある課税期間に次のような事象が発生した場合には、それによって消費税の課税事業者になる・ならないという効果が発生することがあります。

① 課税売上げが1,000万円を超えてしまった。
② 資本金の額を1,000万円以上とする会社を設立した。
③ 100万円以上の事業用資産を購入した。
④ 合併や相続により事業を承継した。
⑤ 1,000万円以上の設備投資をした。

これらは将来の一定の時期に、課税事業者になるかならないかに影響を及ぼし得る事象ですが、いずれもその事象が発生した後に課税事業者になる・ならないという効果がついて来ることになります。

このことは、消費税法の規定が、ある課税期間が課税事業者に該当するか否かの判定（以下、この本では便宜的に「**課・免判定**」と称することにします。）を過去（多くの場合２年前）の事象の発生に係らしめていることによります。

このため、実務で消費税の課・免判定を行う場合には、すでに将来の消費税の課税関係は決まっているので、それを事前予測していなかったときには、その期に至って課税事業者であると気付いたり、あるいは免税事業者であるため消費税の還付を受けられないといった過誤が散見されるところです。

本章では、税法の建て付け（その課税期間について過去の事象を見にいって課・免判定する流れ）に沿った解説ではなく、実務において、上記事象のような行為を行う際に、将来の効果を予測し、それに基づいて必要な対応を決定する判断材料としての情報を提供するものです。

時系列に沿って将来を予測する――。これが実務で行っている、あるいは行う必要のある課・免判定です。以下、その流れに沿ってフローチャート（以下「ＦＣ」といいます。）を示し、解説することにします。

課・免判定フローチャート
～免税事業者か課税事業者かを事前予測する

実務での課・免判定は、前述のように、それぞれの事象があって将来の課税関係が決まることになるため、その事象ごとに将来を予測しておく必要があります。

そして、そのような予測を基にすると、状況によっては事前に各種届出書などの提出手続をとらなければならない場合があり、そのようなときに、その事前の手続を失念すると不利な結果になってしまうこともありますので、注意が必要です。

課・免判定の視点は、次の５つの事象に基づくものです。

❶　課税売上高による将来予測【納税義務判定の基本】　⇨　FC1-1
❷　課税事業者を選択した場合の将来予測　⇨　FC1-2
❸　新設法人又は特定新規設立法人の将来予測　⇨　FC1-3
❹　特定の資産を取得する場合の将来予測　⇨　FC1-4
❺　期末棚卸資産の税額調整をした場合の将来予測　⇨　FC1-5

まず、❶が課・免判定の基本となりますが、課税事業者を選択したり、あるいは新設法人に該当することなどで❷又は❸における例外が発生します。また、設備投資などで一定の資産を取得することにより将来の課税関係が変わることもあり、この資産の取得による課税関係の変化を事前予測するのが❹です。

更に❺は、一定の場合には期末棚卸資産について仕入税額控除の調整が必要となるときもあり、それによって将来の課・免判定に影響が出ることもあります。

これら❶から❺の各視点で課・免判定のＦＣは構成されていますが、それぞれの視点から事前にチェックを行うことで、より正確に将来の課税関係を予測することが可能になると考えます。

なお、ＦＣでは概要を把握することとし、それぞれに関係する要件・用語は、巻末の「**用語解説**」の各項を参照することで深掘りし、より正確な判定を行うようにしてください。

課・免判定フローチャートの使用にあたっての基本

1　基本的には事前判断であること
2　1のフローで免税非該当の場合でも必ず他のフローを確認すること
3　判定後においても事情の変更など判断の基準となる事実を再確認すること
4　免税該当の場合でも課税選択する場合のシミュレーションと比較すること

1　課税売上高による将来予測……FC1-1 〔課・免判定の基本〕

消費税では、中小事業者の事務負担への配慮から、事業者免税点制度があります。

「その課税期間に係る基準期間における課税売上高が1,000万円以下である者については」（法９①）、消費税の納税義務が免除されるというものです。

このように、消費税の課・免判定の基本は「**課税売上高**」による判断であり、しかも、それはその「課税期間」【⇨用語１】について過去の「基準期間」【⇨用語２】（個人事業者の場合は２年前、法人の場合は前々事業年度（１年決算の場合））が判定の基礎となることから、将来予測のために、ある課税期間の課税売上高【⇨用語３】が1,000万円を超えることになった場合には、その年の２年後は課税事業者になる、と予測することが必要であり、それが実務での判断です。

もっとも、そもそもの基本は、この「基準期間」による判定ですが、現在では改正を経て、この２年後の予測の前に、１年後を予測すべき「特定期間」による判定が必要となっています。

次の FC1-1 以下のとおりです。

時系列に沿った予測では、まず、次頁の図中(X)の期間の上半期（@、「特定期間」【⇨用語4】）を基に翌課税期間（Y）の予測を行い（FC1-1-1 ）、次に同じ(X)の全期間（「基準期間」）を基に翌々課税期間(Z)の予測を行うことになります（FC1-1-2 ）。

FC1-1-1　特定期間による判定

⇨　**その課税期間(X)の上半期（@）において翌課税期間（Y）を予測する**

次の図中、(X)の期間の上半期（@、「特定期間」）の課税売上高又は給与等の金額【⇨用語5】による判定を行います。

FC1-1-2　基準期間による判定

⇨　**その課税期間(X)において翌々課税期間(Z)を予測する**

次の図中、(X)の期間（「基準期間」）の課税売上高による判定を行います。

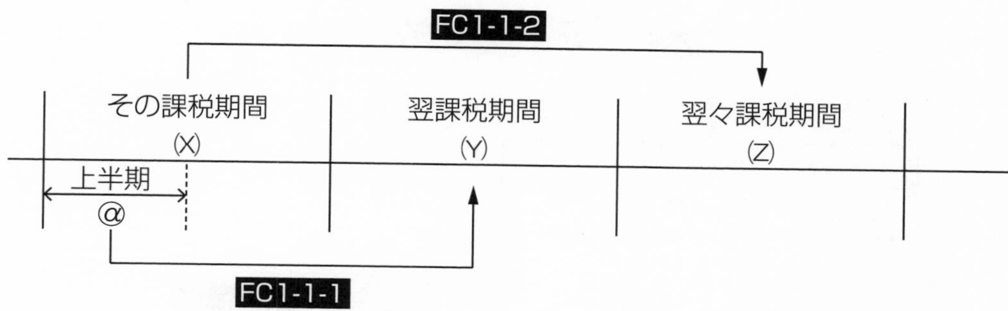

FC1-1　課税売上高による課・免判定ＦＣ（将来予測）

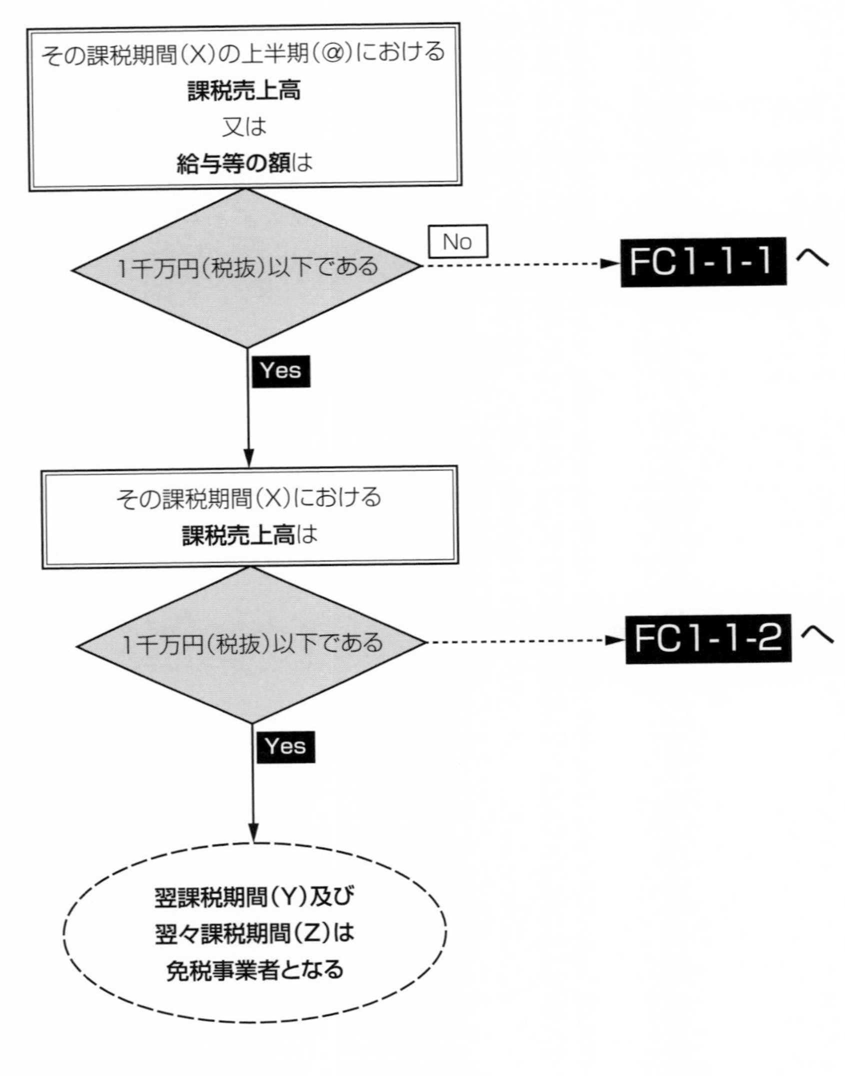

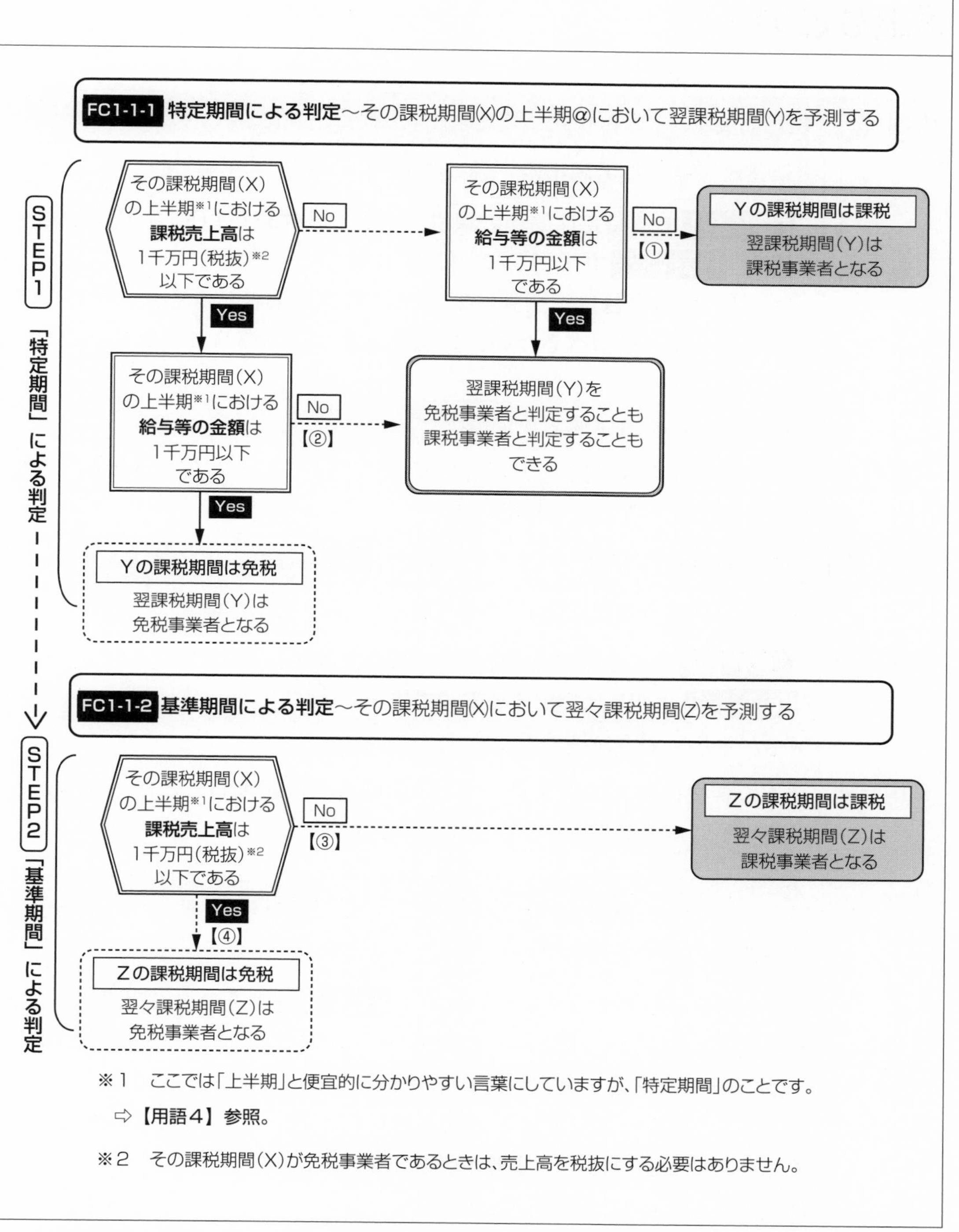
FC1-1-1 特定期間による判定～その課税期間(X)の上半期@において翌課税期間(Y)を予測する
STEP1 「特定期間」による判定
その課税期間(X)の上半期※1における課税売上高は1千万円(税抜)※2以下である
No
その課税期間(X)の上半期※1における給与等の金額は1千万円以下である
No
【①】
Yの課税期間は課税
翌課税期間(Y)は課税事業者となる
Yes
翌課税期間(Y)を免税事業者と判定することも課税事業者と判定することもできる
Yes
その課税期間(X)の上半期※1における給与等の金額は1千万円以下である
No
【②】
Yes
Yの課税期間は免税
翌課税期間(Y)は免税事業者となる
FC1-1-2 基準期間による判定～その課税期間(X)において翌々課税期間(Z)を予測する
STEP2 「基準期間」による判定
その課税期間(X)の上半期※1における課税売上高は1千万円(税抜)※2以下である
No
【③】
Zの課税期間は課税
翌々課税期間(Z)は課税事業者となる
Yes
【④】
Zの課税期間は免税
翌々課税期間(Z)は免税事業者となる

※1　ここでは「上半期」と便宜的に分かりやすい言葉にしていますが、「特定期間」のことです。

⇨【用語4】参照。

※2　その課税期間(X)が免税事業者であるときは、売上高を税抜にする必要はありません。

図中の丸付き数字は、それぞれに該当した場合に必要な届出などの手続があることを示しています（次頁参照）。

届出などの手続

【①】【②】特定期間（Ⓧ）の課税売上高・人件費が1,000万円超となった場合	
必要書類	「消費税課税事業者届出書」（特定期間用）　第３－⑵号様式 FC1-1-1 で、特定期間Ⓧの課税売上高・人件費が1,000万円超となった場合（FC1-1-1 中【①】又は【②】）に提出する書類です。 ㈱　【②】の場合は、翌課税期間⒴に免税事業者となるか、課税事業者となるかを選べるため、課税事業者を選ぶ場合に提出することになります。
提出時期	事由が生じた場合は速やかに提出 特定期間Ⓧの課税売上高が1,000万円を超えることが分かったら「速やかに」提出することとされています。

【③】基準期間⒳の課税売上高が1,000万円超となった場合	
必要書類	消費税課税事業者届出書」（基準期間用）　第３－⑴号様式 FC1-1-2 で、その課税期間⒳の課税売上高が1,000万円超となった場合（FC1-1-2【③】）に提出する書類です。
提出時期	事由が生じた場合は速やかに提出 その課税期間⒳の課税売上高が1,000万円を超えることが分かったら「速やかに」提出することとされています。

【④】基準期間⒳の課税売上高が1,000万円以下となった場合	
必要書類	「消費税の納税義務者でなくなった旨の届出書」　第５号様式 それまで課税事業者であった者が、FC1-1-2 でその課税期間⒳の課税売上高が1,000万円以下となった場合（ＦＣ中【④】）に提出する書類です。 ㈱　課税事業者を選択している場合（ＦＣ２）は、第５号様式ではなく、「消費税課税事業者選択不適用届出書」（第２号様式）を提出する必要があるので、注意が必要です。
提出時期	事由が生じた場合は速やかに提出 その課税期間⒳が【④】に該当することとなった場合には「速やかに」提出することとされています。

消費税課税事業者届出書（特定期間用）　第３−⑵号様式

第３−⑵号様式

特定期間用

消費税課税事業者届出書

収受印

令和　年　月　日	届出者	（フリガナ）	
		納税地	（〒　−　） （電話番号　−　−　）
		（フリガナ）	
		住所又は居所（法人の場合）本店又は主たる事務所の所在地	（〒　−　） （電話番号　−　−　）
		（フリガナ）	
		名称（屋号）	
		個人番号又は法人番号	↓ 個人番号の記載に当たっては、左端を空欄とし、ここから記載してください。
		（フリガナ）	
		氏名（法人の場合）代表者氏名	
		（フリガナ）	
＿＿＿税務署長殿		（法人の場合）代表者住所	（電話番号　−　−　）

下記のとおり、特定期間における課税売上高が1,000万円を超えることとなったので、消費税法第57条第１項第１号の規定により届出します。

適用開始課税期間	自　平成 令和　年　月　日　至　平成 令和　年　月　日		
上記期間の特定期間	自　平成 令和　年　月　日	左記期間の総売上高	円
	至　平成 令和　年　月　日	左記期間の課税売上高	円
		左記期間の給与等支払額	円

事業内容等	生年月日（個人）又は設立年月日(法人)	1明治・2大正・3昭和・4平成・5令和 年　月　日	法人のみ記載	事業年度	自　月　日　至　月　日
				資本金	円
	事業内容				

参考事項		税理士署名	（電話番号　−　−　）

※税務署処理欄	整理番号		部門番号				
	届出年月日	年　月　日	入力処理	年　月　日	台帳整理	年　月　日	
	番号確認		身元確認　□ 済　□ 未済	確認書類	個人番号カード／通知カード・運転免許証 その他（　）		

注意　１．裏面の記載要領等に留意の上、記載してください。
　　　２．税務署処理欄は、記載しないでください。

消費税課税事業者届出書（基準期間用）　第３－⑴号様式

第３－⑴号様式

基準期間用

消費税課税事業者届出書

収受印

令和　年　月　日	届出者	(フリガナ) 納税地	(〒　－　) (電話番号　－　－　)
		(フリガナ) 住所又は居所 (法人の場合) 本店又は主たる事務所の所在地	(〒　－　) (電話番号　－　－　)
		(フリガナ) 名称（屋号）	
		個人番号 又は 法人番号	↓ 個人番号の記載に当たっては、左端を空欄とし、ここから記載してください。
		(フリガナ) 氏名 (法人の場合) 代表者氏名	
＿＿＿＿税務署長殿		(フリガナ) (法人の場合) 代表者住所	(電話番号　－　－　)

下記のとおり、基準期間における課税売上高が1,000万円を超えることとなったので、消費税法第57条第１項第１号の規定により届出します。

適用開始課税期間	自 平成 令和　年　月　日　至 平成 令和　年　月　日		
上記期間の基準期間	自 平成 令和　年　月　日	左記期間の総売上高	円
	至 平成 令和　年　月　日	左記期間の課税売上高	円

事業内容等	生年月日（個人）又は設立年月日(法人)	1明治・2大正・3昭和・4平成・5令和 年　月　日	法人のみ記載	事業年度	自　月　日　至　月　日
				資本金	円
	事業内容			届出区分	相続・合併・分割等・その他

参考事項		税理士署名	(電話番号　－　－　)

※税務署処理欄	整理番号		部門番号		
	届出年月日	年　月　日	入力処理	年　月　日	台帳整理　年　月　日
	番号確認		身元確認 □ 済 □ 未済	確認書類 個人番号カード／通知カード・運転免許証 その他（　）	

注意　１．裏面の記載要領等に留意の上、記載してください。
　　　２．税務署処理欄は、記載しないでください。

消費税の納税義務者でなくなった旨の届出書　第５号様式

第５号様式

消費税の納税義務者でなくなった旨の届出書

収受印

令和　年　月　日 ＿＿＿＿税務署長殿	届出者	（フリガナ）	
		納税地	（〒　－　） （電話番号　－　－　）
		（フリガナ）	
		氏名又は 名称及び 代表者氏名	
		個人番号 又は 法人番号	↓ 個人番号の記載に当たっては、左端を空欄とし、ここから記載してください。

下記のとおり、納税義務がなくなりましたので、消費税法第57条第１項第２号の規定により届出します。

①	この届出の適用開始課税期間	自 平成／令和　年　月　日　至 平成／令和　年　月　日
②	①の基準期間	自 平成／令和　年　月　日　至 平成／令和　年　月　日
③	②の課税売上高	円

※１　この届出書を提出した場合であっても、特定期間（原則として、①の課税期間の前年の１月１日（法人の場合は前事業年度開始の日）から６か月間）の課税売上高が１千万円を超える場合には、①の課税期間の納税義務は免除されないこととなります。
２　高額特定資産の仕入れ等を行った場合に、消費税法第12条の４第１項の適用がある課税期間については、当該課税期間の基準期間の課税売上高が１千万円以下となった場合であっても、その課税期間の納税義務は免除されないこととなります。
（詳しくは、裏面をご覧ください。）

納税義務者となった日	平成／令和　年　月　日
参考事項	
税理士署名	（電話番号　－　－　）

※税務署処理欄						
整理番号		部門番号				
届出年月日	年　月　日	入力処理	年　月　日	台帳整理	年　月　日	
番号確認		身元確認	□ 済 □ 未済	確認書類	個人番号カード／通知カード・運転免許証 その他（　）	

注意　１．裏面の記載要領等に留意の上、記載してください。
２．税務署処理欄は、記載しないでください。

2　課税事業者選択の場合の将来予測……FC1-2

1　課税事業者の選択

ある年が免税事業者となる場合（下記**2**参照）でも、事前に手続を行い課税事業者となることを選択【⇨用語9】することができます。

この課税事業者を選択している場合、原則は、２年間継続して課税事業者でなければなりません（いわゆる「２年縛り」）が、調整対象固定資産を購入するなど一定の要件に該当すれば、更に１年延長し課税事業者を３年間継続適用しなければならない「３年縛り」が発生します。

課税事業者を選択して以降の課税期間についての将来予測は、FC1-2のとおりです。

なお、この「３年縛り」の間は、簡易課税制度の適用を受けることもできません（法37③一、第６章 簡易課税 「届出などの手続」「1　簡易課税制度の選択」の「留意事項　簡易課税選択届出書を提出することができないとき」（215頁）参照）。

2　免税事業者となる場合

⑴　特定期間、基準期間がある場合

課税売上高による将来予測（前記**1**）では、特定期間について課税売上高及び人件費が1,000万円以下（税抜）であれば、原則としてその翌課税期間は免税事業者となります（FC1-1-1）。

また基準期間の課税売上高が1,000万円以下である場合は、原則としてその翌々課税期間は免税事業者となります。

⑵　事業を開始した（又は会社を設立した）場合（但し後記**3**に留意）

事業を開始した（又は会社を設立した）場合、課税売上高による将来予測（前記**1**）では、最初の２年間は基準期間がないことから、免税事業者となります（FC1-2）。ただし、初年度の特定期間（上半期）の課税売上高及び人件費の額次第では、２年目（又は２期目）から１年前倒しで課税事業者になるため（FC1-1）、この場合の免税期間は１年間のみとなります。

なお、会社を設立した場合は、資本金の額等による予測として**FC1-3**を確認する必要があります。

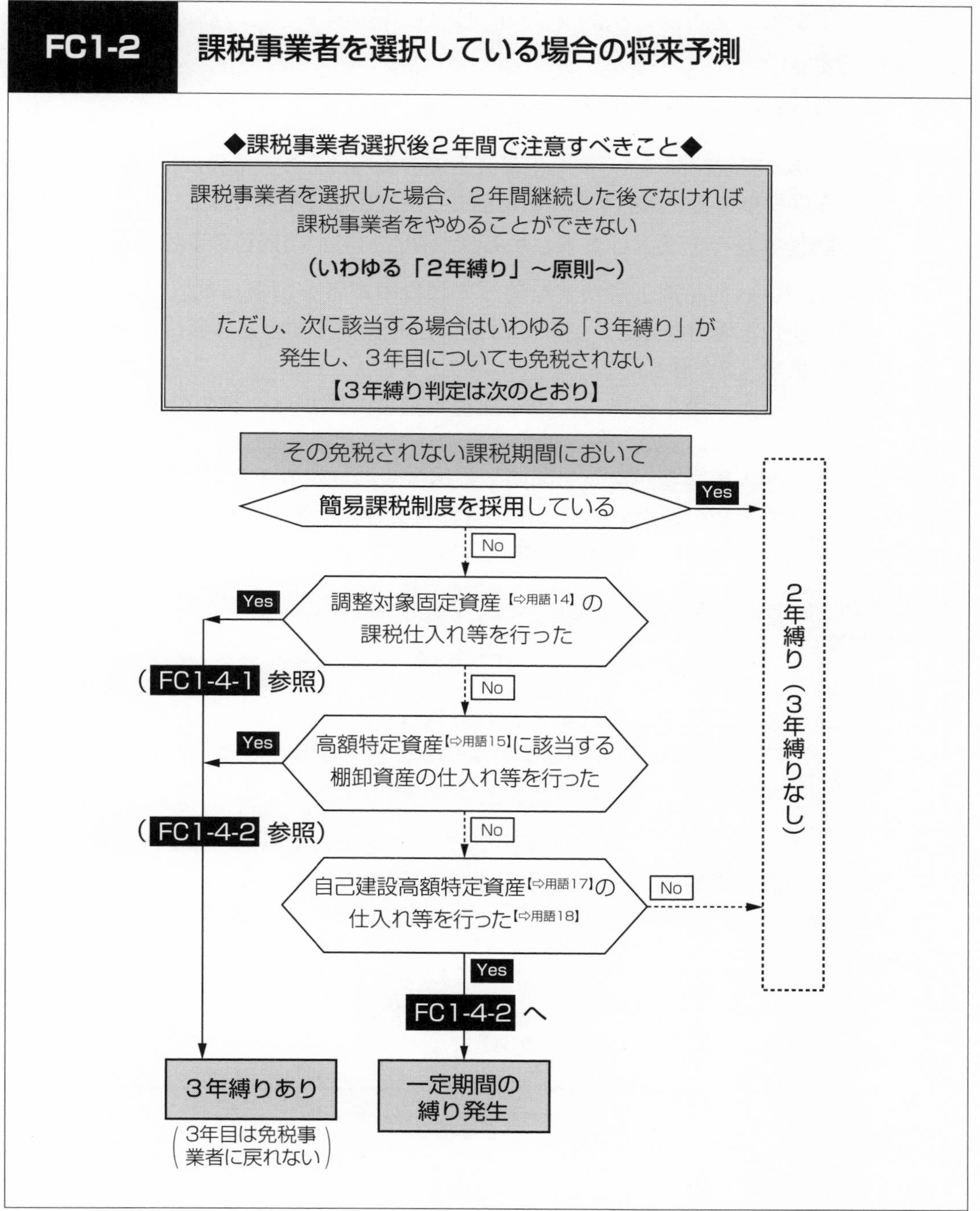

届出などの手続

【①】免税事業者がその課税期間（X）において課税事業者になることを選択しようとする場合	
必要書類	「消費税課税事業者選択届出書」　第１号様式 ある課税期間（X）が免税事業者になる場合でも、その課税期間（X）から課税事業者を選択するために前もって提出する書類です。
提出時期	課税事業者を選択しようとする課税期間（X）の初日の前日までに提出 ⑴　いったん第１号様式を使って課税事業者を選択した以上、事業を廃止した場合を除き、２年間は継続して課税事業者となることが強いられます（２年縛り）。 また、第１号様式による課税事業者の選択は、次のの第２号様式を提出しない限り、その効力は継続しますので、ご注意ください。 ⑵　個人事業者が事業を開始した場合や会社設立１期目に当たる場合は、その最初の課税期間中に第１号様式を提出することにより、最初の課税期間又は設立１期目から課税事業者選択の効力が生じます。

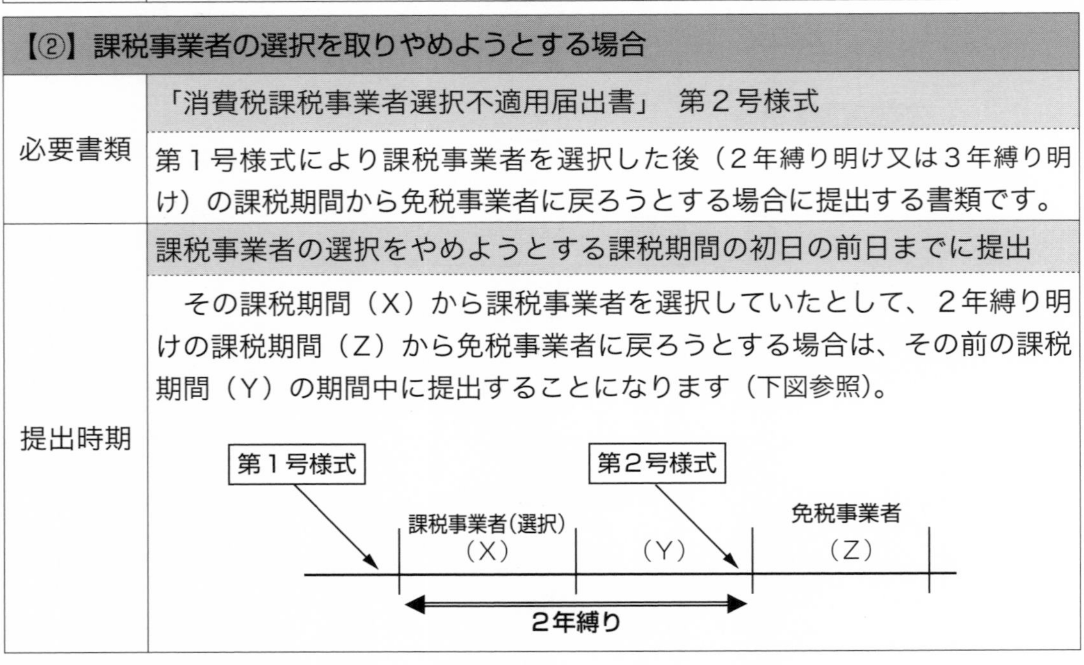

【②】課税事業者の選択を取りやめようとする場合	
必要書類	「消費税課税事業者選択不適用届出書」　第２号様式 第１号様式により課税事業者を選択した後（２年縛り明け又は３年縛り明け）の課税期間から免税事業者に戻ろうとする場合に提出する書類です。
提出時期	課税事業者の選択をやめようとする課税期間の初日の前日までに提出 その課税期間（X）から課税事業者を選択していたとして、２年縛り明けの課税期間（Z）から免税事業者に戻ろうとする場合は、その前の課税期間（Y）の期間中に提出することになります（下図参照）。

消費税課税事業者選択届出書　第１号様式

第１号様式

消費税課税事業者選択届出書

収受印

令和　年　月　日	届出者	（フリガナ）	
		納税地	（〒　－　） （電話番号　－　－　）
		（フリガナ）	
		住所又は居所 （法人の場合） 本店又は主たる事務所の所在地	（〒　－　） （電話番号　－　－　）
		（フリガナ）	
		名称（屋号）	
		個人番号 又は 法人番号	↓個人番号の記載に当たっては、左端を空欄とし、ここから記載してください。
		（フリガナ）	
		氏名 （法人の場合） 代表者氏名	
		（フリガナ）	
＿＿＿＿税務署長殿		（法人の場合） 代表者住所	（電話番号　－　－　）

下記のとおり、納税義務の免除の規定の適用を受けないことについて、消費税法第９条第４項の規定により届出します。

適用開始課税期間	自　平成／令和　年　月　日　至　平成／令和　年　月　日				
上記期間の基準期間	自　平成／令和　年　月　日		左記期間の総売上高	円	
	至　平成／令和　年　月　日		左記期間の課税売上高	円	
事業内容等	生年月日（個人）又は設立年月日(法人)	1明治・2大正・3昭和・4平成・5令和 年　月　日	法人のみ記載	事業年度	自　月　日　至　月　日
				資本金	円
	事業内容		届出区分	事業開始・設立・相続・合併・分割・特別会計・その他	
参考事項			税理士署名	（電話番号　－　－　）	

※税務署処理欄	整理番号		部門番号			
	届出年月日　年　月　日		入力処理　年　月　日		台帳整理　年　月　日	
	通信日付印 年　月　日	確認	番号確認	身元確認　□済　□未済	確認書類	個人番号カード／通知カード・運転免許証 その他（　）

注意　１．裏面の記載要領等に留意の上、記載してください。
　　　２．税務署処理欄は、記載しないでください。

消費税課税事業者選択不適用届出書　第2号様式

第２号様式

消費税課税事業者選択不適用届出書

収受印

令和　年　月　日 ＿＿＿＿税務署長殿	届出者	（フリガナ）	
		納税地	（〒　－　） （電話番号　－　－　）
		（フリガナ）	
		氏名又は名称及び代表者氏名	
		個人番号又は法人番号	↓ 個人番号の記載に当たっては、左端を空欄とし、ここから記載してください。

下記のとおり、課税事業者を選択することをやめたいので、消費税法第９条第５項の規定により届出します。

①	この届出の適用開始課税期間	自 平成/令和　年　月　日　至 平成/令和　年　月　日
②	①の基準期間	自 平成/令和　年　月　日　至 平成/令和　年　月　日
③	②の課税売上高	円

※　この届出書を提出した場合であっても、特定期間（原則として、①の課税期間の前年の１月１日（法人の場合は前事業年度開始の日）から６か月間）の課税売上高が１千万円を超える場合には、①の課税期間の納税義務は免除されないこととなります。詳しくは、裏面をご覧ください。

課税事業者となった日	平成/令和　年　月　日	
事業を廃止した場合の廃止した日	平成/令和　年　月　日	
提出要件の確認	課税事業者となった日から２年を経過する日までの間に開始した各課税期間中に調整対象固定資産の課税仕入れ等を行っていない。	はい　□
	※　この届出書を提出した課税期間が、課税事業者となった日から２年を経過する日までに開始した各課税期間である場合、この届出書提出後、届出を行った課税期間中に調整対象固定資産の課税仕入れ等を行うと、原則としてこの届出書の提出はなかったものとみなされます。詳しくは、裏面をご確認ください。	
参考事項		
税理士署名	（電話番号　－　－　）	

※税務署処理欄	整理番号		部門番号			
	届出年月日	年　月　日	入力処理	年　月　日	台帳整理	年　月　日
	通信日付印 年　月　日	確認	番号確認	身元確認 □ 済 □ 未済	確認書類	個人番号カード／通知カード・運転免許証 その他（　）

注意　１．裏面の記載要領等に留意の上、記載してください。
　　　２．税務署処理欄は、記載しないでください。

3　新設法人又は特定新規設立法人の将来予測 ……FC1-3

設立したばかりの法人については、「新設法人」【⇨用語10】又は「特定新規設立法人」【⇨用語12】に該当する場合は、原則として最初の二つの課税期間は課税事業者となります(注)。

(注)　資本金の額等が1,000万円以上の法人（「新設法人」【⇨用語10】）や、資本金の額等が1,000万円未満であっても大規模法人（課税売上高が５億円を超える法人等）に支配される法人（「特定新規設立法人」【⇨用語12】）については、原則として設立２期目までは納税義務は免除されません。

そもそも、基準期間【⇨用語２】がない課税期間については納税義務が免除されるのですが（法９①）、法人の場合は、「新設法人」又は「特定新規設立法人」に該当するときには、その基準期間がない課税期間であっても納税義務は免除されません（法12の２①、12の３①）。

この「新設法人」又は「特定新規設立法人」に該当する場合は、原則は２年間継続して課税事業者でなければならない（いわゆる２年縛り）のですが、調整対象固定資産を購入するなど一定の要件に該当すれば、更に１年延長し課税事業者を３年間継続しなければならない「３年縛り」が発生します。

「新設法人」又は「特定新規設立法人」に該当する場合の設立以降の課税期間についての課・免判定は、FC1-3のとおりです。

なお、この「３年縛り」の間は、簡易課税制度の適用を受けることもできません（法37③二、第６章 簡易課税 「届出などの手続」「１　簡易課税制度の選択」の「留意事項　簡易課税選択届出書を提出することができないとき」（215頁）参照）。

FC1-3　新設法人又は新規設立法人の場合の将来予測

◆新設法人又は新規設立法人が設立後２年間で注意すべきこと◆

新設法人又は新規設立法人に該当する場合は、
原則として２年間は課税事業者となる

（いわゆる「２年縛り」～原則～）

ただし、次に該当する場合はいわゆる「３年縛り」が
発生し、３年目についても免税されない

【３年縛り判定は次のとおり】

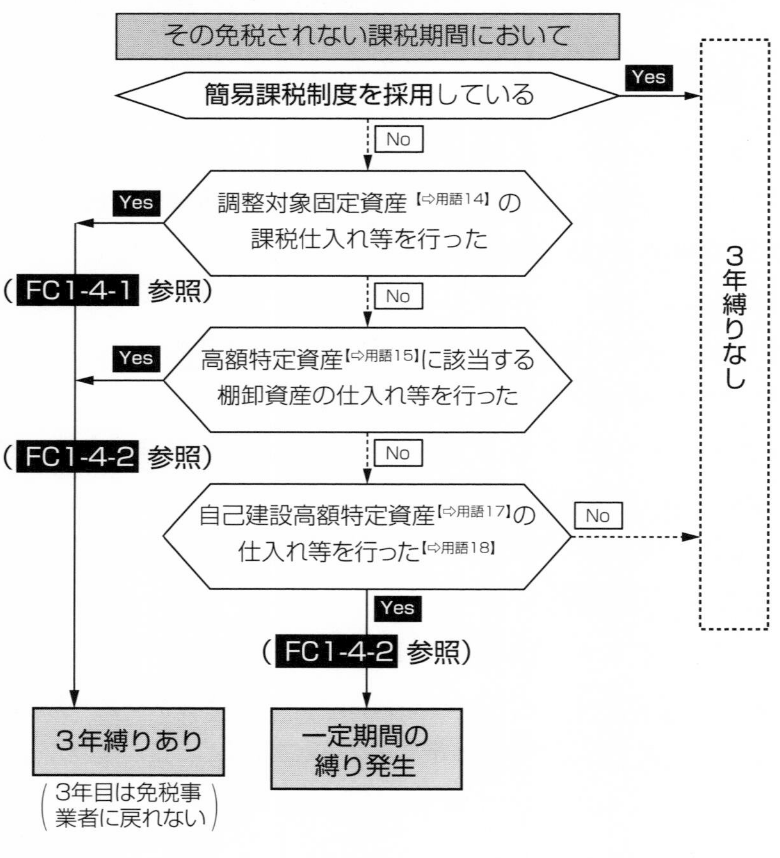

その免税されない課税期間において
簡易課税制度を採用している
Yes
No
調整対象固定資産【⇨用語14】の
課税仕入れ等を行った
Yes
(FC1-4-1 参照)
No
高額特定資産【⇨用語15】に該当する
棚卸資産の仕入れ等を行った
Yes
(FC1-4-2 参照)
No
自己建設高額特定資産【⇨用語17】の
仕入れ等を行った【⇨用語18】
No
Yes
(FC1-4-2 参照)
３年縛りなし
３年縛りあり
(3年目は免税事業者に戻れない)
一定期間の
縛り発生

届出などの手続

<table>
<tr><th colspan="2">消費税の新設法人に該当することとなった場合</th></tr>
<tr><td rowspan="2">必要書類</td><td>「消費税の新設法人に該当する旨の届出書」（基準期間用）
第10−⑵号様式</td></tr>
<tr><td>新設法人に該当することとなった場合に提出する書類です。</td></tr>
<tr><td rowspan="2">提出時期</td><td>事由が生じた場合は速やかに提出</td></tr>
<tr><td>新設法人に該当する会社の設立に際し、速やかに提出することとされています。</td></tr>
</table>

<table>
<tr><th colspan="2">消費税の特定新規設立法人に該当することとなった場合</th></tr>
<tr><td rowspan="2">必要書類</td><td>「消費税の特定新規設立法人に該当する旨の届出書」（基準期間用）
第10−⑶号様式</td></tr>
<tr><td>特定新規設立法人に該当することとなった場合に提出する書類です。</td></tr>
<tr><td rowspan="2">提出時期</td><td>事由が生じた場合は速やかに提出</td></tr>
<tr><td>特定新規設立法人に該当する会社の設立に際し、速やかに提出することとされています。</td></tr>
</table>

消費税の新設法人に該当する旨の届出書（基準期間用）　第10－⑵号様式

第10－⑵号様式

消費税の新設法人に該当する旨の届出書

収受印

令和　年　月　日 ＿＿＿＿税務署長殿	届出者	（フリガナ） 納税地	（〒　－　） （電話番号　－　－　）
		（フリガナ） 本店又は主たる事務所の所在地	（〒　－　） （電話番号　－　－　）
		（フリガナ） 名称	
		法人番号	
		（フリガナ） 代表者氏名	
		（フリガナ） 代表者住所	（電話番号　－　－　）

下記のとおり、消費税法第12条の２第１項の規定による新設法人に該当することとなったので、消費税法第57条第２項の規定により届出します。

消費税の新設法人に該当することとなった事業年度開始の日	令和　年　月　日
上記の日における資本金の額又は出資の金額	

事業内容等	設立年月日	平成 令和　年　月　日
	事業年度	自　月　日　至　月　日
	事業内容	

参考事項	「消費税課税期間特例選択・変更届出書」の提出の有無【有（・・）・無】
税理士署名	（電話番号　－　－　）

※税務署処理欄	整理番号		部門番号		番号確認	
	届出年月日	年　月　日	入力処理	年　月　日	台帳整理	年　月　日

注意　1．裏面の記載要領等に留意の上、記載してください。
　　　2．税務署処理欄は、記載しないでください。

消費税の特定新規設立法人に該当する旨の届出書（基準期間用）　第10－(3)号様式

第10－(3)号様式

消費税の特定新規設立法人に該当する旨の届出書

収受印

令和　年　月　日 ＿＿＿＿税務署長殿	届出者	（フリガナ） 納税地	（〒　－　） （電話番号　－　－　）
		（フリガナ） 名称及び代表者氏名	（電話番号　－　－　）
		法人番号	

下記のとおり、消費税法第12条の３第１項の規定による特定新規設立法人に該当することとなったので、消費税法第57条第２項の規定により届出します。

消費税の特定新規設立法人に該当することとなった事業年度開始の日	令和　年　月　日

事業内容等	設立年月日	平成 令和　年　月　日
	事業年度	自　月　日　至　月　日
	事業内容	

特定新規設立法人の判定							
イ	特定要件の判定	①	特定要件の判定の基礎となった他の者	納税地等			
				氏名又は名称			
		保有割合 ②	①の者が直接又は間接に保有する新規設立法人の発行済株式等の数又は金額	株（円）	④	③のうち、①の者が直接又は間接に保有する割合（②／③×100）	%
		③	新規設立法人の発行済株式等の総数又は総額	株（円）			
ロ	基準期間に相当する期間の課税売上高	納税地等					
		氏名又は名称					
		基準期間に相当する期間	自 平成 令和　年　月　日　～　至 平成 令和　年　月　日				
		基準期間に相当する期間の課税売上高	円				

上記イ④の割合が50%を超え、かつ、ロの基準期間に相当する期間の課税売上高が５億円を超えている場合には、特定新規設立法人に該当しますので、この届出書の提出が必要となります。

参考事項	
税理士署名	（電話番号　－　－　）

※税務署処理欄	整理番号		部門番号		番号確認		
	届出年月日	年　月　日	入力処理	年　月　日	台帳整理	年　月　日	

注意　１．裏面の記載要領等に留意の上、記載してください。
　　　２．税務署処理欄は、記載しないでください。

❹　特定の資産を取得する場合の将来予測……FC1-4

消費税法では、ある一定の資産を取得すると「３年縛り」が発生するように仕組まれています。

これは、本来、仕入税額控除ができない資産の購入であるにもかかわらず、税額控除ができる状況を作出して不当に消費税の還付を受ける租税回避スキームが繰り返されてきたことにより、それを封じ込めるため、法改正によって措置されてきたことによるものです。

ここでは、実務上、どのような資産を取得すれば３年縛りが発生し、将来の課税関係を予測すべきかをＦＣにします。

次図のような場合、（Ｘ）の課税期間（基準期間）で特定の資産を取得する場合に、予測すべき将来の課税期間（(Ｚ）又は（Ｚ＋１)）の課・免判定を行います。

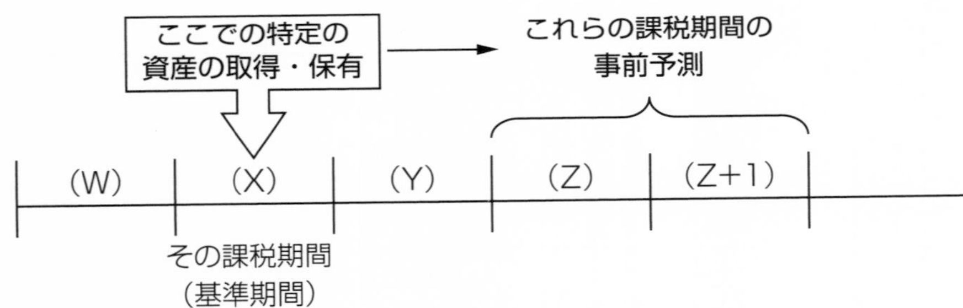

ここでの「特定の資産」とは、①一つは、調整対象固定資産【⇨用語14】であり、②二つ目は、高額特定資産【⇨用語15】です。

それぞれの資産を取得する際に、課税事業者を強いられる期間が発生するのか、発生するとしてその期間は２年間なのか（２年縛り。上図（Ｚ）の課税期間までの縛り。)、あるいは３年間なのか（３年縛り。上図（Ｚ＋１）までの縛り。）を予測する必要があります。

1　調整対象固定資産の取得による３年縛り　FC1-4-1

その課税期間において、課税事業者を選択した事業者【⇨用語9】と新設法人【⇨用語10】又は特定新規設立法人【⇨用語12】については、調整対象固定資産の取得がある場合は３年縛りが発生し、取得した課税期間から３年間は課税事業者であることを強いられます。

なお、この「３年縛り」の間は、簡易課税制度の適用を受けることもできません（法37③二、第６章 簡易課税 「届出などの手続」「1　簡易課税制度の選択」の「留意事項　簡易課税選択届出書を提出することができないとき」（215頁）参照）。

2　高額特定資産の取得による３年縛り　FC1-4-2

①　高額特定資産【⇨用語15】

課税事業者が、その課税期間において高額特定資産に該当する調整対象固定資産、棚卸資産【⇨用語16】又は自己建設高額特定資産【⇨用語17】を取得した場合は３年縛りが発生し、取得した課税期間から３年間は課税事業者であることを強いられます。

なお、この「３年縛り」の間は、簡易課税制度の適用を受けることもできません（法37③二、第６章 簡易課税 「届出などの手続」「1　簡易課税制度の選択」の「留意事項　簡易課税選択届出書を提出することができないとき」（215頁）参照）。

②　自己建設高額特定資産【⇨用語17】

課税事業者が、「自己建設高額特定資産の仕入れ等を行った」【⇨用語18】場合は、その建設等に要した費用の累計額が1,000万円以上となった日の属する課税期間の翌課税期間から建設等の完了課税期間以後３年間は課税事業者であることを強いられます。

なお、この「３年縛り」の間は、簡易課税制度の適用を受けることもできません（法37③二、第６章 簡易課税 「届出などの手続」「1　簡易課税制度の選択」の「留意事項　簡易課税選択届出書を提出することができないとき」（215頁）参照）。

留意事項　「課税事業者」が対象

高額特定資産の３年縛りに関しては、「課税事業者」であることが前提なので、基準期間の課税売上高が1,000万円を超える場合など（前記1）、課税事業者を選択した場合（同2）、あるいは新設法人や特定新規設立法人に該当する場合（同3）の「課税事業者」は、すべてこの３年縛りの対象者となります。

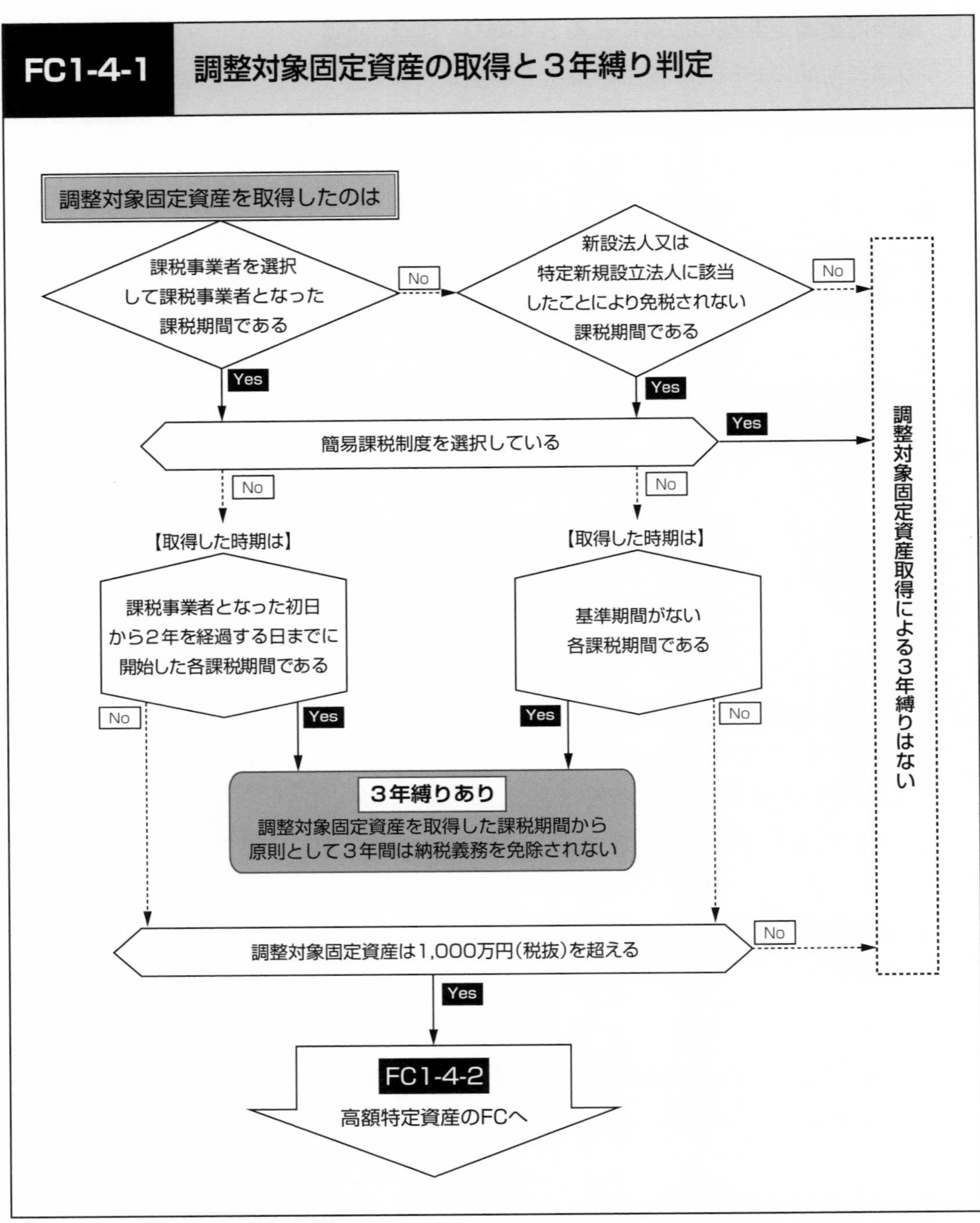
FC1-4-1
調整対象固定資産の取得と３年縛り判定
調整対象固定資産を取得したのは
課税事業者を選択
して課税事業者となった
課税期間である
No
新設法人又は
特定新規設立法人に該当
したことにより免税されない
課税期間である
No
Yes
Yes
簡易課税制度を選択している
Yes
調整対象固定資産取得による３年縛りはない
No
No
【取得した時期は】
【取得した時期は】
課税事業者となった初日
から２年を経過する日までに
開始した各課税期間である
基準期間がない
各課税期間である
No
Yes
Yes
No
３年縛りあり
調整対象固定資産を取得した課税期間から
原則として３年間は納税義務を免除されない
調整対象固定資産は1,000万円(税抜)を超える
No
Yes
FC1-4-2
高額特定資産のFCへ

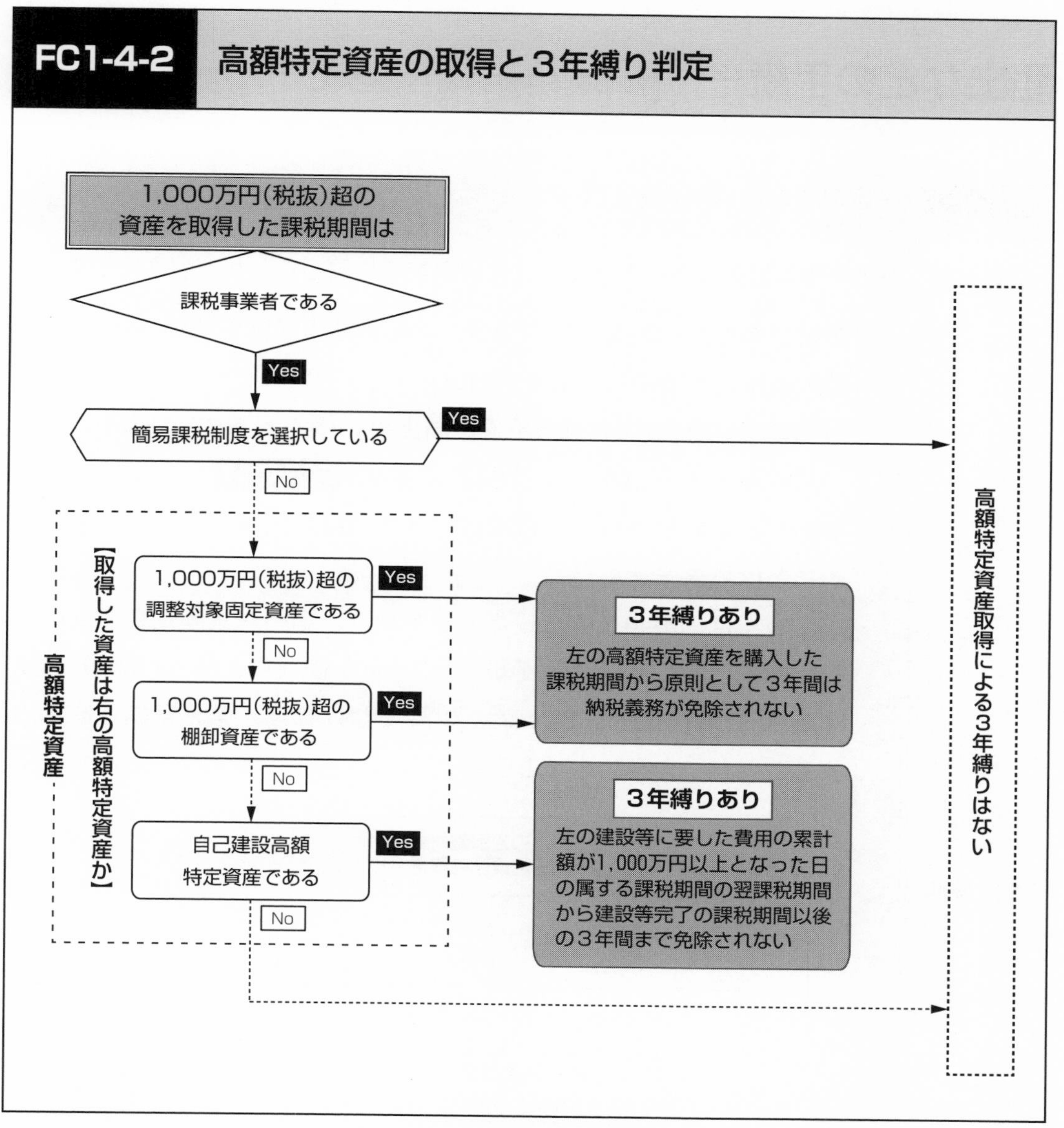
FC1-4-2
高額特定資産の取得と３年縛り判定
1,000万円(税抜)超の
資産を取得した課税期間は
課税事業者である
Yes
簡易課税制度を選択している
Yes
No
【取得した資産は右の高額特定資産か】
高額特定資産
1,000万円(税抜)超の
調整対象固定資産である
Yes
No
1,000万円(税抜)超の
棚卸資産である
Yes
No
自己建設高額
特定資産である
Yes
No
3年縛りあり
左の高額特定資産を購入した
課税期間から原則として３年間は
納税義務が免除されない
3年縛りあり
左の建設等に要した費用の累計
額が1,000万円以上となった日
の属する課税期間の翌課税期間
から建設等完了の課税期間以後
の３年間まで免除されない
高額特定資産取得による3年縛りはない

届出などの手続

<table>
<tr><th colspan="2">FC1-4-1　一定の場合に調整対象固定資産を購入した場合</th></tr>
<tr><td>必要書類</td><td>提出する届出書はありませんが、免税事業者に戻ることが制限されます。</td></tr>
<tr><td>提出制限</td><td>「３年縛りあり」と判定される場合、次の書類の提出が制限されます。
☞　課税事業者を選択した事業者の場合
○　「消費税課税事業者選択不適用届出書」（第２号様式・18頁）
　課税事業者を選択して課税事業者が、FC1-4-1により「３年縛りあり」と判定される場合には、３年間は課税事業者の選択をやめることはできません。
　詳しくは、事業を廃止したときを除き、調整対象固定資産を購入した課税期間の初日（下図(a)）から３年を経過する日（下図(b)）の属する課税期間の初日（下図(c)）以降でなければ、第２号様式を提出することができません（法９⑦）。
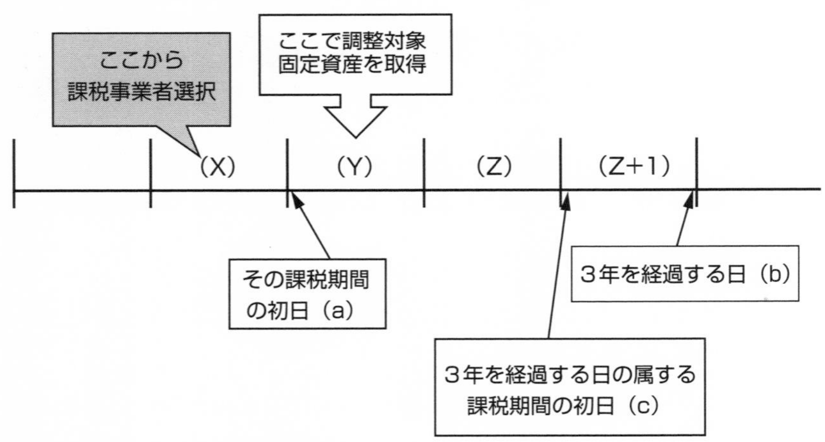

【例】　a　＝　Y年１月１日
　　　　b　＝　（Z＋1）年12月31日
　　　　c　＝　（Z＋1）年１月１日
⇨　（Y）の課税期間中に調整対象固定資産を購入した場合、（Z＋1）年１月１日以降でないと第２号様式を提出できません。</td></tr>
</table>

⇨　課税事業者選択２年目で取得した場合は、その取得した課税期間から３年縛りとなるため、その結果（Ｚ＋１）まで課税事業者を強いられます。

○　「消費税簡易課税選択届出書」（第９号様式・32頁）

課税事業者を選択して課税事業者が、FC1-4-1により「３年縛りあり」と判定される場合には、３年間課税事業者の選択を強いられるだけでなく、簡易課税制度の選択も制限されます。

詳しくは、調整対象固定資産を購入した課税期間の初日（下図(a)）から３年を経過する日（下図(b)）の属する課税期間の初日（下図(c)）の前日の属する課税期間は、消費税簡易課税制度選択届出書（軽減第１号様式）を提出することができません（法37③一）。

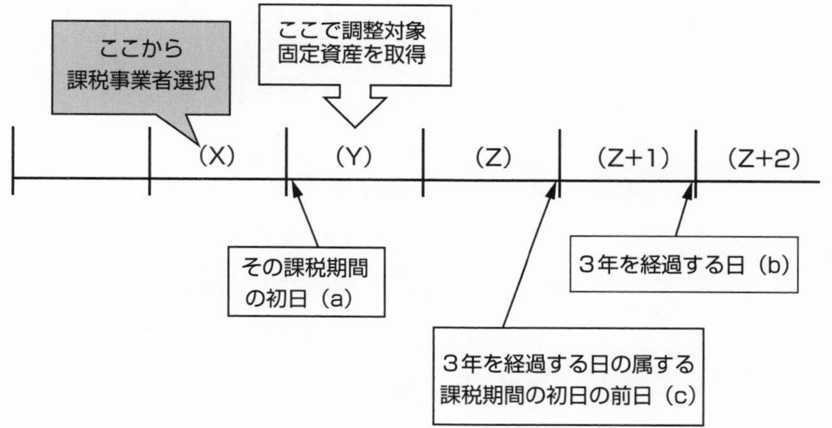

【例】　a　＝　Ｙ年１月１日

b　＝　（Ｚ＋１）年12月31日

c　＝　Ｚ年12月31日

⇨　（Ｙ）の課税期間中に調整対象固定資産を購入した場合、Ｚ年12月31日の属する課税期間（Ｚ）中は消費税簡易課税選択届出書届出書を提出できません。結局、（Ｚ＋１）の課税期間中に提出することとなるので、簡易課税制度は（Ｚ＋２）年から適用を受けることができることとなります。

☞　新設法人又は特定新規設立法人に該当する場合

○　「消費税の納税義務者でなくなった旨の届出書」（第５号様式・13頁）

新設法人又は特定新規設立法人が、**FC1-4-1** により「３年縛りあり」と判定される場合には、３年間は課税事業者を強いられます。

詳しくは、調整対象固定資産を購入した課税期間の初日（下図(a)）から３年を経過する日（下図(b)）の属する課税期間までは納税義務が免除されません。したがって、それらの課税期間について第５号様式を提出することはできません（法12の２②、12の３③）。

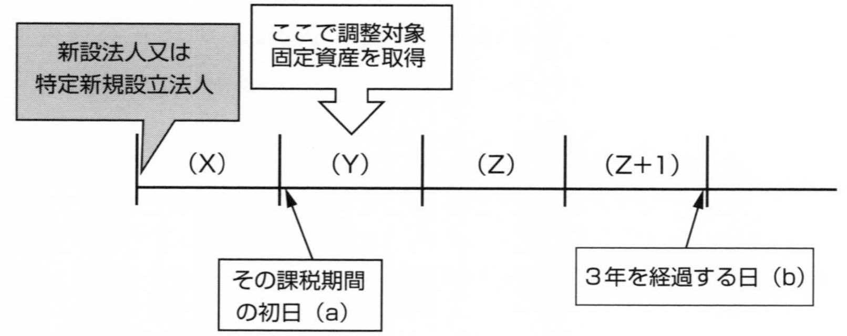

【例】　a　＝　Ｙ年１月１日

b　＝　（Ｚ＋１）年12月31日

⇨　（Ｙ）の課税期間中に調整対象固定資産を購入した場合、（Ｚ＋１）の課税期間までは課税事業者であることを強いられます。したがって、（Ｙ）の課税期間の課税売上高が1,000万円（税抜）以下であっても、（Ｚ＋１）の課税期間について第５号様式の提出はできないことになります。

○　消費税簡易課税制度選択届出書（第９号様式・32頁）

新設法人又は特定新規設立法人が、**FC1-4-1** により「３年縛りあり」と判定される場合には、３年間課税事業者を強いられるだけでなく、簡易課税制度を選択することも制限されます。

詳しくは、調整対象固定資産を購入した課税期間の初日（下図(a)）から３年を経過する日（下図(b)）の属する課税期間の初日の前日（下図(c)）の属する課税期間は、消費税簡易課税制度選択届出書（軽減第１号様式）を提出することはできません（法37③二）。

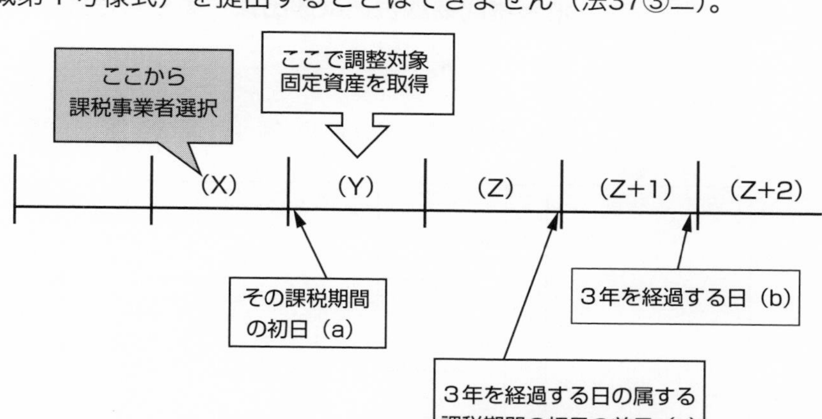

【例】　a　＝　Y年１月１日

b　＝　（Z＋１）年12月31日

c　＝　Z年12月31日

⇨（Y）の課税期間中に調整対象固定資産を購入した場合、Z年12月31日の属する課税期間（Z）中は消費税簡易課税選択届出書届出書を提出できません。結局、（Z＋１）の課税期間中に提出することとなるので、簡易課税制度は（Z＋２）年から適用を受けることができることとなります。

消費税簡易課税選択届出書　第９号様式

第９号様式

消費税簡易課税制度選択届出書

収受印

令和　年　月　日	届出者	（フリガナ）	
		納税地	（〒　－　） （電話番号　－　－　）
		（フリガナ）	
		氏名又は名称及び代表者氏名	
＿＿＿＿＿税務署長殿		法人番号	※個人の方は個人番号の記載は不要です。

下記のとおり、消費税法第37条第１項に規定する簡易課税制度の適用を受けたいので、届出します。

（□　消費税法施行令等の一部を改正する政令（平成30年政令第135号）附則第18条の規定により消費税法第37条第１項に規定する簡易課税制度の適用を受けたいので、届出します。）

①	適用開始課税期間	自　令和　年　月　日　至　令和　年　月　日
②	①の基準期間	自　令和　年　月　日　至　令和　年　月　日
③	②の課税売上高	円

事業内容等	（事業の内容）	（事業区分）第　種事業

提出要件の確認

次のイ、ロ又はハの場合に該当する（「はい」の場合のみ、イ、ロ又はハの項目を記載してください。）			はい □	いいえ □
イ	消費税法第９条第４項の規定により課税事業者を選択している場合	課税事業者となった日	令和　年　月　日	
		課税事業者となった日から２年を経過する日までの間に開始した各課税期間中に調整対象固定資産の課税仕入れ等を行っていない		はい □
ロ	消費税法第12条の２第１項に規定する「新設法人」又は同法第12条の３第１項に規定する「特定新規設立法人」に該当する（該当していた）場合	設立年月日	令和　年　月　日	
		基準期間がない事業年度に含まれる各課税期間中に調整対象固定資産の課税仕入れ等を行っていない		はい □
ハ	消費税法第12条の４第１項に規定する「高額特定資産の仕入れ等」を行っている場合（同条第２項の規定の適用を受ける場合） （仕入れ等を行った資産が高額特定資産に該当する場合はAの欄を、自己建設高額特定資産に該当する場合は、Bの欄をそれぞれ記載してください。）	A　仕入れ等を行った課税期間の初日	令和　年　月　日	
		A　この届出による①の「適用開始課税期間」は、高額特定資産の仕入れ等を行った課税期間の初日から、同日以後３年を経過する日の属する課税期間までの各課税期間に該当しない		はい □
		B　仕入れ等を行った課税期間の初日	平成 令和　年　月　日	
		B　建設等が完了した課税期間の初日	令和　年　月　日	
		B　この届出による①の「適用開始課税期間」は、自己建設高額特定資産の建設等に要した仕入れ等に係る支払対価の額の累計額が１千万円以上となった課税期間の初日から、自己建設高額特定資産の建設等が完了した課税期間の初日以後３年を経過する日の属する課税期間までの各課税期間に該当しない		はい □

※　消費税法第12条の４第２項の規定による場合は、ハの項目を次のとおり記載してください。
1「自己建設高額特定資産」を「調整対象自己建設高額資産」と読み替える。
2「仕入れ等を行った」は、「消費税法第36条第１項又は第３項の規定の適用を受けた」と、「自己建設高額特定資産の建設等に要した仕入れ等に係る支払対価の額の累計額が１千万円以上となった」は、「調整対象自己建設高額資産について消費税法第36条第１項又は第３項の規定の適用を受けた」と読み替える。

※　この届出書を提出した課税期間が、上記イ、ロ又はハに記載の各課税期間である場合、この届出書提出後、届出を行った課税期間中に調整対象固定資産の課税仕入れ等又は高額特定資産の仕入れ等を行うと、原則としてこの届出書の提出はなかったものとみなされます。詳しくは、裏面をご確認ください。

参考事項	
税理士署名	（電話番号　－　－　）

※税務署処理欄					
整理番号		部門番号			
届出年月日	年　月　日	入力処理	年　月　日	台帳整理	年　月　日
通信日付印　年　月　日	確認	番号確認			

注意　１．裏面の記載要領等に留意の上、記載してください。
　　　２．税務署処理欄は、記載しないでください。

<table>
<tr><th colspan="2">FC1-4-2　高額特定資産を取得したことにより３年縛りが生じた場合</th></tr>
<tr><td>必要書類</td><td>「高額特定資産の取得等に係る課税事業者である旨の届出書」
第５－⑵号様式
　簡易課税事業者を選択していない課税事業者が、その課税期間中に高額特定資産を購入し、３年縛りが発生する場合に提出します。</td></tr>
<tr><td>提出期限</td><td>「３年縛り」が生じた場合で、納税義務が免除されない課税期間について、その基準期間が1,000万円（税抜）以下となったときに速やかに提出します。
　課税事業者が簡易課税制度の選択を受けていない課税期間において、高額特定資産を取得等した場合には、その取得等をした課税期間の初日（下図⒜）から３年を経過する日（下図⒝）の属する課税期間（下図（Ｚ＋１））まで納税義務が免除されることはないのですが、その免除されない各課税期間の基準期間が1,000万円（税抜）以下となる課税期間について「高額特定資産の取得等に係る課税事業者である旨の届出書」第５－⑵号様式を提出することとされています。
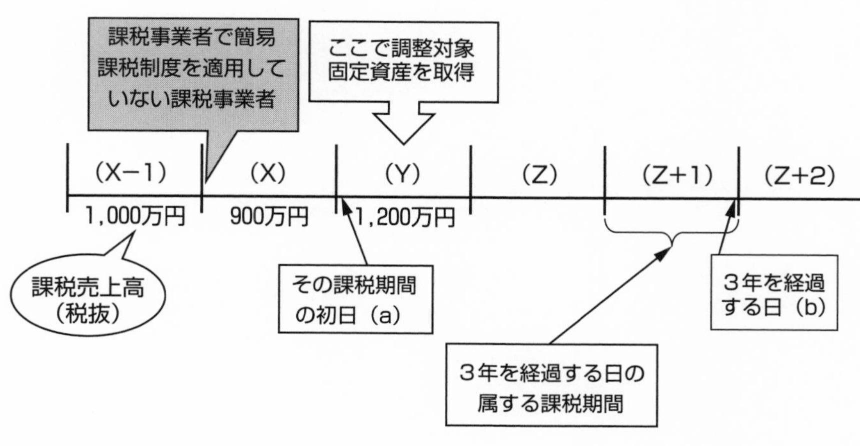

【例】　ａ　＝　Ｙ年１月１日
　　　　ｂ　＝　Ｚ＋１年12月31日
⇨　（Ｙ）の課税期間中に高額特定資産を購入した場合、（Ｚ＋1）年12月31日の属する課税期間（Ｚ＋1）年までの各課税期間に</td></tr>
</table>

		ついては、納税義務は免除されません。したがって、上図の場合（Z）の課税期間の基準期間（X）は、課税売上高は1,000万円以下ですが、（Z）の課税期間は納税義務の免除がない旨を「高額特定資産の取得等に係る課税事業者である旨の届出書」第５－⑵号様式により届け出ることになります。

高額特定資産の取得等に係る課税事業者である旨の届出書　第５－(2)号様式

第５－(2)号様式

高額特定資産の取得等に係る課税事業者である旨の届出書

収受印

令和　年　月　日 ＿＿＿＿税務署長殿	届出者	（フリガナ）	
		納税地	（〒　－　） （電話番号　－　－　）
		（フリガナ）	
		氏名又は名称及び代表者氏名	
		法人番号	※　個人の方は個人番号の記載は不要です。

下記のとおり、消費税法第12条の４第１項又は第２項の規定の適用を受ける課税期間の基準期間の課税売上高が1,000万円以下となったので、消費税法第57条第１項第２号の２の規定により届出します。

届出者の行う事業の内容			
この届出の適用対象課税期間	※消費税法第12条の4第1項又は第2項の規定が適用される課税期間で基準期間の課税売上高が1,000万円以下となった課税期間を記載してください。 自 令和　年　月　日　至 令和　年　月　日		
上記課税期間の基準期間	自 平成/令和　年　月　日 至 平成/令和　年　月　日	左記期間の課税売上高	円

該当する資産の区分等 （該当する資産の区分に応じて記載してください。）			
	□ ①高額特定資産 （②に該当するものを除く）	高額特定資産の仕入れ等の日 平成/令和　年　月　日	高額特定資産の内容
	□ ②自己建設高額特定資産	自己建設高額特定資産の仕入れ等を行った場合に該当することとなった日 平成/令和　年　月　日	
		建設等の完了予定時期 平成/令和　年　月　日	自己建設高額特定資産の内容
	※消費税法第12条の4第2項の規定による場合は、次のとおり記載してください。 1「高額特定資産の仕入れ等の日」及び「自己建設高額特定資産の仕入れ等を行った場合に該当することとなった日」は、「消費税法第36条第1項又は第3項の規定の適用を受けた課税期間の初日」と読み替える。 2「自己建設高額特定資産」を、「調整対象自己建設高額資産」と読み替える。		
参考事項			
税理士署名	（電話番号　－　－　）		

※税務署処理欄	整理番号		部門番号		番号確認	
	届出年月日	年　月　日	入力処理	年　月　日	台帳整理	年　月　日

注意　１．裏面の記載要領等に留意の上、記載してください。
　　　２．税務署処理欄は、記載しないでください。

5　期末棚卸資産の税額調整をした場合の将来予測 ……FC1-5

来期の課税期間において、免税事業者から課税事業者に転換する場合、免税されていた期間の末日に在庫する棚卸資産については、課税事業者となった課税期間の課税仕入れ等の税額とみなして税額調整を行います（「免税から課税となる場合の棚卸資産に係る税額調整」【⇨用語19】、第６章Ⅲの4の１（188頁）を参照）。

この際に留意しておくべきことは、その調整を行った期末棚卸資産で一定のものについては、その税額調整により３年縛りが発生することです。

どのようなものが３年縛りの対象となるかは、次のFC1-5を参照してください。

なお、期末棚卸資産の税額調整でも、「課税から免税事業者に転換する際の期末在庫棚卸資産の税額調整」（第６章Ⅲ一般4の２）を行った場合には、３年縛りは発生しません。

FC1-5　免税期間末日在庫棚卸資産の税額調整と将来予測

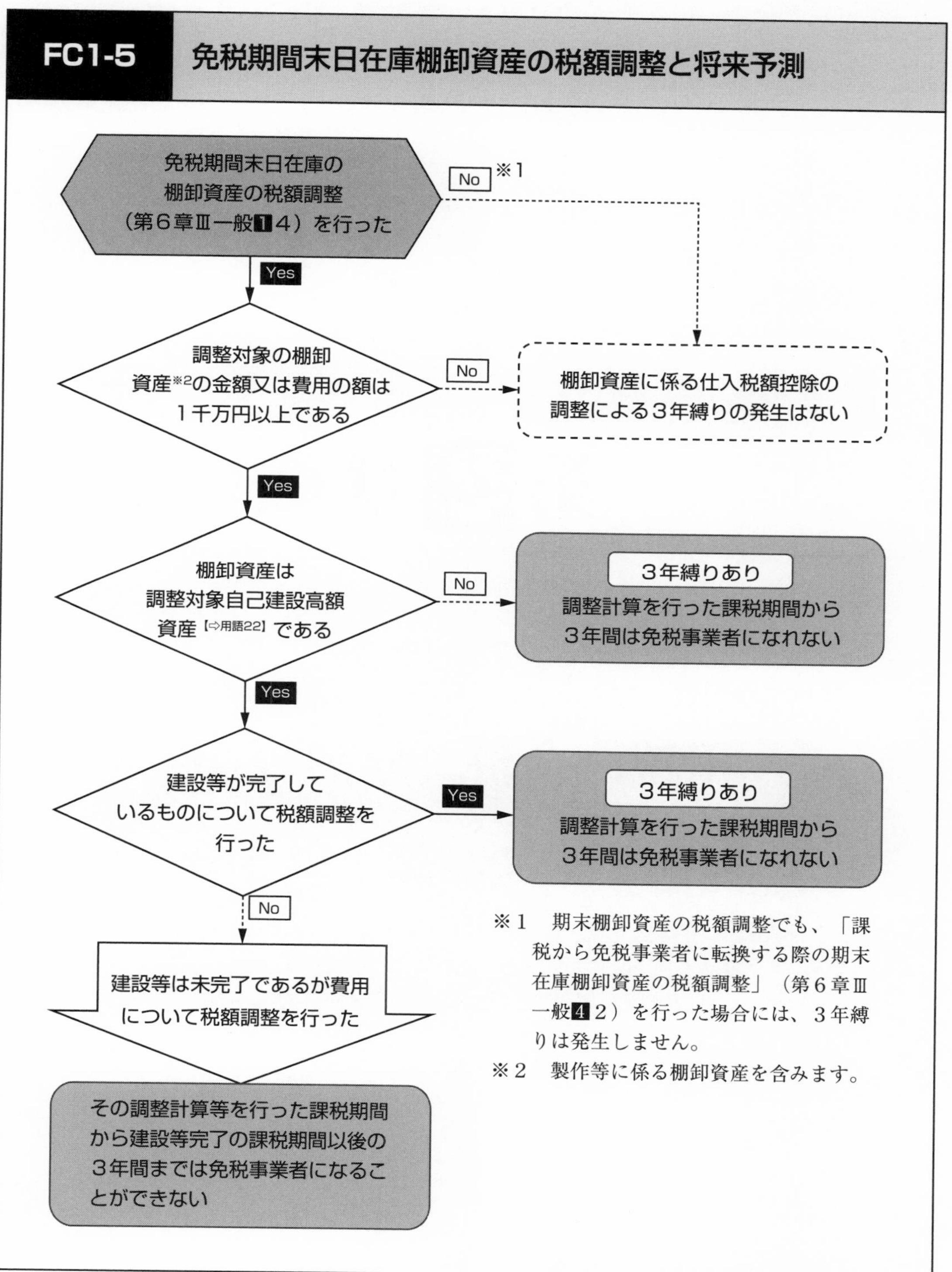
免税期間末日在庫の
棚卸資産の税額調整
（第６章Ⅲ一般1 4）を行った
No ※1
Yes
調整対象の棚卸
資産※2の金額又は費用の額は
１千万円以上である
No
棚卸資産に係る仕入税額控除の
調整による３年縛りの発生はない
Yes
棚卸資産は
調整対象自己建設高額
資産【⇨用語22】である
No
3年縛りあり
調整計算を行った課税期間から
３年間は免税事業者になれない
Yes
建設等が完了して
いるものについて税額調整を
行った
Yes
3年縛りあり
調整計算を行った課税期間から
３年間は免税事業者になれない
No
建設等は未完了であるが費用
について税額調整を行った
その調整計算等を行った課税期間
から建設等完了の課税期間以後の
３年間までは免税事業者になるこ
とができない

※１　期末棚卸資産の税額調整でも、「課税から免税事業者に転換する際の期末在庫棚卸資産の税額調整」（第６章Ⅲ一般4 2）を行った場合には、３年縛りは発生しません。

※２　製作等に係る棚卸資産を含みます。

第2章

相続、合併・分割等があった場合の課・免判定

はじめに

免税事業者又はそもそも事業を営んでいなかった者が、相続により被相続人の事業を承継するケースでは、一定の場合に被相続人の納税義務も承継することになります。

また、会社が合併や分割等を行った場合にも、当事会社の納税義務を承継したり、当事会社を一体として課・免判定を行う特例が設けられています。

1　相続により被相続人の事業を承継した場合の課・免判定……　FC2-1

FC2-1　相続により被相続人の事業を承継した場合の判定ＦＣ

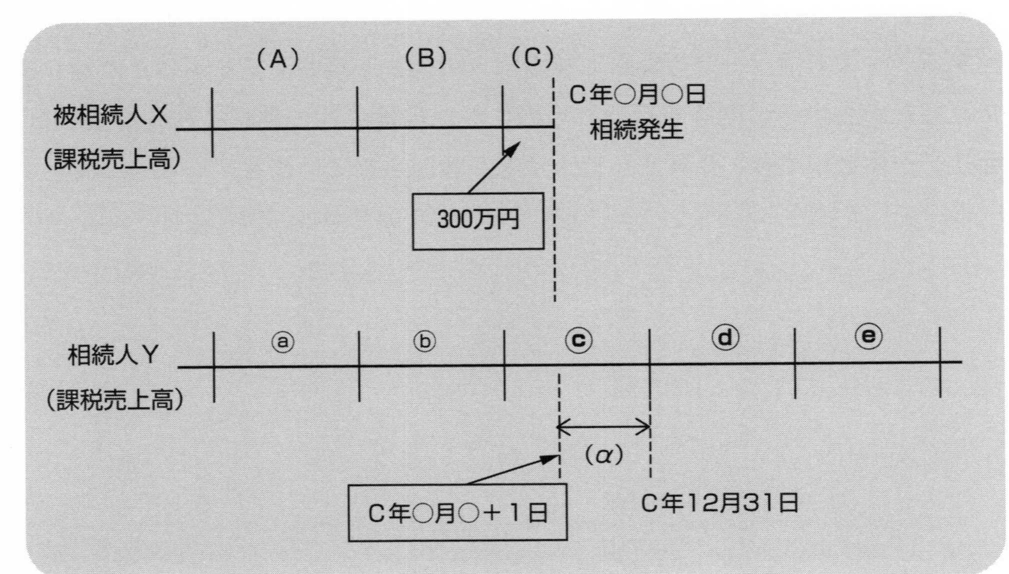

1　相続人Ｙのⓒ年の課・免判定

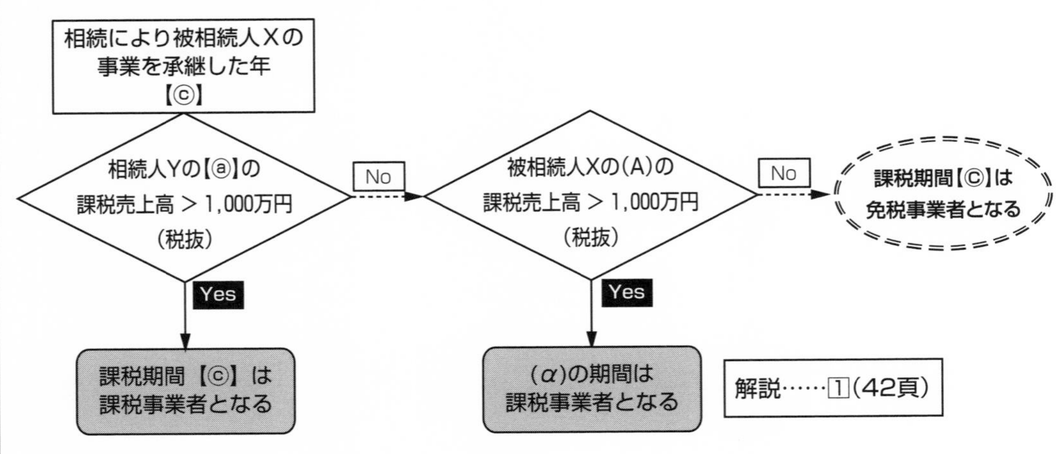

相続により被相続人の事業を承継した場合には、相続人は被相続人の基準期間の課税売上高を加味して課・免判定を行うことになります。

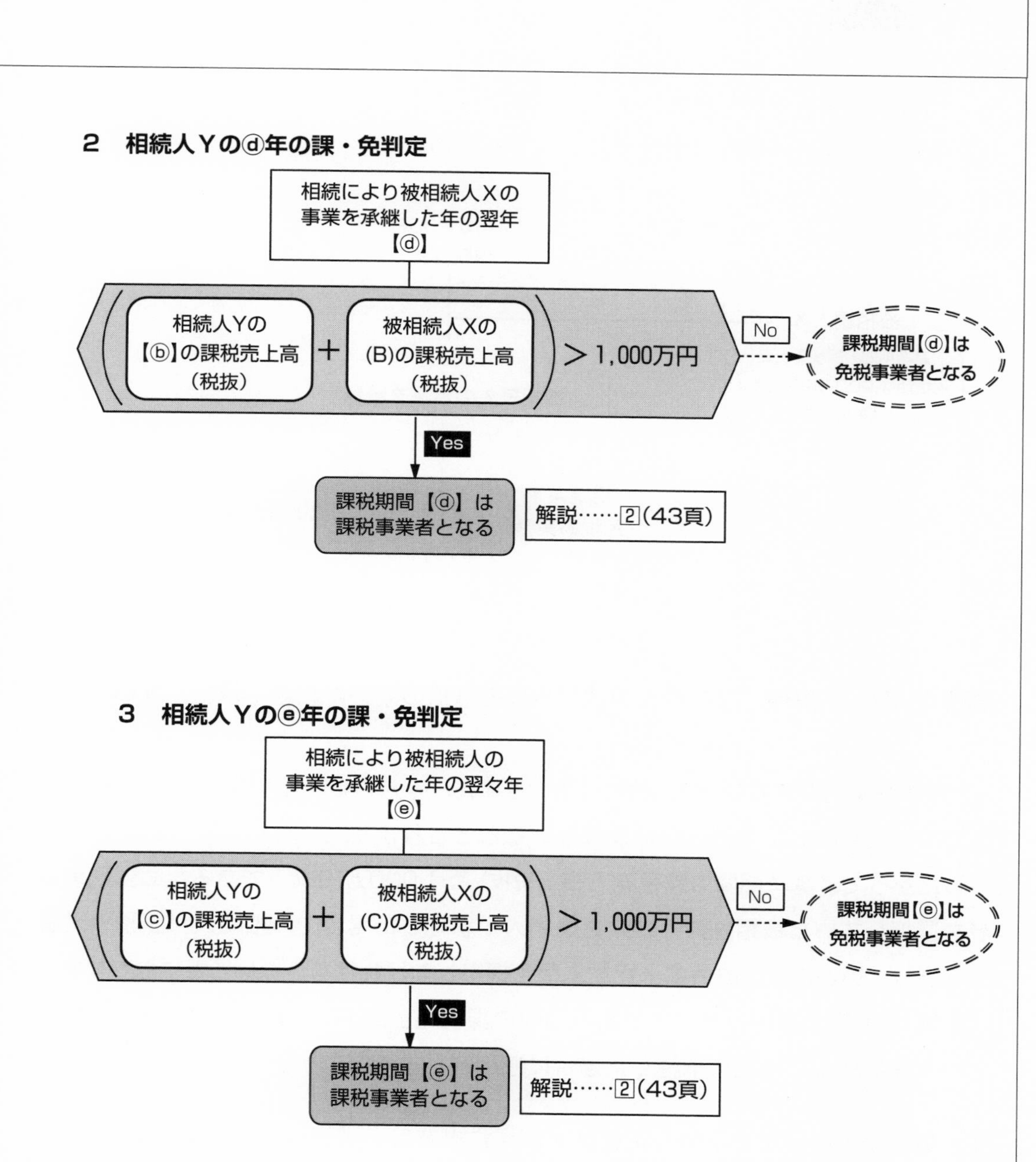

1　相続があった年（法10①）

その年に相続があり、免税事業者又は事業を営んでいなかった者が、基準期間の課税売上高が1,000万円（税抜）を超える被相続人の事業を承継したときは、その相続があった日の翌日からその年の12月31日までの間は、納税義務は免除されません（下図及び FC2-1 の1参照）。

㈡　相続には包括遺贈が含まれます。したがって、相続人には包括受遺者が含まれ、被相続人には包括遺贈者が含まれます（法２④）。

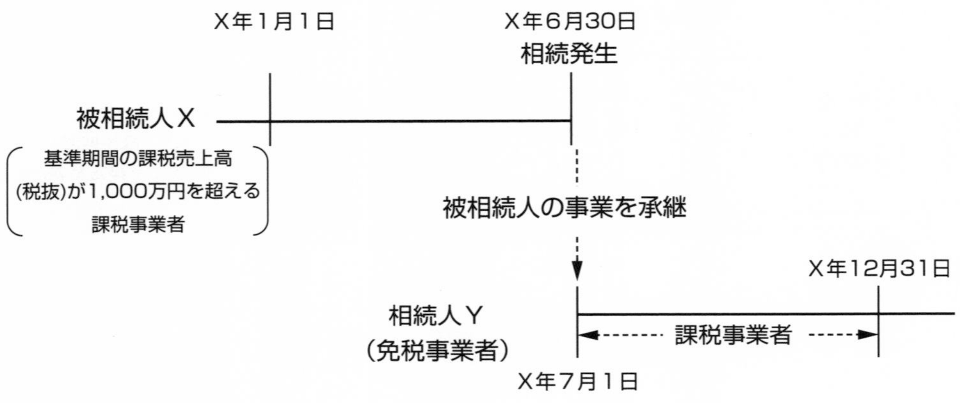

留意事項　被相続人の課税事業者選択の効力は相続で承継しない（基通１－４－12）

「消費税課税事業者選択届出書」（第１号様式）の効力は、相続により当該被相続人の事業を承継した相続人には及ばないこととされます（基通１－４－12⑴）。

したがって、基準期間の課税売上高（税抜）が1,000万円以下であるため課税事業者を選択していた被相続人の事業を相続人が承継した場合で、相続人が課税事業者を選択したいときは、改めて上記届出書を提出しなければならないことになります。

法第10条第１項は、あくまで基準期間の課税売上高が1,000万円（税抜）を超えている被相続人の事業を承継した場合に適用されるものです。

㈡　被相続人の事業を承継した相続人が課税事業者を選択しようとする場合、「消費税課税事業者選択届出書」（第１号様式）は相続があった日の属する課税期間中に課税事業者選択届出書を提出すれば、その課税期間から課税事業者選択の効力が生じることとされています（基通１－４－12⑵）。

2　相続があった年の翌年と翌々年（法10②）

相続人の基準期間における課税売上高と被相続人のそれとの合計額が1,000万円を超える場合は、納税義務は免除されません（下図及び **FC2-1** の2・3参照）。

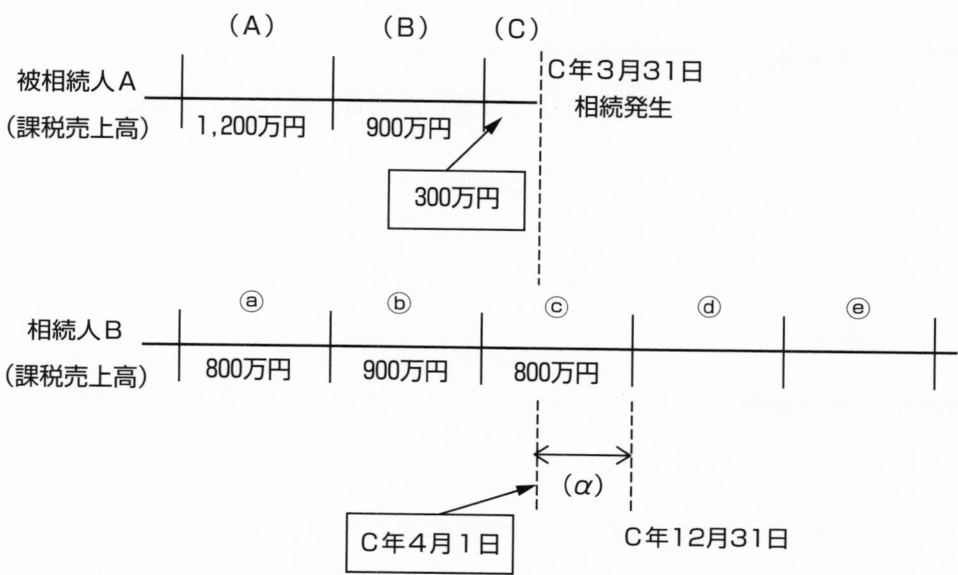

【上図の相続人の課・免判定】

（α）の期間　＝　課税事業者　∵　被相続人（A）の課税売上高が1,000万円超

ⓓ　の期間　＝　課税事業者　∵　（B）とⓑの合計額が1,000万円超

ⓔ　の期間　＝　課税事業者　∵　（C）とⓒの合計額が1,000万円超

留意事項　遺産分割が未分割の状態（事業を承継する相続人が確定していない場合）（基通１－５－５）

相続人が２以上あるときには、相続財産の分割が実行されるまでの間は被相続人の事業を承継する相続人は確定しません。

このような場合には、各相続人が共同して被相続人の事業を承継したものとして取り扱われることになります。

この場合において，相続人に係る課税期間の基準期間における課税売上高は、被相続人の基準期間における課税売上高に各相続人の法定相続分（民900条各号）[注]に規定する相続分に応じた割合を乗じた金額とされます。

(注)　法定相続分については、代襲相続人の相続分（民901）、遺言による相続分の指定（民902)、特別受益者の相続分（民903）の適用を受ける場合には，これらの各条に規定する相続分に応じた割合になります。

■■■ 留意事項 ■■■　複数の事業場を有する被相続人の事業を複数の相続人が事業場ごとに分割して相続した場合（法10③、令21）

相続により２以上の事業場を有する被相続人の事業場を２以上の相続人がそれぞれ事業場ごとに分割して承継した場合の上記1又は2による課・免判定については、それぞれの相続人が相続した事業ごとに当てはめて行います。

■■■ 留意事項 ■■■　一次相続に続いて二次相続があった場合の二次相続の課・免判定（旧令21②）

例えば、祖父の事業を相続（一次相続）により承継した父が亡くなった場合（二次相続)、二次相続の相続人（子）の課・免判定において、上記2の相続人の基準期間における課税売上高に合算するのは、二次相続の被相続人に加え一次相続の被相続人の基準期間における課税売上高も含まれるのか、という疑問が生じます。

この点、旧令21条２項では一次相続まで合算するとの規定が置かれていましたが、平成16年４月からこの取扱いは廃止されました。

したがって、相次いで相続が生じた場合でも二次相続についてのみ上記2を当てはめればよいことになります（一次相続の合算はありません)。

届出などの手続

<table>
<tr><th colspan="2">FC2-1　課税期間（X）の課税売上高が1,000万円超となった場合</th></tr>
<tr><td rowspan="2">必要書類</td><td>①　「消費税課税事業者届出書」（基準期間用）　第３－(1)号様式
②　「相続・合併・分割等があったことにより課税事業者となる場合の付表」　第４号様式</td></tr>
<tr><td>【相続があった年】
被相続人が亡くなった年の基準期間（FC2-1 の（A）の課税期間）の課税売上高が1,000万円超である場合に、①の書類に②を添付して提出します。
【相続があった年の翌年又は翌々年】
相続人の基準期間における課税売上高と被相続人のそれとの合計額※が1,000万円を超える場合に、①の書類に②を添付して提出します。
※　翌年の場合　：FC2-1 の（B）とⓑの課税期間の合計額
翌々年の場合：FC2-1 の（C）とⓒの課税期間の合計額</td></tr>
<tr><td rowspan="2">提出時期</td><td>事由が生じた場合は速やかに提出</td></tr>
<tr><td>【相続があった年】又は【相続があった年の翌年又は翌々年】において、それぞれの被相続人の課税売上高を加味した金額が1,000万円を超えることとなる場合は、速やかに提出することとされています。</td></tr>
</table>

消費税課税事業者届出書（基準期間用）　第３－⑴号様式

第３－⑴号様式

基準期間用

消費税課税事業者届出書

収受印

令和　年　月　日	届出者	(フリガナ)	
		納税地	(〒　－　) (電話番号　－　－　)
		(フリガナ)	
		住所又は居所 (法人の場合) 本店又は主たる事務所の所在地	(〒　－　) (電話番号　－　－　)
		(フリガナ)	
		名称（屋号）	
		個人番号 又は 法人番号	↓ 個人番号の記載に当たっては、左端を空欄とし、ここから記載してください。
		(フリガナ)	
		氏名 (法人の場合) 代表者氏名	
		(フリガナ)	
＿＿＿＿＿税務署長殿		(法人の場合) 代表者住所	(電話番号　－　－　)

下記のとおり、基準期間における課税売上高が1,000万円を超えることとなったので、消費税法第57条第１項第１号の規定により届出します。

適用開始課税期間	自　平成/令和　年　月　日	至　平成/令和　年　月　日	
上記期間の基準期間	自　平成/令和　年　月　日	左記期間の総売上高	円
	至　平成/令和　年　月　日	左記期間の課税売上高	円

事業内容等	生年月日（個人）又は設立年月日(法人)	1明治・2大正・3昭和・4平成・5令和 年　月　日	法人のみ記載	事業年度	自　月　日　至　月　日
				資本金	円
	事業内容		届出区分	相続・合併・分割等・その他	

参考事項		税理士署名	(電話番号　－　－　)

※税務署処理欄	整理番号		部門番号		
	届出年月日	年　月　日	入力処理	年　月　日	台帳整理　年　月　日
	番号確認		身元確認　□済　□未済	確認書類　個人番号カード／通知カード・運転免許証　その他（　）	

注意　１．裏面の記載要領等に留意の上、記載してください。
　　　２．税務署処理欄は、記載しないでください。

相続・合併・分割等があったことにより課税事業者となる場合の付表　第４号様式

第４号様式

収受印

相続・合併・分割等があったことにより課税事業者となる場合の付表

届出者	納税地	
	氏名又は名称	

①　相続の場合（分割相続　有・無）

被相続人の	納税地	所轄署（　　　）
	氏名	
	事業内容	

②　合併の場合（設立合併・吸収合併）

i被合併法人の	納税地	所轄署（　　　）
	名称	
	事業内容	
ii被合併法人の	納税地	所轄署（　　　）
	名称	
	事業内容	

③　分割等の場合（新設分割・現物出資・事後設立・吸収分割）

i分割親法人の	納税地	所轄署（　　　）
	名称	
	事業内容	
ii分割親法人の	納税地	所轄署（　　　）
	名称	
	事業内容	

基準期間の課税売上高

課税事業者となる課税期間の基準期間		自 平成/令和　年　月　日　　至 平成/令和　年　月　日
上記期間の	① 相続人 ② 合併法人　の課税売上高 ③ 分割子法人	円
	① 被相続人 ② 被合併法人　の課税売上高 ③ 分割親法人	円
	合計	円

注意　1.　相続により事業場ごとに分割承継した場合は、自己の相続した事業場に係る部分の被相続人の課税売上高を記入してください。

2.　①、②及び③のかっこ書については該当する項目に○を付します。

3.　「分割親法人」とは、分割等を行った法人をいい、「分割子法人」とは、新設分割、現物出資又は事後設立により設立された法人若しくは吸収分割により営業を承継した法人をいいます。

4.　元号は、該当する箇所に○を付します。

2　吸収合併があった場合の課・免判定……FC2-2

FC2-2　吸収合併があった場合の判定ＦＣ

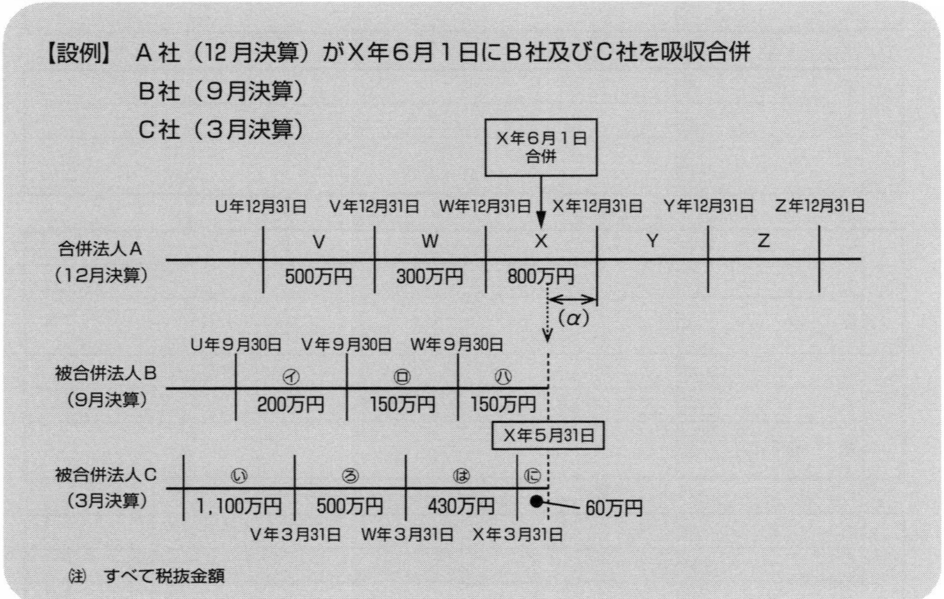

1　合併法人ＡのＸ事業年度の課・免判定

㈲「課税売上高」はすべて税抜

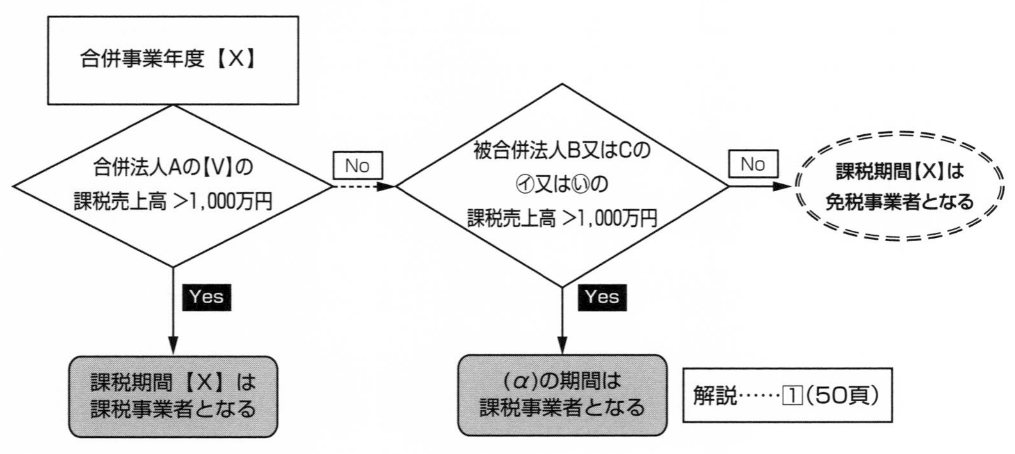

吸収合併があった場合には、各当事会社の一定の課税売上高を加味して課・免判定を行うことになります。

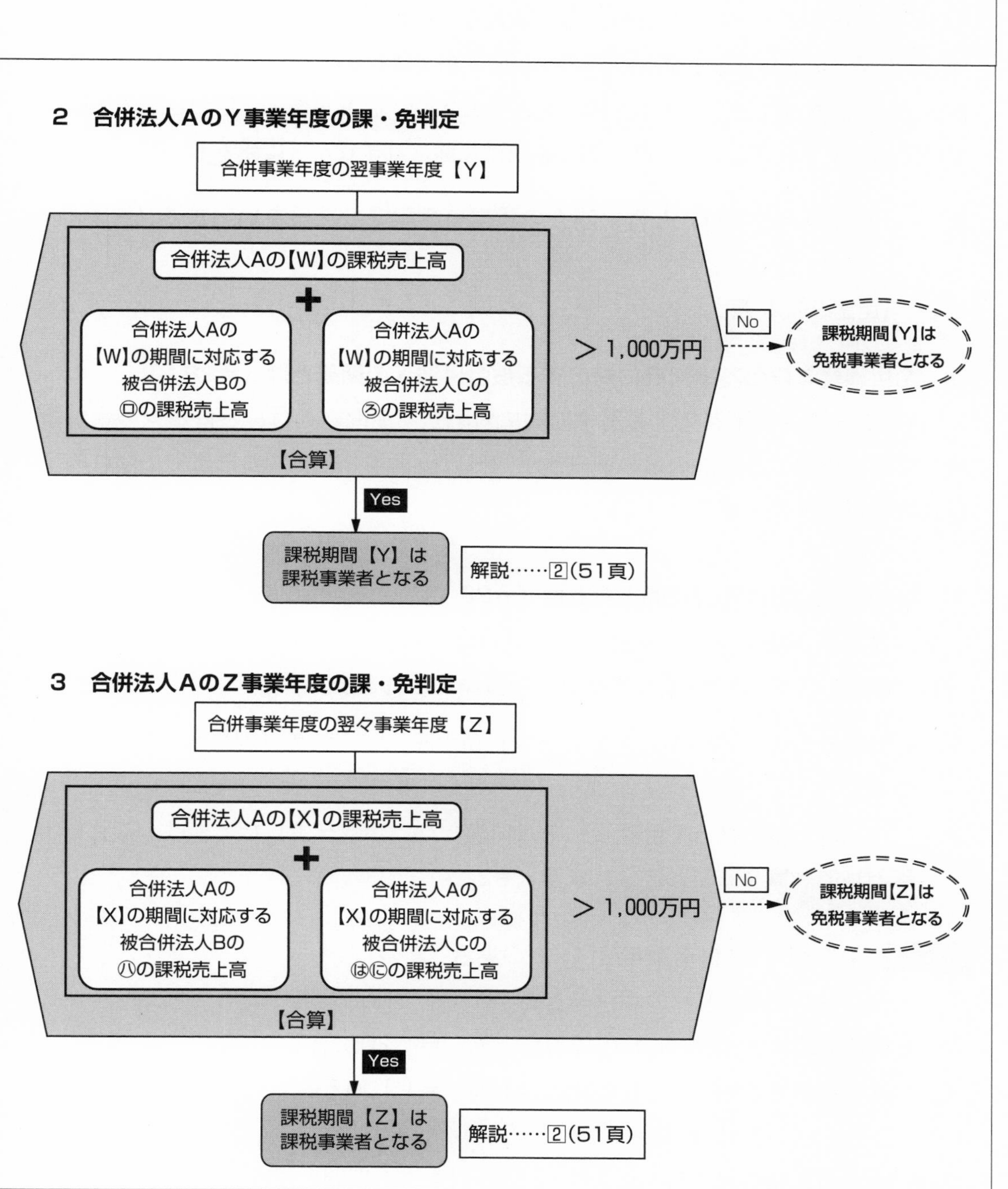

1　合併のあった日の属する事業年度（合併事業年度）

⑴　合併事業年度の判定（法11①）

吸収合併があった場合のその合併があった日※1を含む事業年度（合併事業年度）の課・免判定については、たとえ合併法人の基準期間における課税売上高（税抜）※2が1,000万円以下であったとしても、合併法人の合併事業年度の基準期間に対応する期間（⑵参照）における被合併法人（被合併法人が複数ある場合は、そのいずれかの被合併法人）の課税売上高が1,000万円を超えるときは、合併があった日からその事業年度終了の日までの間については、納税義務は免除されません（**FC2-2** の1参照）。

※１　「合併があった日」とは、法人の設立の登記をした日をいいます（基通１－５－７）。

※２　【用語３】参照。

⑵　合併事業年度の基準期間に対応する被合併法人の期間とは（令22①）

「合併法人の合併事業年度の基準期間に対応する期間」とは、合併法人の合併事業年度開始の日の２年前の日の前日から同日以後１年を経過する日までの間に終了した被合併法人の各事業年度をいいます。

⑶　⑵の期間における課税売上高とは（令22①）

⑵の各事業年度における課税売上高※3の合計額をその各事業年度の月数※4の合計数で除し，これに12を乗じて計算した金額とされます。

※３　計算方法は、「基準期間における課税売上高」【⇨用語３】の「課税売上高」と同じです。

※４　月数は，暦に従って計算し，１月に満たない端数を生じたときは，これを１月として計算することとされます（令22⑦）。

FC2-2 【設例】の合併事業年度（Ｘ）の場合

①　Ａ社の基準期間（Ｖ）の課税売上高　＝　500万円

②　Ｂ社の対応する期間（㋑）の課税売上高　＝　200万円

③　Ｃ社の対応する期間（㋸）の課税売上高　＝1,100万円

∴　Ｃ社が1,000万円を超える

→　Ａ社のＸ年６月１日からＸ年12月31日までの期間は課税事業者となる。

2　合併事業年度の翌事業年度又は翌々事業年度

⑴　合併事業年度の翌事業年度又は翌々事業年度の判定（法11②）

合併法人の基準期間における課税売上高と被合併法人（複数の場合は各被合併法人）の当該基準期間に対応する期間における課税売上高との合計額が1,000万円を超える場合、合併事業年度の翌事業年度又は翌々事業年度については、合併法人の納税義務は免除されません（**FC2-2**の２・３参照）。

⑵　合併法人の基準期間に対応する被合併法人の期間とは（令22②）

「合併法人の基準期間に対応する被合併法人の期間」とは、合併法人のその事業年度の基準期間の初日から同日以後１年を経過する日までの間に終了した被合併法人の各事業年度をいいます。

⑶　⑵の期間における課税売上高とは（令22②）

⑵の被合併法人の各事業年度における課税売上高の合計額をその各事業年度の月数の合計数で除し，これに12を乗じて計算した金額とされます。

FC2-2【設例】の合併事業年度の翌事業年度（Y）の場合

①　A社の基準期間（W）の課税売上高　＝　300万円
②　B社の対応する期間（㋺）の課税売上高　＝　150万円
③　C社の対応する期間（㋩）の課税売上高　＝　500万円

∴　①＋②＋③　＝　950万円

→　A社の合併事業年度の翌事業年度（Y）は免税事業者となる。

FC2-2【設例】の合併事業年度の翌事業年度（Z）の場合

①　A社の基準期間（X）の課税売上高　＝　800万円
②　B社の対応する期間（㋩）の課税売上高　＝　150万円
③　C社の対応する期間（㋩、㋥）の課税売上高　＝　(430万円+60万円）÷14×12
＝　420万円

∴　①＋②＋③　＝　1,370万円

→　A社の合併事業年度の翌事業年度（Z）は課税事業者となる。

3　新設合併があった場合の課・免判定……FC2-3

FC2-3　新設合併があった場合の判定ＦＣ

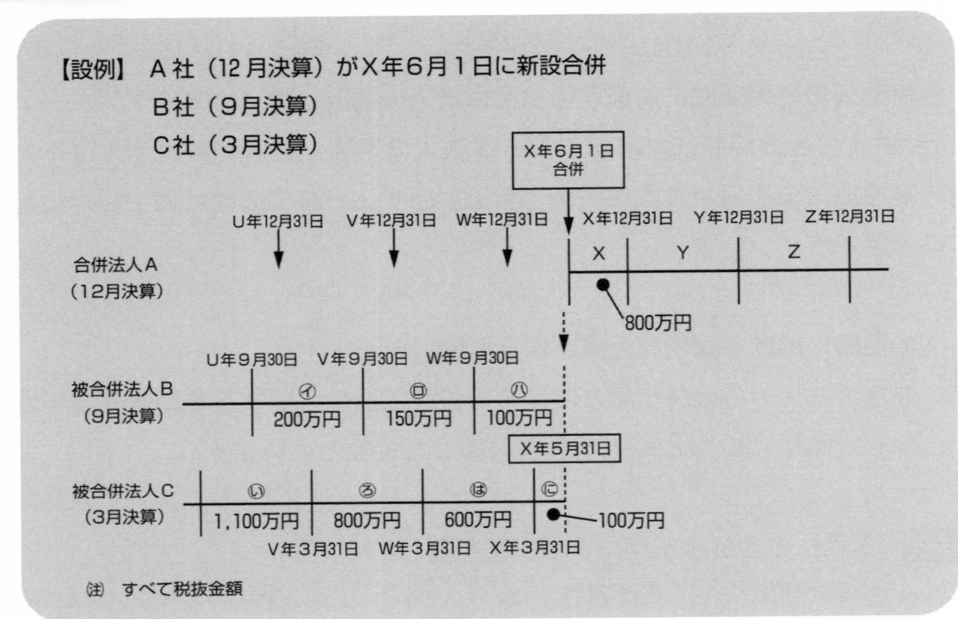

1　合併法人AのX事業年度の課・免判定

㈱「課税売上高」はすべて税抜

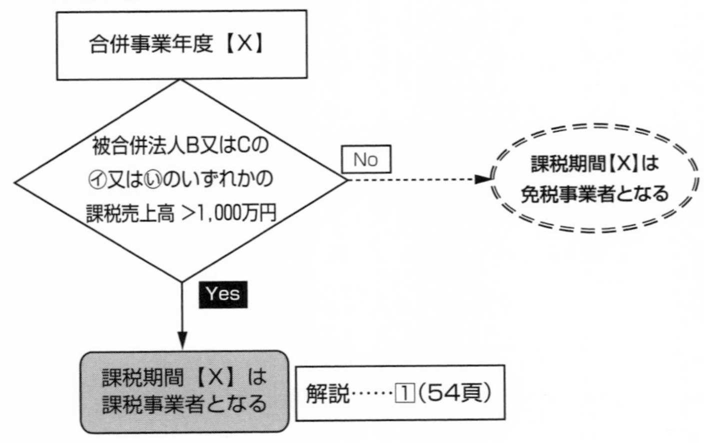

新設合併があった場合には、各当事会社の一定の課税売上高を加味して課・免判定を行うことになります。

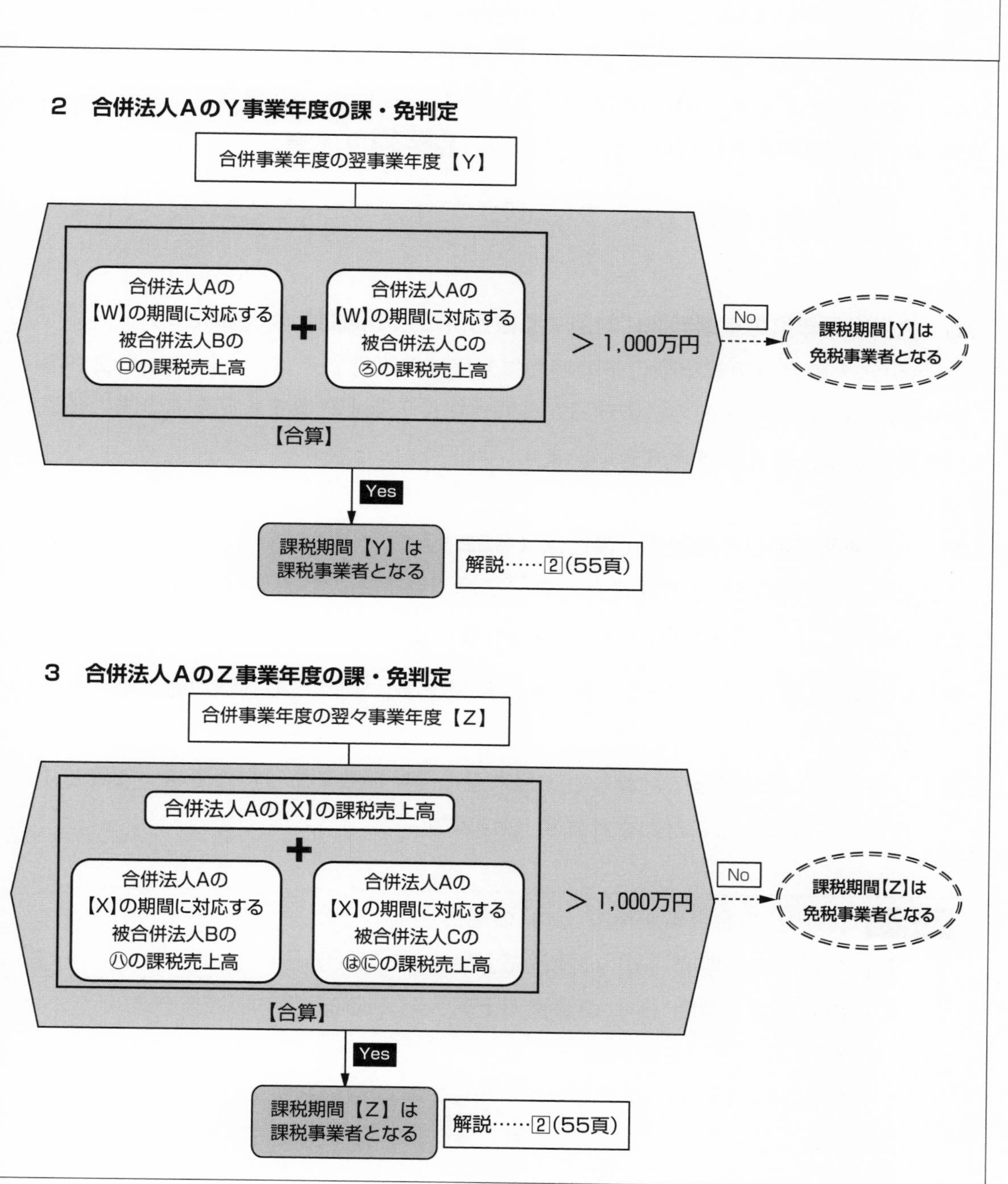

1　合併のあった日の属する事業年度（合併事業年度）

⑴　合併事業年度の判定（法11③）

新設合併があった場合のその合併があった日[※1]を含む事業年度（合併事業年度）の課・免判定については、合併法人の合併事業年度の基準期間に対応する期間（次の⑵を参照）における被合併法人（被合併法人が複数ある場合は、そのいずれかの被合併法人）の課税売上高が1,000万円を超えるときは、合併法人の合併事業年度については、納税義務は免除されないこととなります（**FC2-3**の1参照）。

※１　「合併があった日」とは、法人の設立の登記をした日をいうこととされます（基通１－５－７）。

⑵　合併事業年度の基準期間に対応する被合併法人の期間とは（令22③）

「合併法人の合併事業年度の基準期間に対応する期間」とは、合併法人の合併事業年度開始の日の２年前の日の前日から同日以後１年を経過する日までの間に終了した被合併法人の各事業年度をいいます。

⑶　⑵の期間における課税売上高とは（令22①）

⑵の各事業年度における課税売上高[※2]の合計額をその各事業年度の月数[※3]の合計数で除し，これに12を乗じて計算した金額とされます。

※２　計算方法は、「基準期間における課税売上高」[⇨用語３]の「課税売上高」と同じです。

※３　月数は，暦に従って計算し，１月に満たない端数を生じたときは，これを１月として計算することとされます（令22⑦）。

FC2-3【設例】の合併事業年度（X）の場合

①　B社の対応する期間（㋑）の課税売上高　＝　200万円

②　C社の対応する期間（㋥）の課税売上高　＝1,100万円

∴　C社が1,000万円を超える

→　A社の設立１年目（X年６月１日からX年12月31日までの期間）は課税事業者となる。

2　合併事業年度の翌事業年度又は翌々事業年度

⑴　合併事業年度の翌事業年度又は翌々事業年度の判定（法11④）

合併法人の基準期間における課税売上高※と各被合併法人の当該基準期間に対応する期間における課税売上高との合計額が1,000万円を超える場合、合併事業年度の翌事業年度又は翌々事業年度については、合併法人の納税義務は免除されないこととなります（FC2-3の２・３参照）。

※　合併法人の基準期間における課税売上高は、１年換算する必要はありません。実額です（法11④１つ目のかっこ書）。

⑵　合併法人の基準期間に対応する被合併法人の期間とは（令22④）

「合併法人の基準期間に対応する被合併法人の期間」とは、合併法人のその事業年度の基準期間の初日から同日以後１年を経過する日までの間に終了した被合併法人の各事業年度をいいます。

⑶　⑵の期間における課税売上高とは（令22④）

⑵の被合併法人の各事業年度における課税売上高の合計額をその各事業年度の月数の合計数で除し，これに12を乗じて計算した金額とされます。

FC2-3【設例】の合併事業年度の翌事業年度（Y）の場合
①　B社の対応する期間（ロ）の課税売上高　＝　150万円
②　C社の対応する期間（ろ）の課税売上高　＝　800万円
∴　①+②　＝　950万円
→　A社の合併事業年度の翌事業年度（Y）は免税事業者となる。

FC2-3【設例】の合併事業年度の翌事業年度（Z）の場合

① 　A社の基準期間（X）の課税売上高　＝　800万円

② 　B社の対応する期間（ハ）の課税売上高　＝　100万円

③ 　C社の対応する期間（は、に）の課税売上高　＝　（600万円＋100万円）÷14×12

＝　600万円

∴　①＋②＋③　＝　1,500万円

→　A社の合併事業年度の翌事業年度（Z）は課税事業者となる。

届出などの手続

FC2-2・FC2-3　吸収合併、新設合併のそれぞれの場面で課税事業者になる場合	
必要書類	①　「消費税課税事業者届出書」（基準期間用）　第３－⑴号様式 ②　「相続・合併・分割等があったことにより課税事業者となる場合の付表」　第４号様式 【合併があった年】 吸収合併、新設合併があった年の基準期間の課税売上高が1,000万円超である場合（前記❷①⑴又は❸①⑴に該当する場合）に、①の書類に②を添付して提出します。 【合併があった年の翌年又は翌々年】 合併法人の基準期間における課税売上高とその期間に対応する各被合併法人の課税売上高の合計額が1,000万円を超える場合（前記❷②⑴又は❸②⑴に該当する場合）に、①の書類に②を添付して提出します。
提出時期	事由が生じた場合は速やかに提出 課税事業者であることが判明したときは、速やかに提出することとされています。

消費税課税事業者届出書（基準期間用）　第３－⑴号様式

第３－⑴号様式

基準期間用

消費税課税事業者届出書

収受印

令和　年　月　日	届出者	（フリガナ） 納税地	（〒　－　） （電話番号　－　－　）
		（フリガナ） 住所又は居所 （法人の場合）本店又は主たる事務所の所在地	（〒　－　） （電話番号　－　－　）
		（フリガナ） 名称（屋号）	
		個人番号又は法人番号	↓個人番号の記載に当たっては、左端を空欄とし、ここから記載してください。
		（フリガナ） 氏名 （法人の場合）代表者氏名	
＿＿＿＿税務署長殿		（フリガナ） （法人の場合）代表者住所	（電話番号　－　－　）

下記のとおり、基準期間における課税売上高が1,000万円を超えることとなったので、消費税法第57条第１項第１号の規定により届出します。

適用開始課税期間	自　平成/令和　年　月　日	至　平成/令和　年　月　日	
上記期間の基準期間	自　平成/令和　年　月　日	左記期間の総売上高	円
	至　平成/令和　年　月　日	左記期間の課税売上高	円

事業内容等	生年月日（個人）又は設立年月日(法人)	1明治・2大正・3昭和・4平成・5令和 年　月　日	法人のみ記載	事業年度	自　月　日　至　月　日
				資本金	円
	事業内容			届出区分	相続・合併・分割等・その他

参考事項		税理士署名	（電話番号　－　－　）

※税務署処理欄	整理番号		部門番号			
	届出年月日	年　月　日	入力処理	年　月　日	台帳整理	年　月　日
	番号確認		身元確認　□済　□未済	確認書類　個人番号カード／通知カード・運転免許証　その他（　）		

注意　１．裏面の記載要領等に留意の上、記載してください。
　　　２．税務署処理欄は、記載しないでください。

相続・合併・分割等があったことにより課税事業者となる場合の付表　第４号様式

第４号様式

収受印

相続・合併・分割等があったことにより
課税事業者となる場合の付表

届出者	納税地	
	氏名又は名称	

①　相続の場合（分割相続　有・無）

被相続人の	納税地	所轄署（　　　）
	氏名	
	事業内容	

②　合併の場合（設立合併・吸収合併）

i 被合併法人の	納税地	所轄署（　　　）
	名称	
	事業内容	
ii 被合併法人の	納税地	所轄署（　　　）
	名称	
	事業内容	

③　分割等の場合（新設分割・現物出資・事後設立・吸収分割）

i 分割親法人の	納税地	所轄署（　　　）
	名称	
	事業内容	
ii 分割親法人の	納税地	所轄署（　　　）
	名称	
	事業内容	

基準期間の課税売上高

課税事業者となる課税期間の基準期間		自　平成/令和　年　月　日　至　平成/令和　年　月　日
上記期間の	①相続人 ②合併法人　の課税売上高 ③分割子法人	円
	①被相続人 ②被合併法人　の課税売上高 ③分割親法人	円
	合計	円

注意　1.　相続により事業場ごとに分割承継した場合は、自己の相続した事業場に係る部分の被相続人の課税売上高を記入してください。

2.　①、②及び③のかっこ書については該当する項目に○を付します。

3.　「分割親法人」とは、分割等を行った法人をいい、「分割子法人」とは、新設分割、現物出資又は事後設立により設立された法人若しくは吸収分割により営業を承継した法人をいいます。

4.　元号は、該当する箇所に○を付します。

4　会社分割があった場合の課・免判定

……FC2-4(1) FC2-4(2)

会社分割には、**新設分割**と**吸収分割**の２つがあります。

①　新設分割

新設分割とは、一又は二以上の株式会社又は合同会社が、新たに設立した会社に事業の全部又は一部を承継する方法です（会社法２三十）。

新たに設立する会社に事業を承継する形態としては、会社法に基づき行われる新設分割のほか、出資割合100%の現物出資による会社設立（「一定の現物出資による会社設立」[⇨用語24]）や、出資割合100%の金銭出資により設立した会社への事後設立契約による資産の譲渡（「一定の事後設立」[⇨用語25]）があり、これら新たに設立する会社に事業を承継する形態をまとめて「分割等」[⇨用語23]と定義しています（法12⑦）。

なお、消費税法では、分割等を行った会社を「新設分割親法人」、これら分割等によって設立された、又は資産の譲渡を受けた法人を「新設分割子法人」と定義しています（法12①）。

以下、税法の用語例にならい「新設分割親法人」には、会社法の新設分割のほか、一定の現物出資又は一定の事業設立を行った法人を含み、「新設分割子法人」には、これらによって設立等された法人を含むものとします。

Point ☞　**「新設分割親法人」とは――**

「新設分割親法人」とは、分割等を行った法人をいいます（法12①）。

Point ☞　**「新設分割子法人」とは――**

「新設分割子法人」とは、分割等によって新たに設立された、又は事後設立によって資産の譲渡を受けた法人をいいます（法12①）。

②　吸収分割

吸収分割とは、株式会社又は合同会社が事業の全部又は一部を分割後、他の会社に承継させる方法をいいます（会法２二十九）。分割法人の事業を承継した法人を「分割承継法人」と定義しています。

Point☞　「分割法人」とは——

「分割法人」とは、吸収分割により分割を行った法人をいいます（法２①六）。

Point☞　「分割承継法人」とは——

「分割承継法人」とは、吸収分割により分割会社の事業を承継した法人をいいます（法２①六の二）。

新設分割の課・免判定は FC2-4⑴、吸収分割の課・免判定は FC2-4⑵ のとおりです。

FC2-4⑴　新設分割（分割等）があった場合の判定ＦＣ

1　新設分割子法人の課・免判定

①　新設分割子法人の分割事業年度及びその翌事業年度の判定　解説……1⑴(64頁)

㈡　「課税売上高」はすべて「税抜」です。

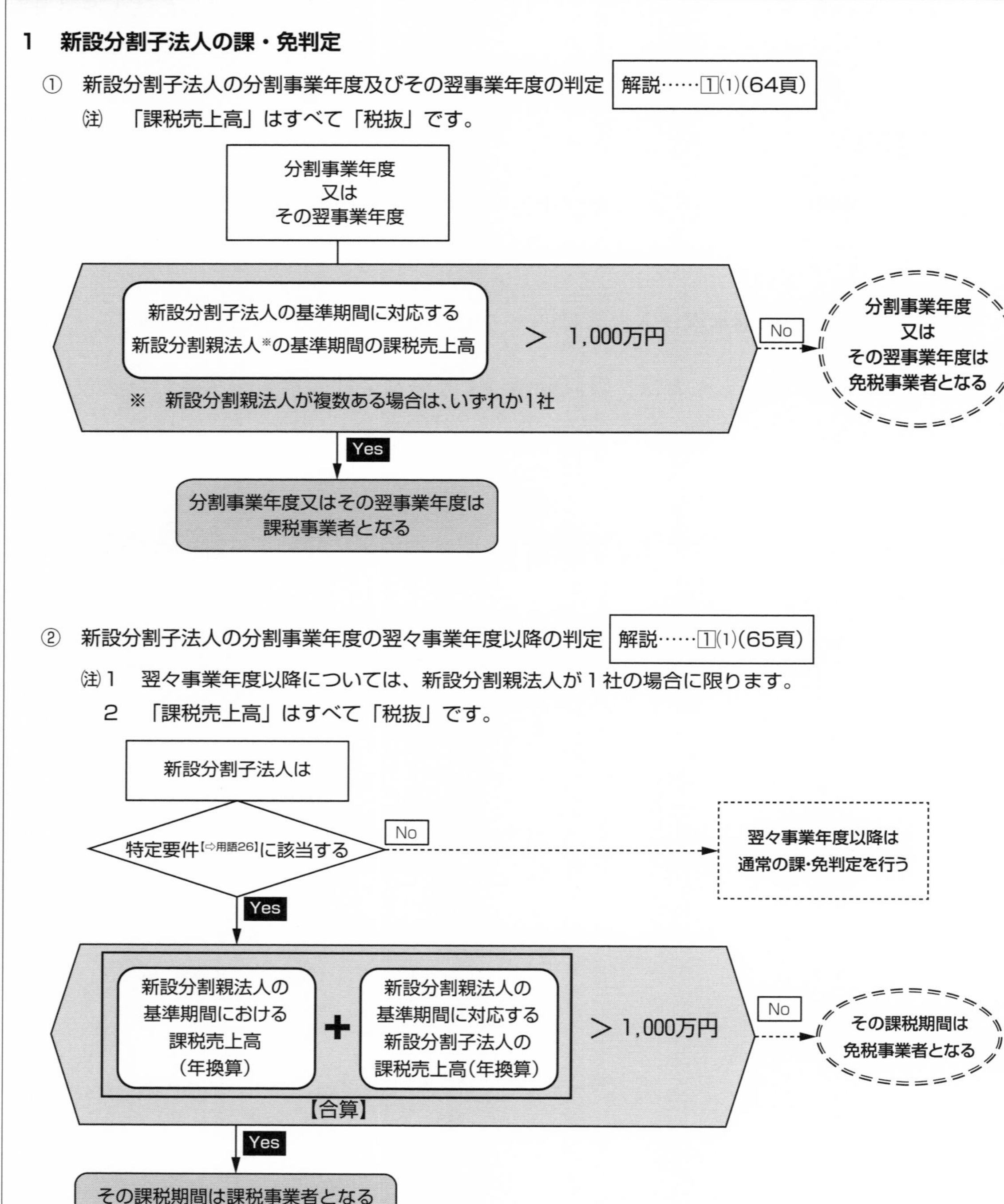

②　新設分割子法人の分割事業年度の翌々事業年度以降の判定　解説……1⑴(65頁)

㈡1　翌々事業年度以降については、新設分割親法人が１社の場合に限ります。

2　「課税売上高」はすべて「税抜」です。

2　新設分割親法人の課・免判定

①　新設分割親法人の分割事業年度及びその翌事業年度の判定　解説……2(1)(66頁)

☞　新設分割親法人については、基準期間における課税売上高等によって課・免判定を行います。

②　新設分割親法人の分割事業年度の翌々事業年度以降の判定　解説……2(2)(66頁)

(注) 1　翌々事業年度以降については、新設分割親法人が1社の場合に限ります。
　2　「課税売上高」はすべて「税抜」です。

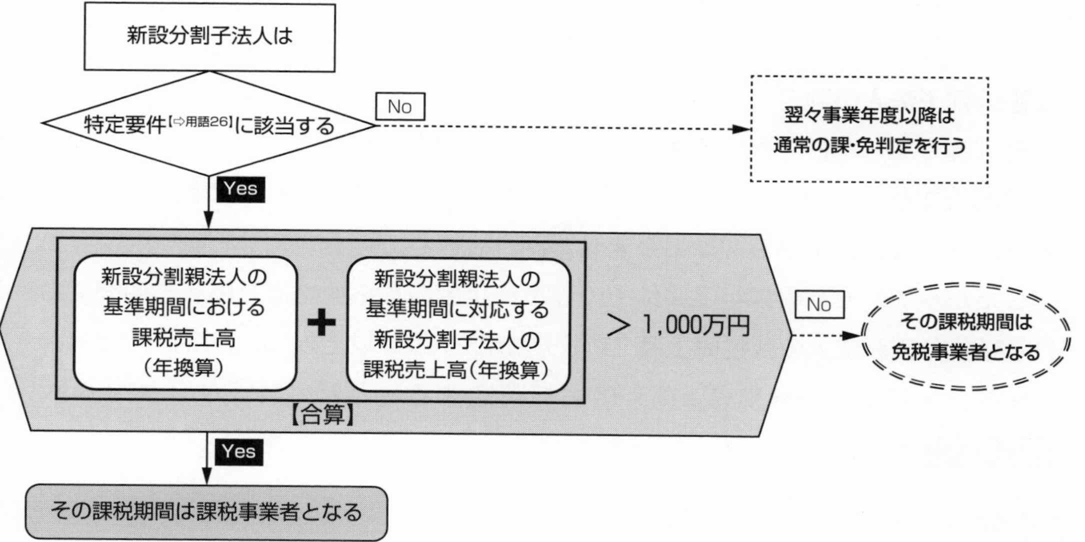

【設例】 Ａ社（３月決算）がＢ社（12月決算）をＸ年６月１日に新設分割

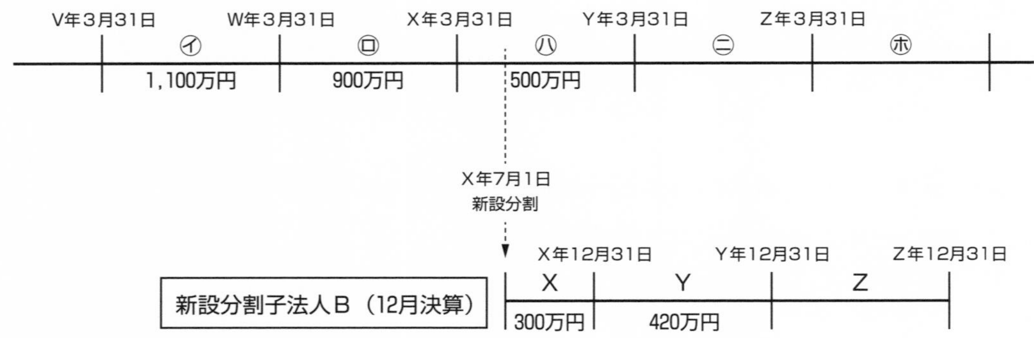

1　新設分割子法人の判定

(1)　分割等があった日の属する事業年度及びその翌事業年度

分割等があった日の属する事業年度（分割事業年度）及びその翌事業年度の新設分割子法人には基準期間はありません。

したがって、分割事業年度又はその翌事業年度の基準期間に**対応する期間**における新設分割親法人の**課税売上高**（新設分割親法人が二以上ある場合には、いずれかの新設分割親法人の課税売上高）により判定することとされます（法12①②、FC2-4(1)の１参照）。

Point☞　**「分割等があった日」とは――**

①　新設分割及び現物出資による会社設立の場合

新設分割子法人の設立の登記の日とされます（基通１－５－９(1)）。

②　事後設立の場合

事後設立により金銭以外の資産の譲渡が行われた日とされます（基通１－５－９(2)）。

Point☞　**「対応する期間」とは――**

①　分割事業年度に対応する期間

新設分割子法人の分割等があった日の属する事業年度開始の日の２年前の日の前日から同日以後１年を経過する日までの間に終了した新設分割親法人

の各事業年度をいいます（令23①）。

② 分割事業年度の翌事業年度に対応する期間

新設分割子法人のその事業年度開始の日の２年前の日の前日から同日以後１年を経過する日までの間に終了した新設分割親法人の各事業年度をいいます（令23②）。

Point☞ 「基準期間に対応する期間における課税売上高」とは――

前頁の『Point「分割等があった日」とは』の①又は②の各事業年度における課税売上高＊1の合計額をその各事業年度の月数＊2の合計数で除し、これに12を乗じて計算した金額とされます（令23①②）。

＊1　計算方法は「基準期間における課税売上高」【⇨用語3】の「課税売上高」と同じです。

＊2　月数は，暦に従って計算し、１月に満たない端数を生じたときは、これを１月として計算します（令23⑧）。

【設例】の課・免判定

① Ｂ社の分割事業年度（Ｘ）

・ Ｂ社の基準期間に対応するＡ社の期間（㋑）の課税売上高　＝　1,100万円

⇒ Ａ社の㋑の期間の課税売上高は1,000万円を超えています。

よって、Ｂ社のＸ年７月１日からＸ年12月31日までの期間は課税事業者となります。

② Ｂ社の分割事業年度の翌事業年度（Ｙ）

・ Ｂ社の基準期間に対応するＡ社の期間（㋺）の課税売上高　＝　900万円

⇒ Ａ社の㋺の期間の課税売上高は1,000万円以下です。

よって、Ｂ社の分割事業年度の翌事業年度（Ｙ）は免税事業者となります。

⑵ 分割事業年度の翌々事業年度以降の判定㊟（新設分割親法人が1社の場合に限ります。）

新設分割子法人が、その事業年度の基準期間の末日において**特定要件**【⇨用語26】に該当し、かつ、新設分割子法人のその事業年度の基準期間における課税売上高

とその新設分割子法人の基準期間に対応する期間における新設分割親法人の課税売上高との合計額が1,000万円を超える場合は、納税義務が免除されません（法12③、基通１－５－６の２⑵イ）。

㈲　その事業年度の基準期間以前に分割があった場合の判定です。

Point☞　特定要件の判定時期——

特定要件は、その事業年度の基準期間の末日において該当している必要があります（基通１－５－13）。

Point☞　「新設分割子法人のその事業年度の基準期間における課税売上高」の計算方法——

①　通常の計算方法

新設分割子法人のその基準期間における課税売上高を当該基準期間に含まれる事業年度の月数の合計数で除し，これに12を乗じて計算します（令23③）。

②　新設分割子法人の基準期間に相当する期間に新設分割親法人の事業年度が複数ある場合の計算方法

新設分割子法人のその事業年度開始の日の２年前の日の前日から同日以後１年を経過する日までの間（新設分割子法人の基準期間に相当する期間）に開始した新設分割親法人の各事業年度（**特定事業年度**）中に分割等があった場合には、上記①で計算した金額を特定事業年度の月数の合計で除し、これに分割等があった日から特定事業年度のうち最後の事業年度終了の日までの期間の月数を乗じて計算します（令23③かっこ書）。

Point☞　「新設分割子法人のその事業年度の基準期間に対応する期間における新設分割親法人の課税売上高」とは——

当該新設分割親法人の特定事業年度における課税売上高（実額）の合計額を当該特定事業年度の月数の合計数で除し、これに12を乗じて計算した金額とされます（令23④）。

【設例】の課・免判定

①　B社の分割事業年度の翌々事業年度（Z）【特定要件に該当】

・　B社の基準期間（X）の課税売上高＝300万円÷6×12＝600万円……　ⓐ

・　A社の特定事業年度　⇒　㊇の期間

　A社の㊇の期間の課税売上高＝500万円……………………………………　ⓑ

⇒　ⓐ　＋　ⓑ　＝600万円＋500万円＝1,100万円

　よって（Z）は課税事業者となります。

②　B社の（Z）の翌期以降の事業年度

　判定しようとする課税期間の末日において特定要件に該当すれば、①と同様に判定することとなります。

2　新設分割親法人の判定

⑴　分割等があった日の属する事業年度及びその翌事業年度

新設分割親法人の基準期間における課税売上高等*によって判定します。

＊　基準期間における課税売上高又は特定期間における課税売上高等による判定（【用語3】【用語5】参照。）

⑵　上記⑴のその後の事業年度㊟（新設分割親法人が1社の場合に限ります）

　新設分割子法人が、その事業年度の基準期間の末日において特定要件に該当し、かつ、その新設分割親法人の当該事業年度の基準期間における課税売上高とその新設分割親法人の当該事業年度の基準期間に対応する期間における新設分割子法人の課税売上高との合計額が1,000万円を超える場合には、納税義務が免除されません（法12④、基通1－5－6の2⑵ロ）。

㊟　その事業年度の基準期間以前に分割があった場合の判定です。

Point☞　「新設分割親法人のその事業年度の基準期間に対応する期間における新設分割子法人の課税売上高」とは――

①　通常の計算方法

新設分割親法人の当該事業年度開始の日の２年前の日の前日から同日以後１年を経過する日までの間に開始した新設分割子法人の各事業年度における課税売上高の合計額を当該各事業年度の月数の合計数で除し、これに12を乗じて計算した金額（年換算）をいいます（令23⑤）。

②　新設分割親法人の基準期間の初日からその事業年度の初日の１年前の日の前々日までの間に分割等があった場合

新設分割法人の当該事業年度の基準期間の初日の翌日から当該事業年度の事業年度の開始の日の１年前の日の前々日までに分割があった場合は、上記①により計算した金額を、下記イの月数で除し、これに下記ロの月数を乗じた金額とされています（令23⑤かっこ書）。

イ　新設分割親法人の基準期間に含まれる事業年度の月数の合計額

ロ　分割等があった日から新設分割親法人の基準期間の末日までの期間の月数

【設例】の課税・免税判定

①　分割等があった日の属する事業年度（㈧）及びその翌事業年度（㈡）

・　事業年度（㈧）

Ａ社の基準期間（㋑）の課税売上高　＝　1,100万円

⇒　Ａ社の㋑の期間の課税売上高は1,000万円を超えています。

よって、事業年度（㈧）は課税事業者となります。

・　事業年度（㈡）

Ａ社の基準期間（㋺）の課税売上高　＝　900万円

⇒　Ａ社の㋑の期間の課税売上高は1,000万円以下です。

よって、事業年度（㈡）は免税事業者となります。

②　分割等があった日の属する事業年度の翌々事業年度（㋭）【特定要件に該当の

場合】

・　A社の基準期間（ハ）の課税売上高＝500万円÷12×12＝500万円　…　ⓐ

・　A社の当該事業年度の基準期間に対応する期間　⇒　X及びYの期間

A社のX及びYの期間の課税売上高　＝720万円

⇒　720万円÷（6月＋12月）×12月　＝　480万円　…………………　ⓑ

⇒　ⓐ　＋　ⓑ　＝500万円＋480万円＝　980万円

よって事業年度（ホ）は免税事業者となります。

③　A社の（ホ）の翌期以降の事業年度

判定しようとする課税期間の末日において特定要件に該当すれば、上記②と同様に判定することとなります。

FC2-4(2) 吸収分割があった場合の分割承継法人の判定ＦＣ

①　分割事業年度

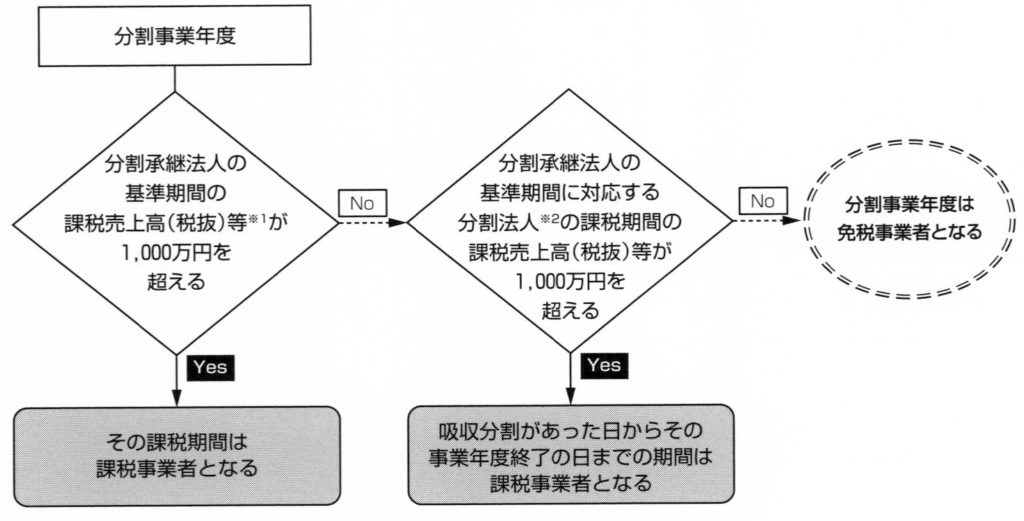

②　分割事業年度の翌事業年度

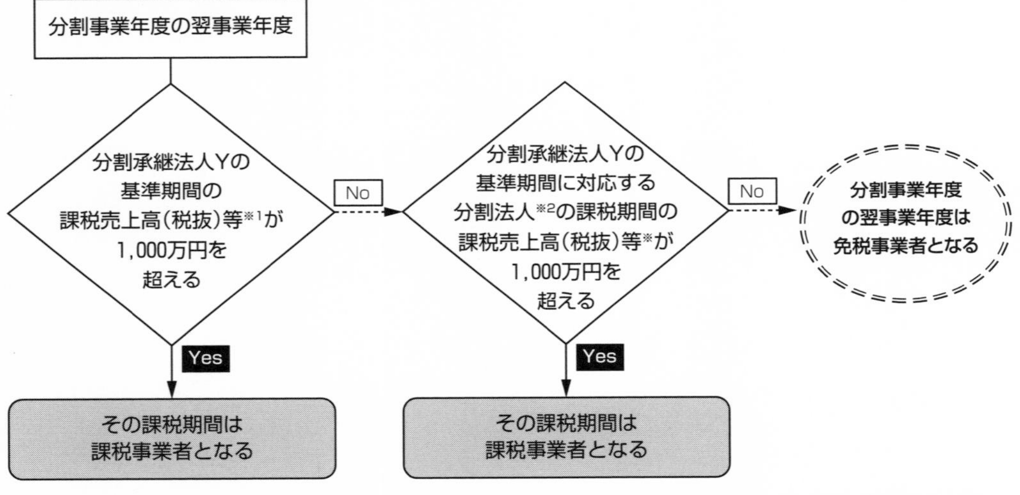

※１　「基準期間の課税売上高（税抜）等」とは、基準期間の課税売上高による判定及び特定期間の課税売上げ等による判定をいい、本来の判定方法（第１章■参照）をいいます。

※２　分割法人が複数ある場合は、いずれかの分割法人。

③　分割業年度の翌々事業年度以降

……基準期間における課税売上等による通常の課・免判定となります。

【設例】 Y社（9月決算）がX社（9月決算）をX年4月1日に吸収分割

※　全て税抜金額です。

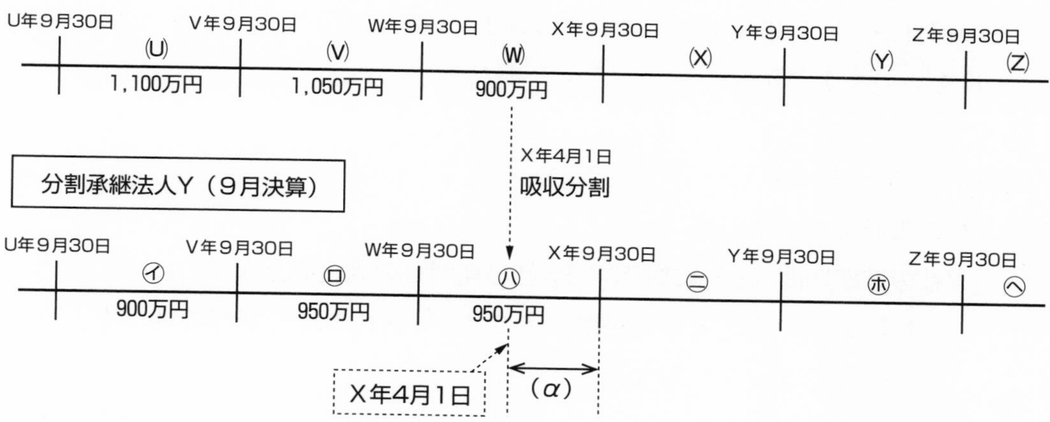

1　分割承継法人の課・免判定[注1]

(1)　分割承継法人[注2]の吸収分割事業年度及びその翌事業年度の判定（法12⑤⑥、基通1－5－6の2(3)(4)）

①当該吸収分割があった日の属する事業年度（吸収分割があった日から当該事業年度終了の日までの期間）及び②その翌事業年度は、分割法人の営業を承継しているので、分割法人の吸収分割があった日の属する事業年度の基準期間に対応する期間における課税売上高（分割法人が2以上ある場合には、いずれかの分割法人の課税売上高）により判定することとされます。

そして、その分割法人の課税売上高が1,000万円を超えるときは，①分割承継法人の吸収分割があった日からその事業年度終了までの間又は②その翌事業年度については課税事業者に該当することとされます。

(注)1　そもそも、法9条1項・4項及び法9条の2により課税事業者となる場合は、この判定から除かれます（法12⑤）。

(注)2　「分割承継法人」とは、分割により分割法人の事業の全部又は一部を承継した法人をいい、「分割法人」とは、分割を行った法人をいいます（法2①六、六の二）。

Point☞　「分割法人の吸収分割があった日の属する事業年度の基準期間に対応する期間」とは――

分割承継法人の吸収分割があった日の属する事業年度開始の日の２年前の日の前日から同日以後１年を経過する日までの間に終了した分割法人の各事業年度をいいます（令23⑥）。

【設例】の課・免判定

①　Y社の吸収分割事業年度（ハ）

・　Y社の基準期間（イ）に対応するX社の期間(U)の課税売上高＝1,100万円

⇒　Y社は本来の判定では免税事業者ですが、X社の(U)の期間の課税売上高が1,000万円を超えています。

よって、Y社のＸ年４月１日からＸ年9月30日までの期間は課税事業者となります。

②　Y社の吸収分割事業年度の翌事業年度（ニ）

・　Y社の基準期間（ロ）に対応するX社の期間(V)の課税売上高＝1,050万円

⇒　Y社は本来の判定では免税事業者ですが、X社の(V)の期間の課税売上高が1,000万円を超えています。

よって、Y社のニの課税期間は課税事業者となります。

(2)　分割承継法人の分割事業年度の翌々事業年度以降の判定

分割承継法人については、基準期間における課税売上高等(注)によって課税・免税判定を行います。

(注)「基準期間の課税売上高（税抜）等」とは、基準期間の課税売上高による判定、及び特定期間の課税売上げ等による判定をいい、本来の判定方法（第１章❶参照）をいいます。

【設例】の課・免判定

①　Y社の吸収分割事業年度の翌々事業年度（ホ）

・　Y社の基準期間（ハ）の課税売上高　＝　950万円

(特定期間の課税売上高等は1,000万円以下とします。)
⇒　Y社の（ホ）課税期間は免税事業者となります。
②　①の後の事業年度
上記①と同様、本来の判定方法によります。

2　分割法人の課・免判定

⑴　分割法人の分割事業年度及びその翌事業年度の判定

分割法人については、基準期間における課税売上高等によって課・免判定を行います。

【設例】の課・免判定
①　X社の吸収分割事業年度（W）
・　X社の基準期間（U）の課税売上高　＝　1,100万円
よって、X社の（W）の課税期間は課税事業者となります。
②　X社の吸収分割事業年度の翌事業年度（X）
・　X社の基準期間（V）の課税売上高　＝　1,050万円
よって、X社の（X）の課税期間は課税事業者となります。

⑵　分割法人の分割事業年度の翌々事業年度以降の判定

分割法人については、基準期間における課税売上高等によって課・免判定を行います。

【設例】の課・免判定
①　X社の吸収分割事業年度の翌々事業年度（Y）
・　X社の基準期間（U）の課税売上高　＝　900万円
よって、X社の（W）の課税期間は課税事業者となります。
(特定期間の課税売上高等は1,000万円以下とします。)
②　①の後の事業年度
上記①と同様、本来の判定方法によります。

届出などの手続

<table>
<tr><th colspan="2">FC2-4(1)・FC2-4(2)　新設分割、吸収分割のそれぞれの場面で課税事業者になる場合</th></tr>
<tr><td rowspan="2">必要書類</td><td>①　「消費税課税事業者届出書」（基準期間用）　第３－(1)号様式
②　「相続・合併・分割等があったことにより課税事業者となる場合の付表」
第４号様式</td></tr>
<tr><td>◎新設分割の場合
　FC2-4(1)の判定で、新設分割子法人又は新設分割親法人について、その期間が課税事業者となる場合に、①の書類に②を添付して提出します。

◎吸収分割の場合
　FC2-4(2)の判定で、分割承継法人について、その期間が課税事業者となる場合に、①の書類に②を添付して提出します。</td></tr>
<tr><td rowspan="2">提出時期</td><td>事由が生じた場合は速やかに提出</td></tr>
<tr><td>課税事業者であることが判明したときは、速やかに提出することとされています。</td></tr>
</table>

消費税課税事業者届出書（基準期間用）　第3－(1)号様式

第3－(1)号様式

基準期間用

消費税課税事業者届出書

収受印

令和　年　月　日	届出者	（フリガナ）	
		納税地	（〒　－　） （電話番号　－　－　）
		（フリガナ）	
		住所又は居所 （法人の場合） 本店又は 主たる事務所 の所在地	（〒　－　） （電話番号　－　－　）
		（フリガナ）	
		名称（屋号）	
		個人番号 又は 法人番号	↓個人番号の記載に当たっては、左端を空欄とし、ここから記載してください。
		（フリガナ）	
		氏名 （法人の場合） 代表者氏名	
		（フリガナ）	
＿＿＿＿＿税務署長殿		（法人の場合） 代表者住所	（電話番号　－　－　）

下記のとおり、基準期間における課税売上高が1,000万円を超えることとなったので、消費税法第57条第1項第1号の規定により届出します。

適用開始課税期間	自　平成／令和　年　月　日　至　平成／令和　年　月　日		
上記期間の	自　平成／令和　年　月　日	左記期間の総売上高	円
基準期間	至　平成／令和　年　月　日	左記期間の課税売上高	円

事業内容等	生年月日（個人）又は設立年月日(法人)	1明治・2大正・3昭和・4平成・5令和 年　月　日	法人のみ記載	事業年度	自　月　日　至　月　日
				資本金	円
	事業内容		届出区分	相続・合併・分割等・その他	

参考事項		税理士署名	（電話番号　－　－　）

※税務署処理欄	整理番号		部門番号				
	届出年月日	年　月　日	入力処理	年　月　日	台帳整理	年　月　日	
	番号確認		身元確認　☐済　☐未済	確認書類　個人番号カード／通知カード・運転免許証　その他（　）			

注意　1．裏面の記載要領等に留意の上、記載してください。
　　　2．税務署処理欄は、記載しないでください。

相続・合併・分割等があったことにより課税事業者となる場合の付表　第４号様式

第４号様式

収受印

相続・合併・分割等があったことにより課税事業者となる場合の付表

届出者	納税地	
	氏名又は名称	

①　相続の場合（分割相続　有・無）

被相続人の	納税地	所轄署（　　　　）
	氏名	
	事業内容	

②　合併の場合（設立合併・吸収合併）

i 被合併法人の	納税地	所轄署（　　　　）
	名称	
	事業内容	
ii 被合併法人の	納税地	所轄署（　　　　）
	名称	
	事業内容	

③　分割等の場合（新設分割・現物出資・事後設立・吸収分割）

i 分割親法人の	納税地	所轄署（　　　　）
	名称	
	事業内容	
ii 分割親法人の	納税地	所轄署（　　　　）
	名称	
	事業内容	

基準期間の課税売上高

課税事業者となる課税期間の基準期間		自　平成/令和　年　月　日　　至　平成/令和　年　月　日
上記期間の	① 相続人 ② 合併法人　の課税売上高 ③ 分割子法人	円
	① 被相続人 ② 被合併法人　の課税売上高 ③ 分割親法人	円
	合計	円

注意　1.　相続により事業場ごとに分割承継した場合は、自己の相続した事業場に係る部分の被相続人の課税売上高を記入してください。

2.　①、②及び③のかっこ書については該当する項目に○を付します。

3.　「分割親法人」とは、分割等を行った法人をいい、「分割子法人」とは、新設分割、現物出資又は事後設立により設立された法人若しくは吸収分割により営業を承継した法人をいいます。

4.　元号は、該当する箇所に○を付します。

第3章

課税期間

はじめに

消費税の原則的な課税期間は、個人事業者の場合は暦年、法人の場合は事業年度となります。

もっとも、経常的に消費税の還付が発生する輸出業者等においては、原則的な１年単位の課税期間では、仕入れに係る消費税額が還付されるまでの間の資金負担が大きくなるため、このような資金負担の軽減を図る等の観点から、課税期間を３か月単位、又は１か月単位とする期間短縮の特例も設けられています。

Ⅰ．課税期間の原則

「課税期間」は、個人又は法人の事業者区分に応じて、次の期間となります（法19①一、二）。

事業者区分	課　税　期　間
個　　　人	1月1日から12月31日の期間
法　　　人	事業年度

留意事項　「課税期間」≠「納税義務がある課税期間」

「課税期間」という用語には「課税」の文字が含まれているので、「納税義務がある課税期間」のことのようにイメージしがちですが、その期間に課税が発生するかどうかは別問題です。

例えば、個人事業者が12月１日に事業を開始した場合でも、課税期間はその年の１月１日から12月31日となり、事業開始前の期間（１月１日～12月30日）も課税期間に含まれます。また、基準期間における課税売上高【⇨用語３】が1,000万円以下の場合、その課税期間は免税事業者となる（法９①）ことからも明らかなように、課税期間とは、単なる期間の定義に過ぎないのです。

Point ☞　**個人事業者の課税期間**

個人事業者が年の中途で事業を開始したとしても、課税期間の開始の日は、その年の１月１日からとされます（基通３－１－１）。

また、年の中途で事業を廃止した場合、課税期間の終了の日はその年の12月31日とされます（基通３－１－２）。

Ⅱ．課税期間短縮の特例

「課税期間」は、消費税課税期間特例選択（変更）届出書（第13号様式）を提出することで、①３か月（法19①三・四）、又は②１か月（法19①三の二・四の二）を単位とする課税期間に短縮することができる特例（以下「期間特例」といいます。）が設けられています。

短縮された課税期間は次のとおりです。

①　３か月特例の課税期間

事業者区分	課　税　期　間
個　　　人	１月から３月まで、４月から６月まで、７月から９月まで、10月から12月までの各期間
法　　　人	その事業年度をその開始の日以後３月ごとに区分した各期間

②　１か月特例の課税期間

事業者区分	課　税　期　間
個　　　人	１月１日以後１月ごとに区分した各期間
法　　　人	その事業年度をその開始の日以後１月ごとに区分した各期間

留意事項　期間特例の「２年縛り」

課税期間の特例を選択した場合は、最低２年間は継続適用しなければなりません（法19⑤、本章「Ⅳ　消費税課税期間特例選択不適用届出書の効力発生時期」の『留意事項　期間特例の「２年縛り」』参照）。

Ⅲ．消費税課税期間特例選択（変更）届出書の効力発生時期

消費税課税期間特例選択（変更）届出書（第13号様式）（以下「選択届出書」「変更届出書」といいます。）は、原則として、その提出があった日の属する課税期間（前記Ⅱの３か月ごと又は１か月ごとの課税期間を前提として）の翌期間の初日以後に生じることとされています（法19②）。

Point ☞　「課税期間短縮の特例」の活用例――事前の手続を失念した場合

例えば、免税事業者である課税期間中に多額の資産の購入がある場合で、課税事業者であれば消費税の還付が受けられるようなときでも、課税事業者の選択届は前課税期間中に提出していなければ、課税事業者として還付申告書を提出することはできません。

このように、課税期間の途中で、前もって届出をしておかなければならなかったことに気づいた場合でも、「３か月期間特例」又は「１か月期間特例」を選択することで、その特例適用後に資産の引渡しがあるときは、事前の手続が可能となります。

具体的には、以下で説明する「３か月期間特例」「１か月期間特例」の各特例の効力発生前には「みなし課税期間」ができます。このみなし課税期間中に事前の届出を済ませれば、その効力は、同時に短縮された次の課税期間から生じることになります。

ただし、この期間特例を選択した場合、課税期間の短縮は２年間の継続適用が義務付けられます。

「選択届出書」「変更届出書」提出による効力の発生と選択後の課税期間は、次のとおりです。

1　選択届出書の効力発生時期と選択後の課税期間

1　3か月期間特例（法19②）

⑴　原則（前記Ⅱ．①）

個人事業者……１月１日から３か月ごとに四半期を区切ります。

法人（３月決算法人の場合）……４月１日から３か月ごとに四半期を区切ります。

Point ☞　「選択届出書」の効力

「選択届出書」の効力は、次図上部の提出時期に応じて、次図下部のとおり提出があった日の翌「３か月期間」から効力を生じることとなります。

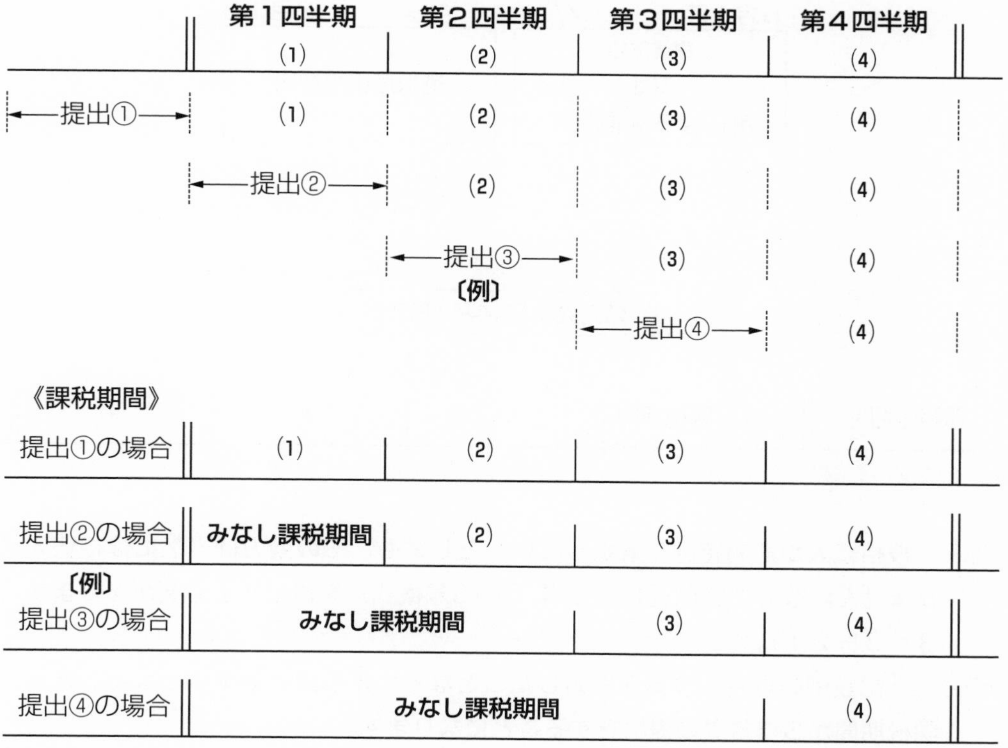

	第１四半期 ⑴	第２四半期 ⑵	第３四半期 ⑶	第４四半期 ⑷
←提出①→	⑴	⑵	⑶	⑷
	←提出②→	⑵	⑶	⑷
		←提出③→〔例〕	⑶	⑷
			←提出④→	⑷

《課税期間》

提出①の場合	⑴	⑵	⑶	⑷
提出②の場合	みなし課税期間	⑵	⑶	⑷
〔例〕提出③の場合	みなし課税期間		⑶	⑷
提出④の場合	みなし課税期間			⑷

〔例〕

上図の「提出③」の期間中に選択届出書を提出した場合、翌「３か月期間」である⑶（第３四半期）からその効力が生じ、それまでの期間（６か月）は「みなし課税期間」となります。

⑵　個人事業者が年の中途で事業を開始した場合（相続による事業承継を含む）の課税期間

個人事業者が年の中途で事業を開始したとしても、課税期間の開始の日は、その年の１月１日からとされます（前記ⅠのPoint「個人事業者の課税期間」参照）。

もっとも、このような場合でも、期間特例を受けることができます。その場合の効力発生時期は、次のとおりとなります。

【設例】　５月１日に事業を開始（承継）した。

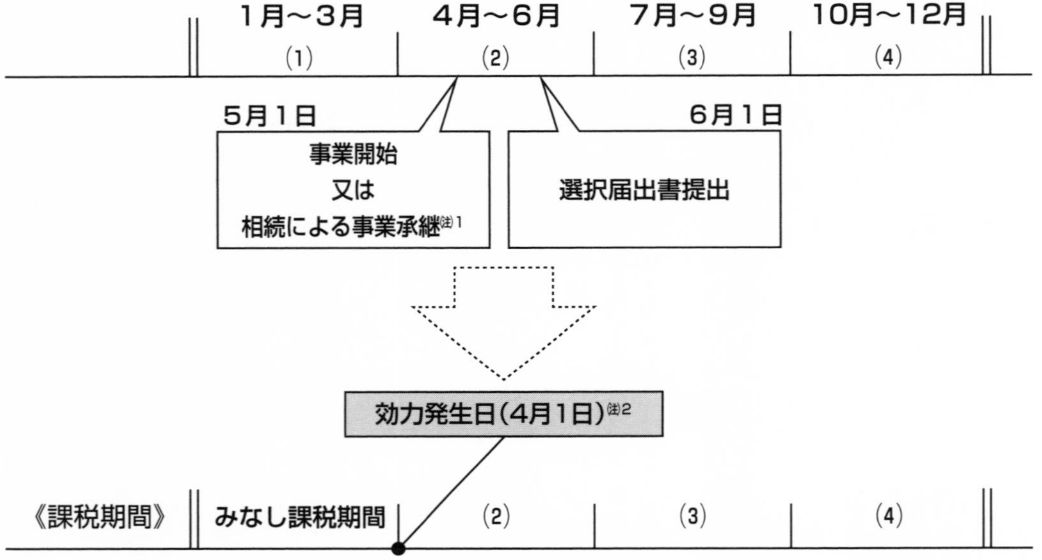

(注)１　被相続人が期間特例を選択していたとしても、その効力は当然には相続人には及びません。改めて特例選択届出書（第13号様式）を提出する必要があります（基通３－３－２⑴）。

(注)２　上記設例の場合、事業を開始したことなどにより課税事業者となるときは、⑵の課税期間から申告書の提出をすることになります。

⑶　法人が年の中途で設立された場合・合併又は吸収分割により他社の事業を承継した場合

①　会社設立の場合（例41①一）

【設例】　会社設立（３月決算法人）
　　　　　会社設立の日：４月３日（設立登記の日）

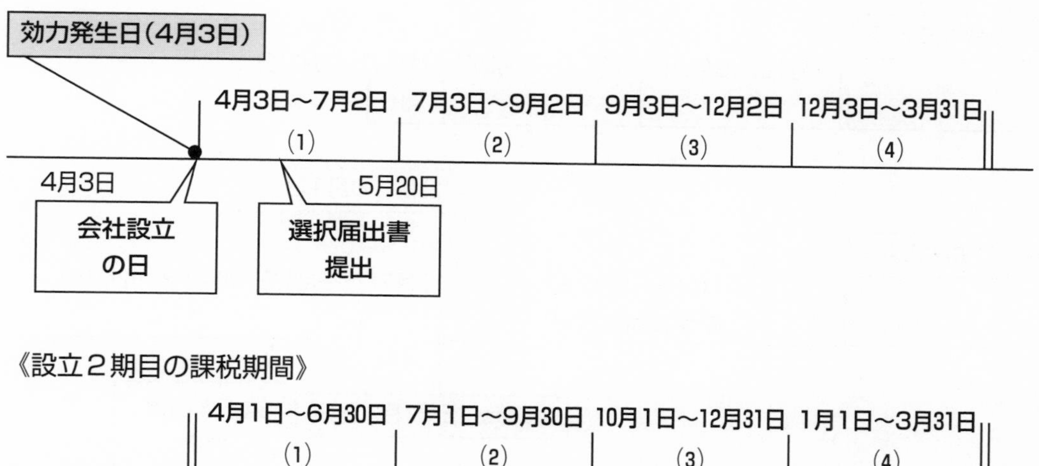

《設立２期目の課税期間》

4月1日～6月30日	7月1日～9月30日	10月1日～12月31日	1月1日～3月31日
(1)	(2)	(3)	(4)

上記【設例】の場合、５月20日に選択届出書を提出すると、その事業年度開始の日（４月３日）に効力が生じます。そして、その日から３月ごとの期間を区分し、その事業年度末である⑷の期間は、３か月未満の端数の期間となります。

なお、２期目以後は、３月ごとの期間となります。

㈨　会社の設立の効力発生日は設立登記申請の日となります（会社法49）。ところが、法務局は土日祝日がお休みのため、希望の日や区切りの良い日に設立をしたくとも、登記申請が不可能であることがままあります。

例えば、上記設例の会社は、その年の４月１日が土曜日であったため、やむなく４月３日に設立した例です。

②　合併・吸収分割の場合

イ　合併の場合（令41①三）

【設例】　合併により、課税期間特例非選択の合併法人Ａ（12月決算）が、３か月期間特例を選択する被合併法人Ｂの事業を承継

合併の効力発生日：８月１日

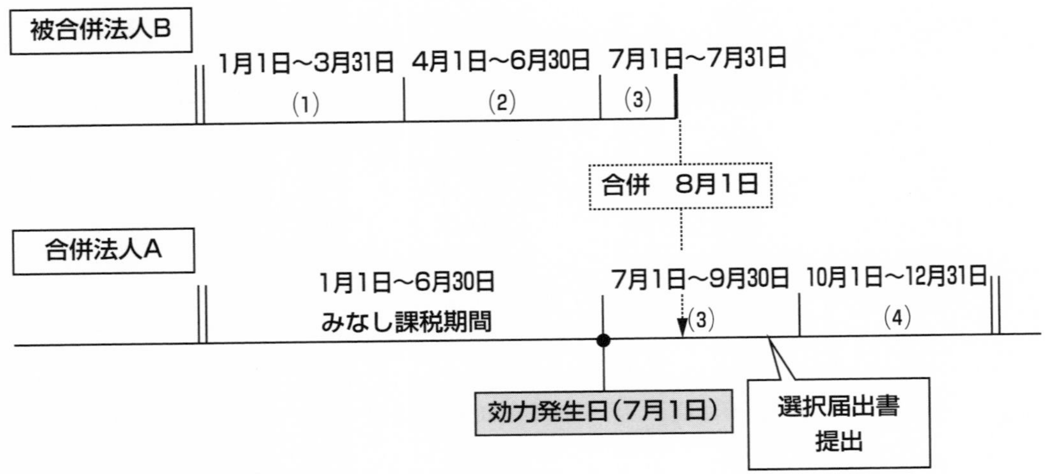

上記【設例】の場合、合併の日（８月１日）の属する「３か月期間」中に選択届出書を提出すると、その「３か月期間」の初日（７月１日）から効力が発生します。

㈲　被合併法人が提出していた選択届出書の効力は、当然には合併法人には及びません。合併法人が特例を受けるためには、あらためて選択届出書を提出する必要があります（基通３－３－３⑴）。

ロ　吸収分割の場合（令41①四）

【設例】　吸収分割により、課税期間特例非選択の分割承継法人Ａ（12月決算）が、３か月期間特例を選択する分割法人Ｂの事業を承継

吸収分割の効力発生日：８月１日

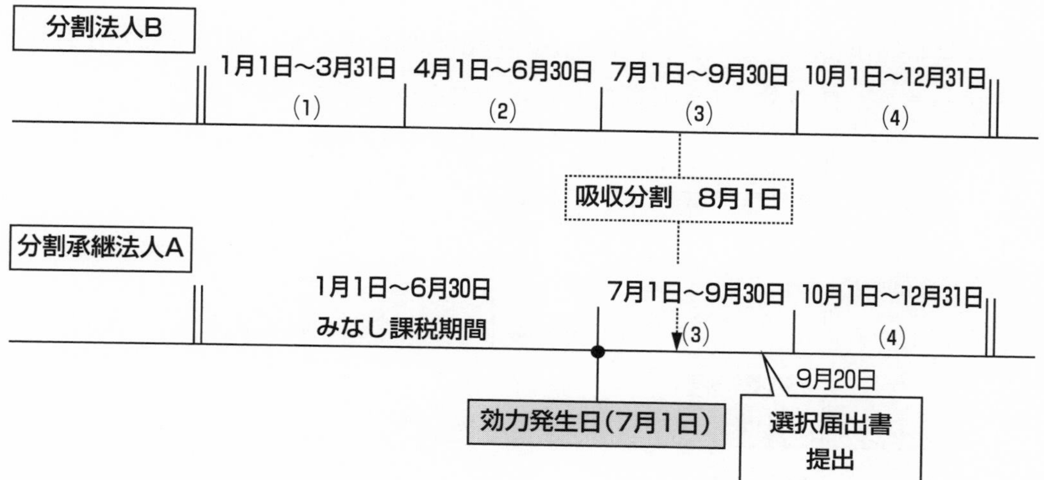

上記【設例】の場合、分割の日（８月１日）の属する「３か月期間」中（９月20日）に選択届出書を提出すると、その「３か月期間」の初日（７月１日）から効力が発生します。

㈿　分割法人が提出していた選択届出書の効力は、当然には分割承継法人には及びません。分割承継法人が特例を受けるためには、あらためて選択届出書を提出する必要があります（基通３－３－４⑴）。

2　1か月期間特例（法19②）

(1)　原則（前記Ⅱ．②）

個人事業者……１月１日から１か月ごとに区分します。

法人（３月決算法人の場合）……４月１日から１か月ごとに区分します。

Point ☞　「選択届出書」の効力

「選択届出書」の効力は、次図上部の提出時期に応じて、次図下部のとおり提出があった日の翌「１か月期間」から効力を生じることとなります。

〔例〕

上図の「提出⑨」の「１か月期間」中に選択届出書を提出した場合、翌「１か月期間」である(9)の「１か月期間」からその効力が生じ、それまでの期間（８か月）は「みなし課税期間」となります。

⑵　個人事業者が年の中途で事業を開始した場合（相続による事業承継を含む）（令41①一、二）

【設例】　５月１日に事業を開始（承継）した。

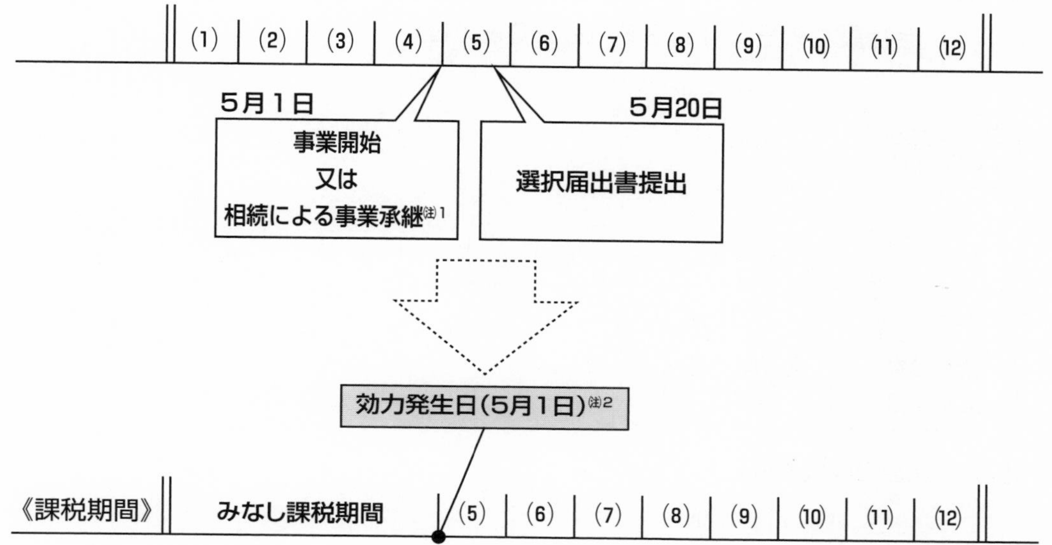

上記【設例】の場合、事業を開始した日（５月１日）の属する「１か月期間」中（５月20日）に選択届出書を提出すると、その「１か月期間」の初日（５月１日）から効力が発生します。

㈡１　被相続人が期間特例を選択していたとしても、その効力は当然には相続人には及びません。改めて特例選択届出書（第13号様式）を提出する必要があります（基通３－３－２⑴）。

㈡２　上記設例の場合、事業を開始したことなどにより課税事業者となるときは、⑸の課税期間から申告書の提出をすることになります。

⑶　法人が年の中途で設立された場合・合併又は吸収分割により他社の事業を承継した場合

①　会社設立の場合（令41①一）

【設例】　会社設立（３月決算法人）
　　　　　会社設立の日：４月３日（設立登記の日）

上記【設例】の場合、４月20日に選択届出書を提出すると、その事業年度の開始の日（４月３日）に効力が生じます。そしてその日から１月ごとの期間を区分し、その事業年度末である⑿の期間は、１月未満の端数の期間となります。

なお、２期目以降は月初から始まる１月ごとの期間となります。

②　合併・吸収分割の場合

イ　合併の場合

【設例】　合併により、課税期間特例非選択の合併法人Ａ（12月決算）が、１か月期間特例を選択する被合併法人Ｂの事業を承継

合併の効力発生日：８月１日

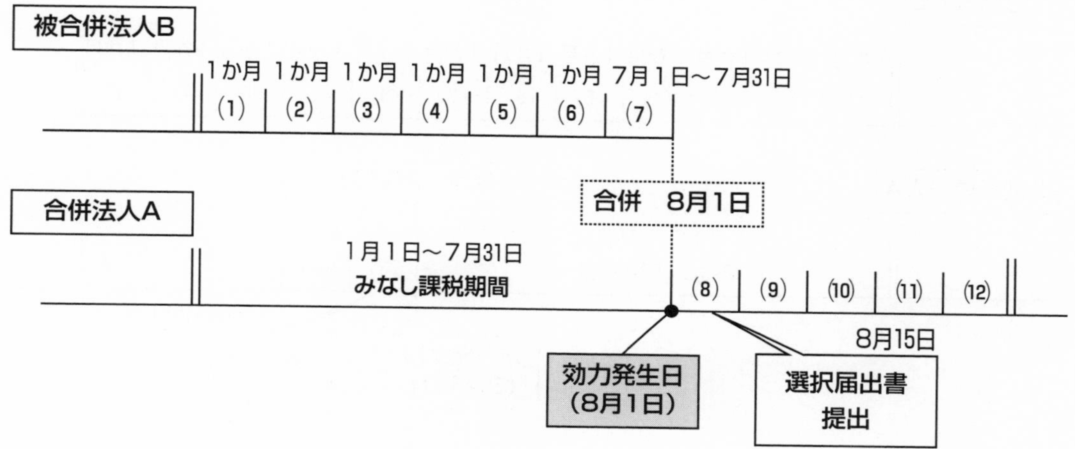

上記【設例】の場合、合併の日（８月１日）の属する「１か月期間」中（８月15日）に選択届出書を提出すると、その「１か月期間中」の初日（８月１日）から効力が発生します。

㈨　被合併法人が提出していた選択届出書の効力は、当然には合併法人には及びません。合併法人が特例を受けるためには、あらためて選択届出書を提出する必要があります（基通３－３－３⑴）。

ロ　吸収分割の場合

【設例】　吸収分割により、課税期間特例非選択の分割承継法人Ａ（12月決算）が、１か月期間特例を選択する分割法人Ｂの事業を承継
吸収分割の効力発生日：８月１日

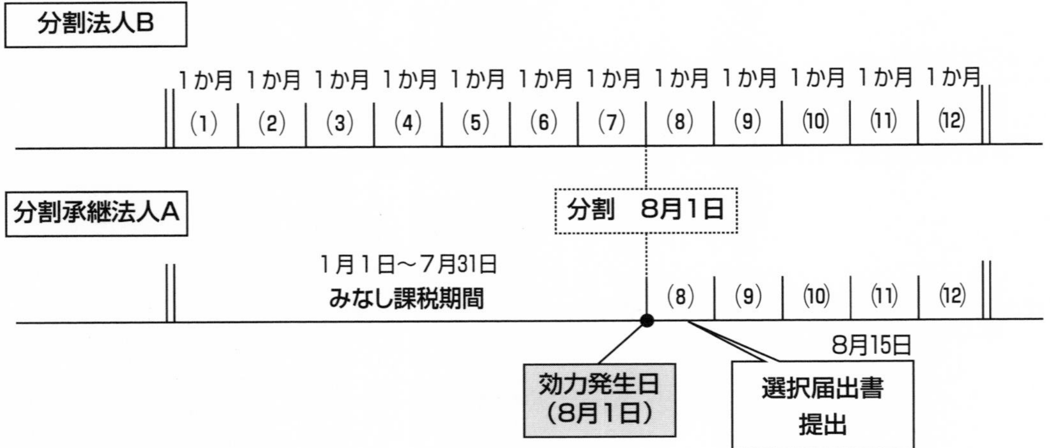

上記【設例】の場合、分割の日（８月１日）の属する「１か月期間」中（８月15日）に選択届出書を提出すると、その「１か月期間中」の初日（８月１日）から効力が発生します。

(注)　分割法人が提出していた選択届出書の効力は、当然には分割承継法人には及びません。分割承継法人が特例を受けるためには、あらためて選択届出書を提出する必要があります（基通３－３－４(1)）。

2　変更届出書の効力発生時期と変更後の課税期間

1　3か月期間特例を1か月期間特例に変更する場合

【設例】　特例期間変更（3か月→1か月）のため、「変更届出書」を5月15日に提出

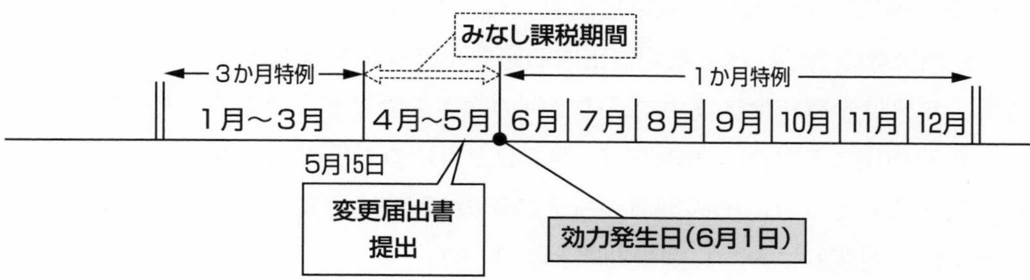

上記【設例】の場合、5月15日に変更届出書を提出すると次の「1か月期間」（6月）から変更の効力が発生します。このとき、第2四半期の変更の効力発生時の期間（4月～5月）はみなし課税期間となります。

2　1か月期間特例を3か月期間特例に変更する場合

【設例】　特例期間変更（1か月→3か月）のため、「変更届出書」を5月15日に提出

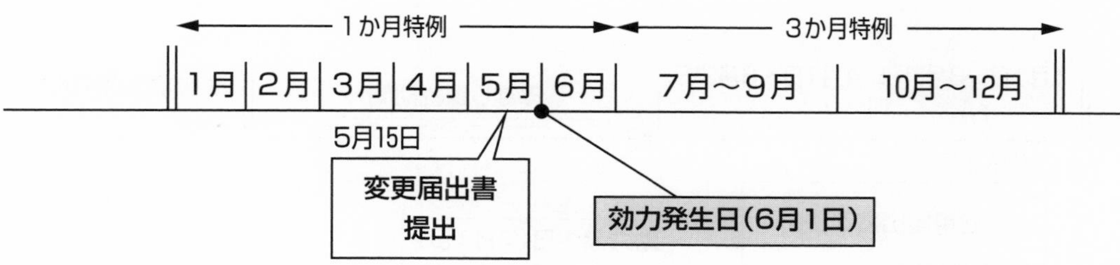

上記【設例】の場合、5月15日に変更届出書を提出すると次の「3か月期間」（第3四半期）から変更の効力が発生します。

Ⅳ．消費税課税期間特例選択不適用届出書の効力発生時期

課税期間の特例の適用をやめようとするとき（事業を廃止した場合を含みます）は、「消費税課税期間特例選択不適用届出書」（第14号様式、以下「不適用届出書」といいます）を納税地の所轄税務署長に提出する必要があります（法19⑶）。

なお、年又は事業年度の途中でこの特例の適用を受けることをやめた場合は、提出のあった日の属する特例課税期間（１月又は３月）の末日の翌日からは、本来の課税期間に戻ることとなり、その翌日からその年の12月31日又はその事業年度の終了する日までは、過渡的にみなし課税期間となります。

留意事項　期間特例の「２年縛り」

期間特例の適用をやめようとする場合（事業を廃止した場合を除きます）は、選択届出書又は変更届出書の効力を生じる日から２年を経過する日の属する課税期間の初日以後でなければ、「不適用届出書」を提出することができません（法19⑤）。

1　３か月期間特例をやめる場合

【設例１】「不適用届出書」を５月15日に提出

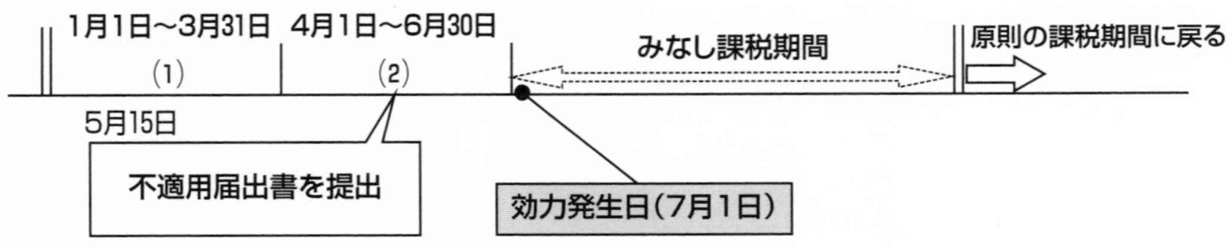

【設例２】「不適用届出書」を10月15日に提出

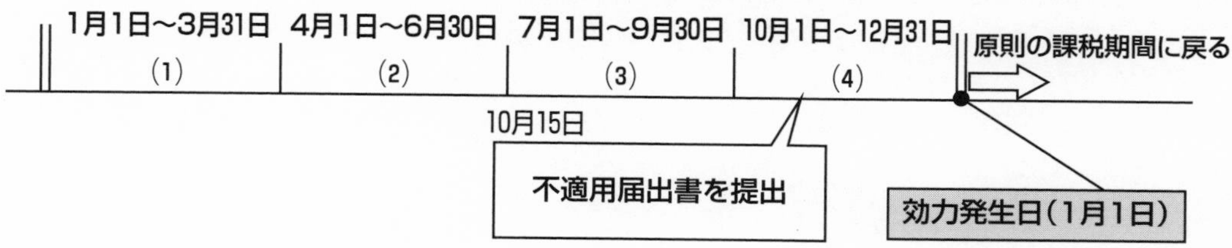

2　１か月期間特例をやめる場合

【設例１】「不適用届出書」を５月15日に提出

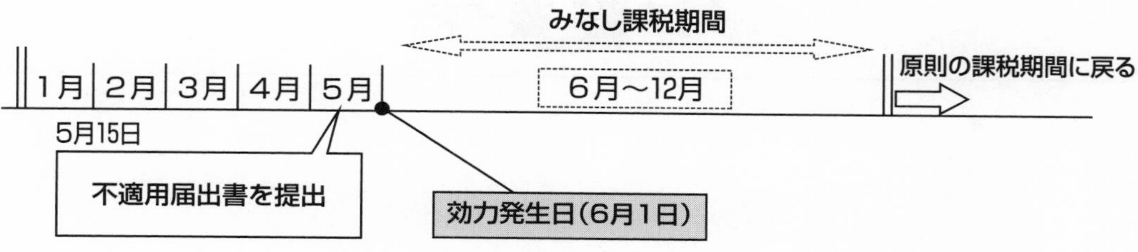

【設例２】「不適用届出書」を11月15日に提出

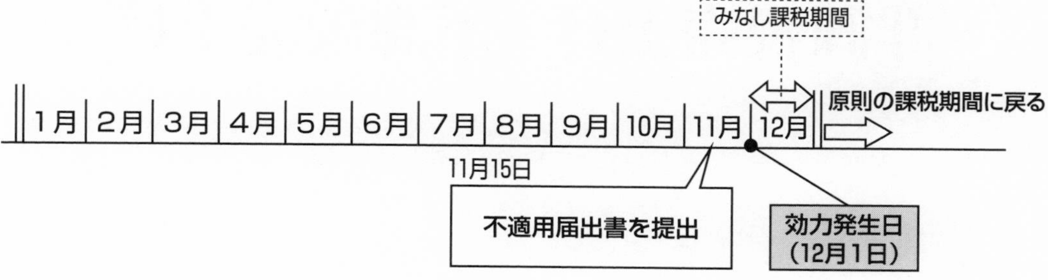

第4章

課税売上げ・免税売上げ・非課税売上げ・不課税売上げ

はじめに

本書は、消費税の手続に主眼を置いた手引き書ですが、「免税売上げ」「非課税売上げ」及び「不課税売上げ」についての理解は、仕入税額控除を行うに当たって前提知識となることから、本章では、制度解説としてそのあらましを記しておきます。

「課税売上げ」「免税売上げ」「非課税売上げ」「不課税売上げ」とは

ここでいう「課税売上げ」「免税売上げ」「非課税売上げ」及び「不課税売上げ」の各用語は、税法上の定義ではありません（それぞれの用語に対応する税法上の定義等は、次頁のPoint「課税売上げ、免税売上げ、非課税売上げ及び不課税売上げ」のとおりです）。

そして、どのような取引が課税売上げ、免税売上げ、非課税売上げ及び不課税売上げとなるのか、イメージとして、これらがどのような位置付けにあるのかをFCに示したのが、FC4 です。

なお、FC内では「取引」の用語を用いており、その取引による収入がその「売上げ」として表現されます。例えば、「課税取引」による収入は「課税売上げ」ということになります。

Point☞　「免税」、「非課税」又は「不課税」を区分することの意義——

これら３つの用語は、いずれも消費税が課されないという意味ではすべて同じです。

では、これらを区分けすることの意義は何なのか、ですが、この点は、後に記している仕入税額控除の計算上必要となる「課税売上割合」（第６章Ⅲ 一般課税 参照）の計算において、これらを区分けすることの意義が明らかとなります。

算式で表すと、次のとおりです。

【課税売上割合】とは　⇒　全体の売上げ（不課税を除く）のうちに占める「課税売上げ」（免税売上げを含みます）の割合のこと

（算式）

$$課税売上割合 = \frac{課税売上高 + 免税売上高}{課税売上高 + 免税売上高 + 非課税売上高}$$

① 前頁の算式で分かるように、免税売上げも課税売上げに含まれる扱いになります。

この点は、FC4 の最終段階で絞り込まれた「課税取引」について、さらに一定の手続・要件を満たすことで消費税が免除される流れから、免税取引が課税取引の中に含まれるものであることがイメージできます。

② **非課税売上げ**は、分母にのみ算入することになります。

③ **不課税売上げ**は、分母及び分子のいずれにも含まれません。

Point ☞ 課税売上げ、免税売上げ、非課税売上げ及び不課税売上げ——

各用語の消費税法上の定義又は意味するところは次のとおりです。

用　　語	税法上の定義又は意味するもの
1　課税売上げ （課税取引）	「課税資産の譲渡等」【⇨用語7】（法2①九） ⇒　資産の譲渡等【⇨用語6】のうち、法6条1項の規定により消費税を課さないこととされるもの以外のもの。
2　免税売上げ （免税取引）	法7条、8条等に規定（第5章参照）。 ⇒　課税資産の譲渡等のうち、一定の要件に該当するものについて消費税を免除するとされるもの。
3　非課税売上げ （非課税取引）	「非課税資産の譲渡等」【⇨用語8】（法31①）、法6条に規定。 ⇒　国内において行われる資産の譲渡等のうち消費税を課さないとされる別表第一に掲げるもの。 ⇒　保税地域から引き取られる外国貨物のうち消費税を課さないとされる別表第二に掲げるもの。
4　不課税売上げ	法4条（課税の対象）に該当しないことで消費税が課されない取引。 第4条の要件を満たさないものは次のとおり。 ①　国内取引に該当しない　⇒　FC4の《①国外取引》 ②　事業性がない　⇒　FC4の《②非事業》 ③　対価性がない　⇒　FC4の《③対価性のない取引》 ④　資産の譲渡等【⇨用語6】に該当しない ⇒　FC4の《④産の譲渡等非該当》

FC4　課税売上げ・免税売上げ・非課税売上げ・不課税売上げ

その取引は

国内において行うものか

1　国内取引・国外取引 【⇨用語28】

☞　国外取引は、不課税売上げです。その判定は次のとおり。

- ・資産の譲渡
- ・資産の貸付け

――資産の所在場所が→

- ・役務の提供

――役務の提供の場所が→

国内である

No → **不課税取引《①国外取引》**

Yes ↓

事業者が事業として行うものか

2　事業・非事業 【⇨用語29】

☞　事業として行われるものでない取引は、不課税売上げです。その判定は次のとおり。

個人事業者 又は 法　人※ である

No → **不課税取引《②非事業》**

Yes ↓

資産の譲渡等を反復、継続かつ独立して遂行するものである（事業に付随する取引を含む）

No（法人を除く） → **不課税取引《②非事業》**

※　法人が行う取引はすべて「事業」に該当します。

Yes ↓

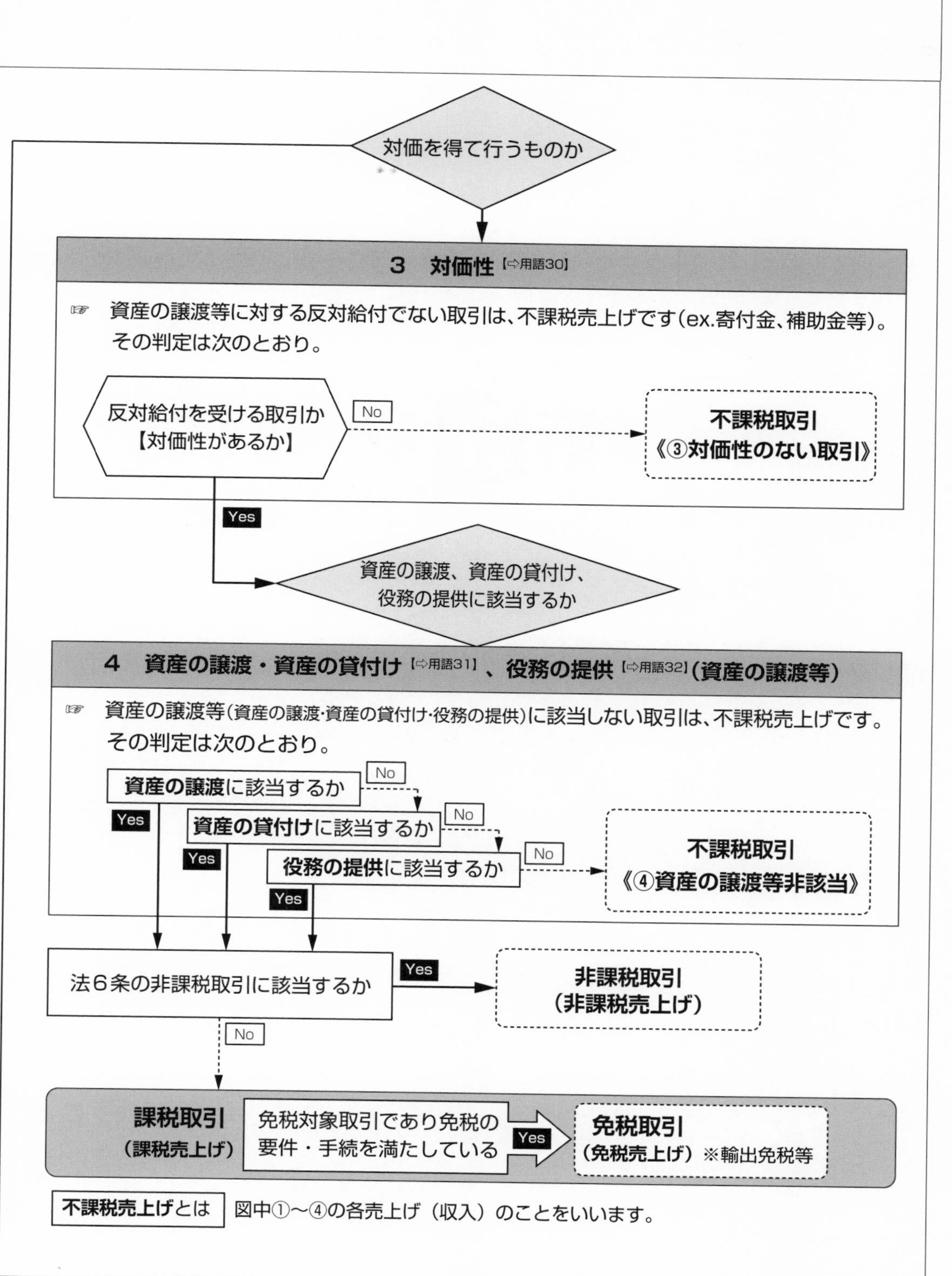

不課税売上げとは　図中①～④の各売上げ（収入）のことをいいます。

第5章

輸出免税

はじめに

前章のＦＣでも見たとおり、消費税の課税対象となる取引の中でも、一定の要件と手続きを採ることで消費税が免除される取引があります。

この消費税が免除される取引の主なものとしては、①輸出免税等（法７）、②輸出物品販売場免税（法８）、③外航船等に積み込む物品の譲渡等の免税（措置法85）、④外国公館等への免税（措置法86）、⑤保税運送等の免税（輸徴法11）、⑥船用品・機用品の積込み等免税（輸徴法12）及び⑦外交官免税（ウイーン条約）などがあります。

本書では、それらの中で、①、③、⑤及び⑥について「Ⅰ．輸出免税制度の概要」で、また②について「Ⅱ．輸出物品販売場（免税店）における輸出免税」で取り上げます。

Ⅰ．輸出免税制度の概要

輸出取引等について消費税が免除されるためには、一定の要件を満たす必要があります（法７①、基通７－１－１。FC5-1 参照）。

1　消費税の課税が免除される輸出取引とは

消費税の課税が免除される輸出取引（免税売上げ）は、次のような取引となります。

⑴　貨物の輸出[⇨用語33]など（法７①一）

本邦からの輸出として行われる資産の譲渡又は貸付け

⑵　国際旅客、国際貨物の輸送[⇨用語34]（法７①三）

国内及び国内以外の地域にわたって行われる旅客若しくは貨物の輸送

⑶　国際通信、国際郵便（法７①三、令17②五）

国内及び国内以外の地域にわたって行われる通信、郵便又は信書便

⑷　非居住者[⇨用語35]に対する次の資産の譲渡等（令17②六）

①　非居住者に対する鉱業権、工業所有権、著作権、営業権等（令６①四～八）の譲渡又は貸付け

②　非居住者に対する役務の提供[⇨用語36]

ただし、非居住者に対する役務の提供でも、次のものは免税とはなりません（令17②七）。

イ　国内に所在する資産に係る運送又は保管

ロ　国内における飲食又は宿泊

ハ　①又は②に準ずるもので国内において直接便益を享受するもの

⑸　外国貨物[⇨用語37]に関する次の資産の譲渡等（法７①二、令17②四）

①　外国貨物の譲渡又は貸付け

②　外国貨物の荷役、運送、保管、検数、鑑定その他これらに類する外国貨物に係る役務の提供

FC5-1　輸出免税の判定ＦＣ

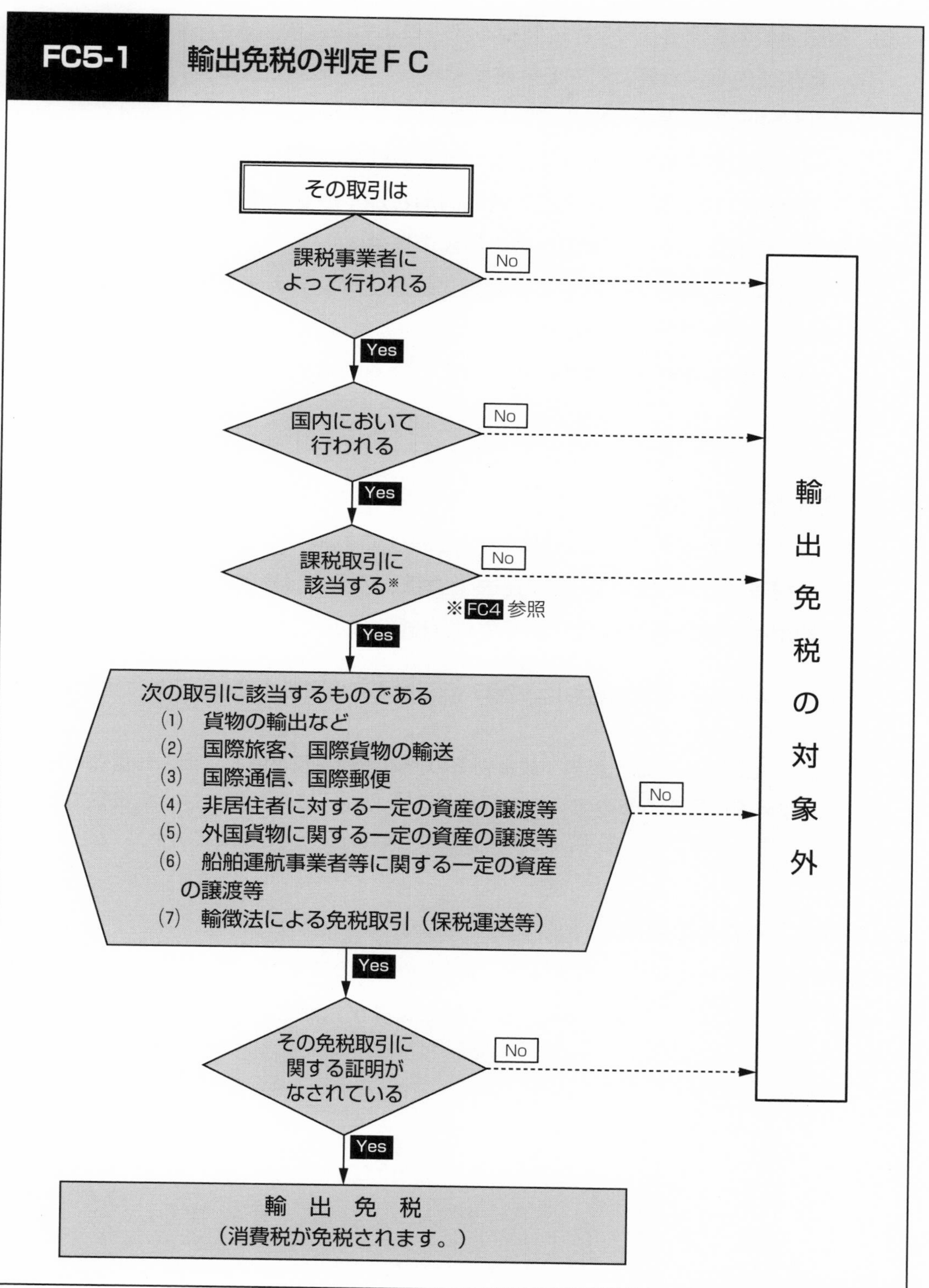

⑹　船舶運航事業者等【⇨用語38】に関わる次の資産の譲渡等（法７①四、五）

①　船舶運航事業者等に対する外航船舶等【⇨用語39】の譲渡又は貸付け（令17②一）

②　船舶運航事業者等の求めに応じて行われる外航船舶等の修理（令17②一）

③　船舶運航事業者等に対して行われる次の役務の提供（令17②三）

外航船舶等の水先、誘導その他入出港若しくは離着陸の補助又は入出港、離着陸、停泊若しくは駐機のための施設の提供

④　船舶運航事業者等に対する国際貨物輸送用コンテナーの譲渡又は貸付け（令17②二）

⑤　船舶運航事業者等の求めに応じて行われる国際貨物輸送用コンテナーの修理（令17②二）

⑺　輸徴法(注)1による免税

輸徴法による免税の主なものは、次のとおりです。

①　保税運送（【用語37⑶「保税運送」】参照）の免税（輸徴法11）

②　船用品・機用品(注)2の積込み等免税（輸徴法12）

(注)1　「輸徴法」の正式名称は、「輸入品に対する内国消費税の徴収等に関する法律」です。

(注)2　「船用品」とは、燃料、飲食物その他の消耗品及び帆布、綱、什器など船舶において使用するものをいい（関税法２①九）、「機用品」とは、航空機において使用する貨物で、船用品に準ずるものをいいます（関税法２①十）。

2　免税されるための要件

免税売上げは、そもそも課税売上げに該当するものですが、輸出取引ごとに定められた証明書類があり、これを保存することで課税が免除されます（次頁「届出などの手続」参照）。

届出などの手続

輸出免税の適用を受けるためには、輸出免税の対象となる取引であることにつき証明する必要があります（法7②、基通7－2－23）。

そして、次のフローチャートによる証明書類を、確定申告期限から７年間保存しなければなりません（規5）。

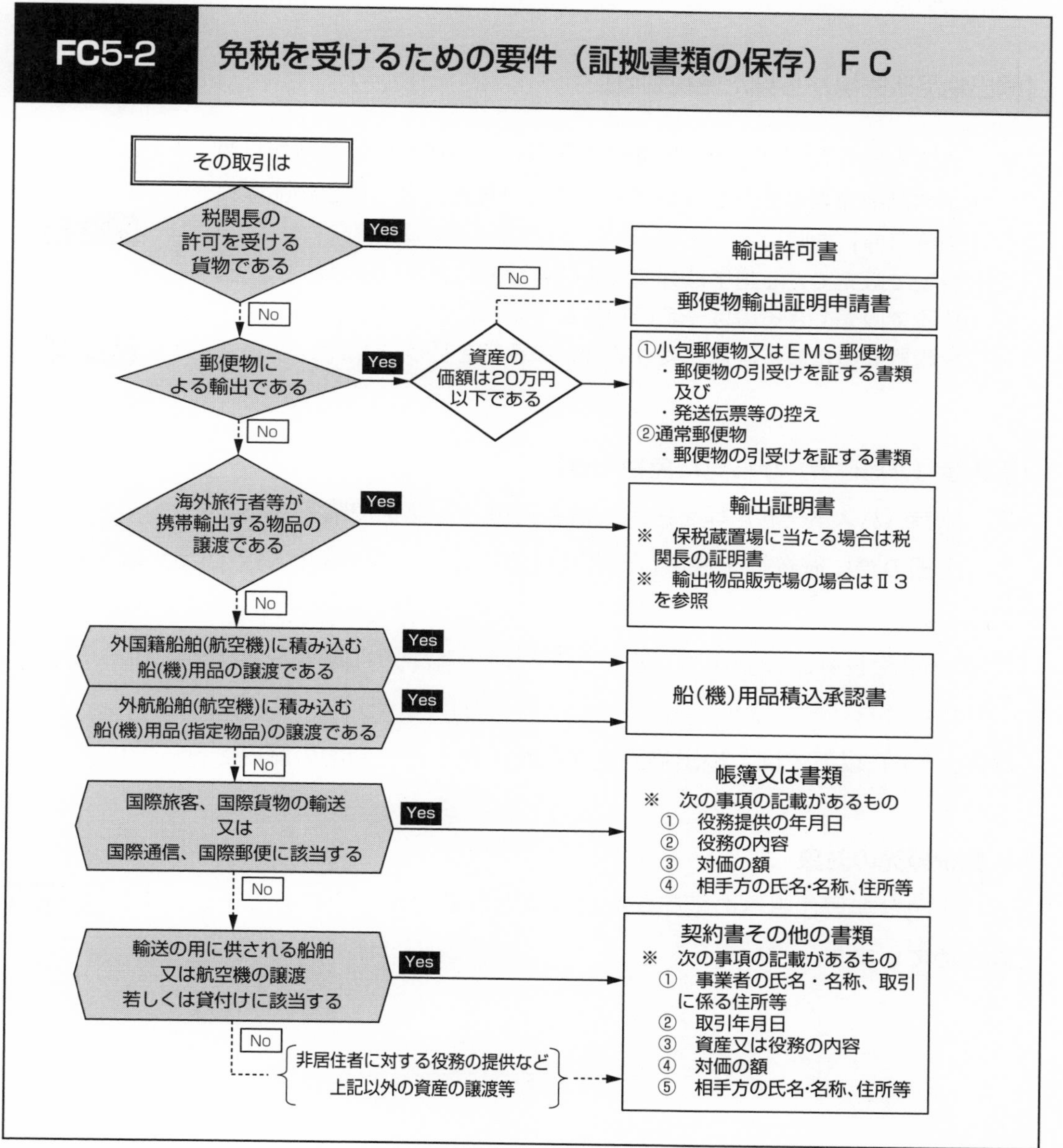

Ⅱ．輸出物品販売場（免税店）における輸出免税

輸出物品販売場の許可を受けた課税事業者は、外国人旅行者などの非居住者【⇨用語35】に対して、一定の物品を免税販売することができます。

この制度のあらましは次のとおりです。

【輸出物品販売場から見た免税制度】

① 外国人旅行者向けの免税販売店を開設したい場合は、あらかじめ輸出物品販売場の許可を受けておくこと（後記「2　輸出物品販売上の許可等」参照）。
② 免税で販売できる相手は外国人旅行者などの非居住者であること。
③ 免税で販売できるのは一定の物品及び価額に限られること。
（①〜③）FC5-3

④ 免税販売のために許可を受けるなどの手続を行うこと。　⇨ FC5-4

【購入者（非居住者）から見た免税制度】

① 旅券（パスポート）等を提示・情報提供して免税で購入すること。
② 出国の際に旅券等を提示し、非居住者によって最終的に購入商品が輸出されること。

㈱ 輸出免税物品を輸出しないとき【⇨用語40】は、消費税が即時徴収されます（法８③）。

なお、「１」以下では、輸出物品販売場から見た免税制度の解説を行っています。

1　免税販売の対象

どのような非居住者への販売が免税対象となるのか、そのあらましを次頁FC5-3でまとめています。

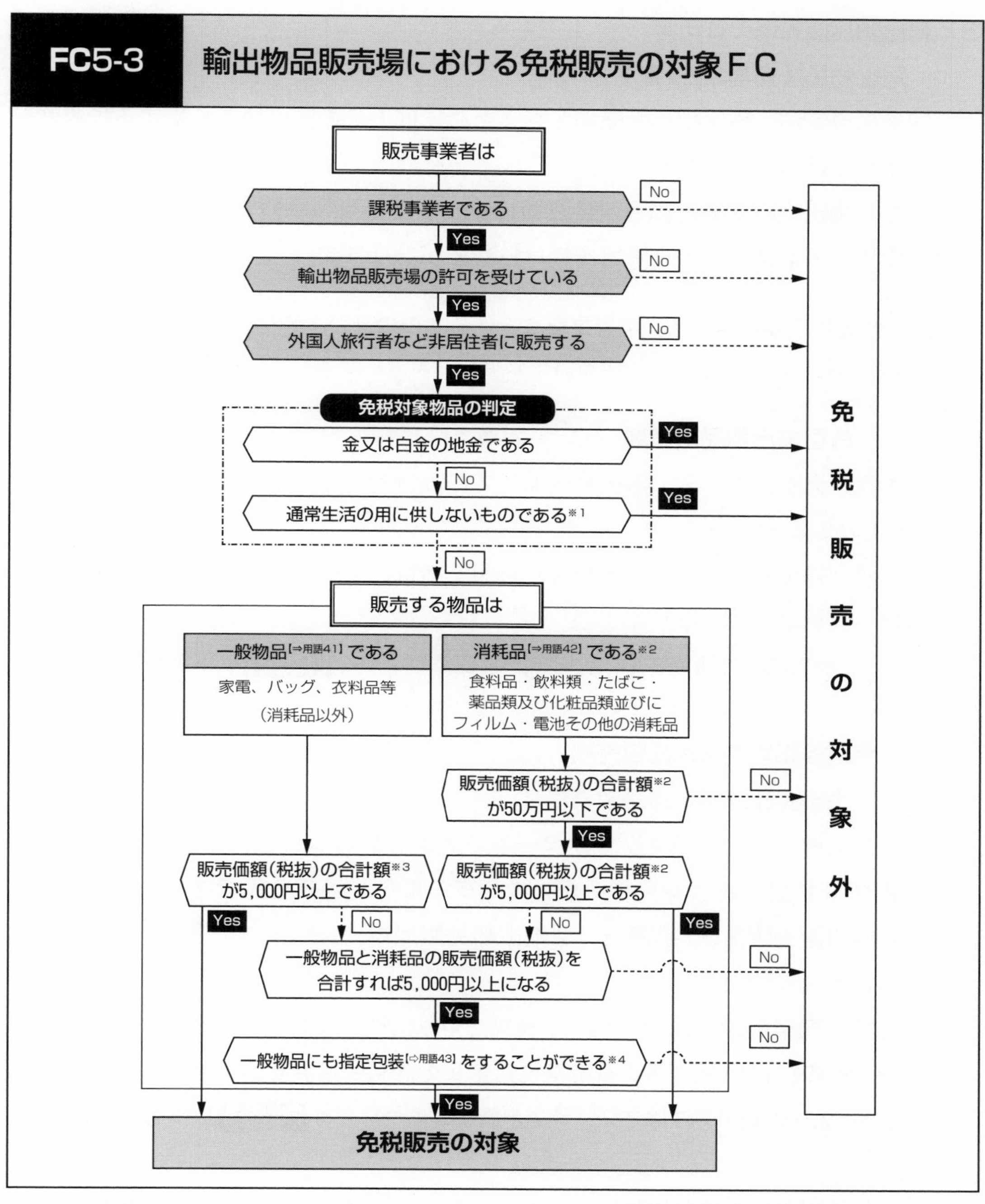

※1　事業用又は販売用として購入することが明らかな物品は含まれません。

※2　消耗品は、指定された方法で包装（指定包装【⇨用語43】）する必要があります。

※3　「販売価額の合計額」は、一般物品、消耗品ごとに同一の非居住者に対する同一の輸出物品販売場における１日の販売価額（税抜）の合計額です。

※4　一般物品は、消耗品として取り扱われます。

2　輸出物品販売場の許可等

⑴　輸出物品販売場の許可

課税事業者が、輸出物品販売場となるためには、その納税地を所轄する税務署長の許可を受ける必要があります。

また、輸出物品販売場にも次の３つのタイプがあり※、それぞれに応じた輸出物品販売場許可申請書により許可を受ける必要があります。

※　輸出物品販売場には、本書で取り上げるもののほか、特例としての合衆国軍隊施設内輸出物品販売場（いわゆるコンセッショニア）があります（令18②四～六）。

①　一般型輸出物品販売場

免税販売手続が、その販売場においてのみ行われる輸出物品販売場をいいます（令18の２②一）。

一般型輸出物品販売場を開設したい事業者は、その納税地を所轄する所轄税務署長の承認が必要となります。

☞　免税販売の方法は３⑴、許可申請手続については **FC5-4** 以下を参照

②　手続委託型輸出物品販売場

ⅰ　手続委託型輸出物品販売場

商店街、ショッピングセンターやテナントビルなど（特定商業施設（令18の２④））に設置された免税手続カウンターに免税手続を代理させる特定商業施設内の販売場を、「手続委託型輸出物品販売場」（特定商業施設内免税店）といいます（令18の２②二）。

特定商業施設内に免税店（手続委託型輸出物品販売場）を設けようとする場合、その納税地を所轄する所轄税務署長の許可が必要となります。

☞　免税販売の方法は３⑵、承認申請手続については **FC5-4** 以下を参照

ⅱ　承認免税手続事業者

特定商業施設内に免税手続カウンターを設置しようとする事業者を「承認免税手続事業者」といい、「承認免税手続事業者」になるためには特定商業施設ごとに所轄税務署長の承認が必要となります。

☞　免税販売の方法は３⑵、承認申請手続については後記「届出等の手続」の

「承認免税手続業者の承認を申請する場合」（125頁）を参照

③　自動販売機型輸出物品販売場

免税販売手続が，その販売場に設置する指定自動販売機（免税販売手続を行うことができる機能を有する自動販売機として財務大臣が定める基準を満たすもの（国税庁長官が観光庁長官と協議して指定するものに限ります。）をいいます。）によってのみ行われる販売場をいいます（令18の２②三）。

令和２年度税制改正により、免税販売手続を行うことができる機能を有する自動販売機（国税庁長官が観光庁長官に協議して指定するものに限ります。）を設置することで人員の配置が不要となる「自動販売機型輸出物品販売場」の設置が可能となりました。

☞　免税販売の方法は３⑶、承認申請手続については FC5-4 以下を参照

④　臨時販売場

輸出物品販売場を経営する事業者に限り、承認を受けて臨時販売場（７月以内の期間を定めて設置する販売場に限ります。）を設置し、そこで臨時に免税販売を行うことができる販売場をいいます（令18の２⑨）。

なお、臨時販売場は、上記①一般型、②手続委託型輸出物品販売場、及び③自動販売機型輸出物品販売場のそれぞれについて承認申請を行います。

☞　承認申請手続については後記「届出等の手続」の「臨時販売場の申請をする場合」（131頁）を参照

⑵　免税販売手続の電子化対応

輸出物品販売場における免税販売は、これまでの書面による手続が廃止され、電子化されています。

令和３年10月１日以降は、従来の購入記録票に代えて、購入記録情報※をインターネット回線等により国税庁へ電子的に送信することとされています。

※　「購入記録情報」とは、購入者（非居住者）から提供を受けた旅券等に記載された情報及び購入の事実をいいます。

なお、電子化に対応しないと免税販売を行うことはできず、これに対応するため

には、次の準備が必要となります。

① システムの準備
購入記録情報の送信方法は次のいずれかにより行います。
Ⓐ 事業者自ら購入記録情報を送信する方法
Ⓑ 事業者が契約した承認送信事業者※を介して購入記録情報を送信する方法

※ 「承認送信事業者」とは、免税店のために購入記録情報の送信を行うことについて、税務署長の承認を受けた事業者のことをいいます。

② 届出書の提出
事業者は、前記(1)の「輸出物品販売場許可申請書」と併せて、許可を受けようとする販売場ごとに「輸出物品販売場における購入記録情報の提供方法等の届出書」を納税地を所轄する税務署長に提出する必要があります。

3 免税販売方法

輸出物品販売場での免税販売の方法は、免税店のタイプごとに次の方法により行うこととされています。

(1) 一般型輸出物品販売場における免税販売の方法

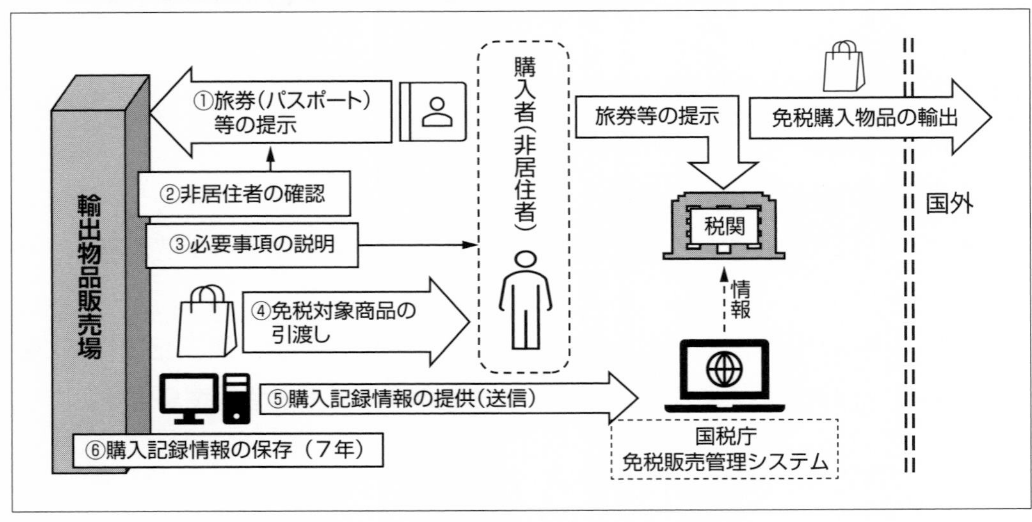

① 購入者から旅券等※1の提示を受け、その旅券等に記載された情報の提供を受けます（令18②一イ、ロ)。

② 非居住者【⇨用語35】であることを確認

③ 購入者に対して必要事項を説明※2・3

④ 免税対象物品の引渡し

⑤ 購入記録情報の送信※4（購入記録情報を国税庁の免税販売管理システムにデータ送信)

⑥ 購入記録情報の保存※5

※1 「旅券等」とは次のものをいいます。

- 旅券（上陸許可の証印を受けたもの)
- 船舶観光上陸許可書
- 乗員上陸許可書
- 緊急上陸許可書
- 遭難による上陸許可書

※2 説明する事項は次のとおりです（令18⑩、規則6の3)。

Ⓐ 免税対象物品が国外へ輸出するため購入されるものである旨

Ⓑ 本邦から出国する際、その出港地を所轄する税関長にその所持する旅券等を提示しなければならない旨（購入者が居住者となる場合は、所轄税務署長に対して提示します。)

Ⓒ 免税で購入した物品を出国の際に所持していなかった場合には、消費税等が徴収される旨

※3 説明は必ずしも口頭で行う必要はなく、日本語及び外国語で説明事項を記載した書類等を交付する方法、又は免税店内に掲示する方法が認められています。

※4 購入記録情報は、免税販売手続を行った都度、即時に国税庁長官に提供（免税販売管理システムに送信）する必要があります（令18⑥、規則6の2④)。

※5 免税販売を行った日の属する課税期間の末日の翌日から2月を経過した日から7年間、その納税地又は免税販売を行った輸出物品販売場の所在地に保存しなければなりません（法8②、令18⑭、規則7①②)。

⑵　手続委託型輸出物品販売場における免税販売の方法

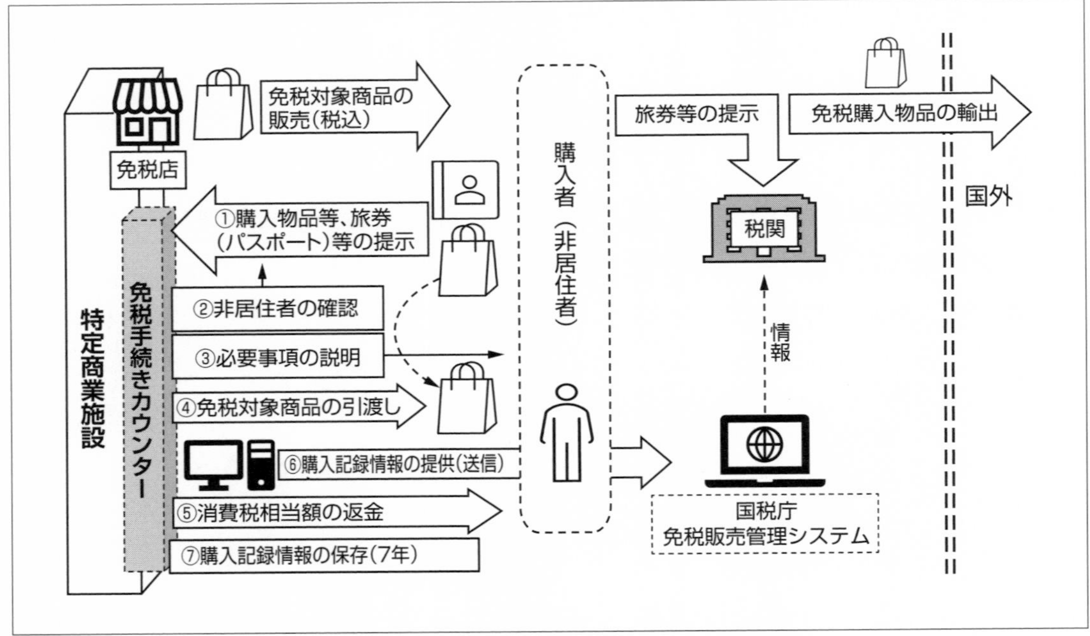

【特定商業施設内の免税店（手続委託型輸出物品販売場）】

免税店では税込みで対象物品を販売します。

㊟　免税手続は特定商業施設内の免税カウンターで行います。

【特定商業施設※1（承認免税手続事業者）内の手続きカウンター】

①　購入者から旅券等※2の提示を受け、その旅券等に記載された情報の提供を受けます（消令18②一イ、ロ）。

②　非居住者であることを確認

③　購入者に対して必要事項を説明※3

④　免税対象物品の引渡し

⑤　消費税相当額の返金

⑥　購入記録情報の送信※4（購入記録情報を国税庁の免税販売管理システムにデータ送信）

⑦　購入記録情報の保存※5

※1　前記「2　輸出物品販売場の許可等」⑴② i 参照。

※2　前記「⑴　一般型輸出物品販売場における免税販売の方法」※1参照。

※3　前記「⑴　一般型輸出物品販売場における免税販売の方法」※2、3参照。

※４　前記「(1)　一般型輸出物品販売場における免税販売の方法」※４参照。

※５　承認免税手続事業者は、手続委託型輸出物品販売場ごとに免税販売手続に関し作成した書類や記録を整理しておく必要があります（消令18の３②、消規則10の４）。また、免税販売手続を行った日の属する課税期間の末日の翌日から２か月を経過した日から７年間、承認免税手続事業者の納税地又は特定商業施設内に設置する免税手続カウンターの所在地に保存しなければなりません。

(3)　自動販売機型輸出物品販売場における免税販売の方法

次のような免税販売手続を行うことができる機能を有する自動販売機を設置して非居住者に対し免税販売を行うことができます（令和２年財務省告示第79号）。

①　非居住者が所持する旅券の顔写真による本人確認を適正に行う機能を有すること。

②　①の本人確認で使用した旅券から、在留資格、上陸年月日その他の免税販売手続に必要な情報を読み取る機能を有すること。

③　免税販売手続を行う場合に、当該自動販売機で物品を購入する者が非居住者であることの確認及び当該自動販売機で販売する物品が免税対象物品であることの確認（その非居住者に対して、同一の輸出物品販売場において同一の日に譲渡する一般物品又は消耗品が5,000円以上であることの確認を含みます。）を行う機能を有すること。

④　購入記録情報を国税庁長官に提供するための機能を有すること。

⑤　輸出物品販売場を経営する事業者が、消令第18条第10項の規定により免税対象物品を購入する非居住者に対して説明しなければならない事項を説明するための機能を有すること。

⑥　免税販売手続が完了するまで当該免税販売手続に係る免税対象物品を当該非居住者に引き渡さない機能を有すること。

⑦　当該自動販売機の故障その他の事由により免税販売手続の一部でも正常に行うことができない場合には、当該免税販売手続を中止する機能を有すること。

⑧　その他免税販売手続を行う自動販売機として不適当な機能を有しないこと。

届出などの手続

輸出物品販売場については、次のとおり、それぞれのタイプに応じた許可申請書を提出することになります。

その許可要件の充足判定のあらましは、次頁 **FC5-4** のとおりです。

㈴1　「手続委託型輸出物品販売場」と「承認免税手続事業者」

「手続委託型輸出物品販売場」（特定商業施設内免税店）の許可要件は **FC5-4** のとおりですが、その免税店が設置される特定商業施設については、「承認免税手続事業者承認申請書」により承認を受けておく必要があります。

その手続及び承認要件は、125頁を参照してください。

㈴2　「臨時販売場」

「臨時販売場」を設置しようとする輸出物品販売場を経営する事業者は、その承認申請を受ける必要があります。

その手続及び承認要件は、131頁を参照してください。

FC5-4　輸出物品販売場の許可条件のあらましＦＣ

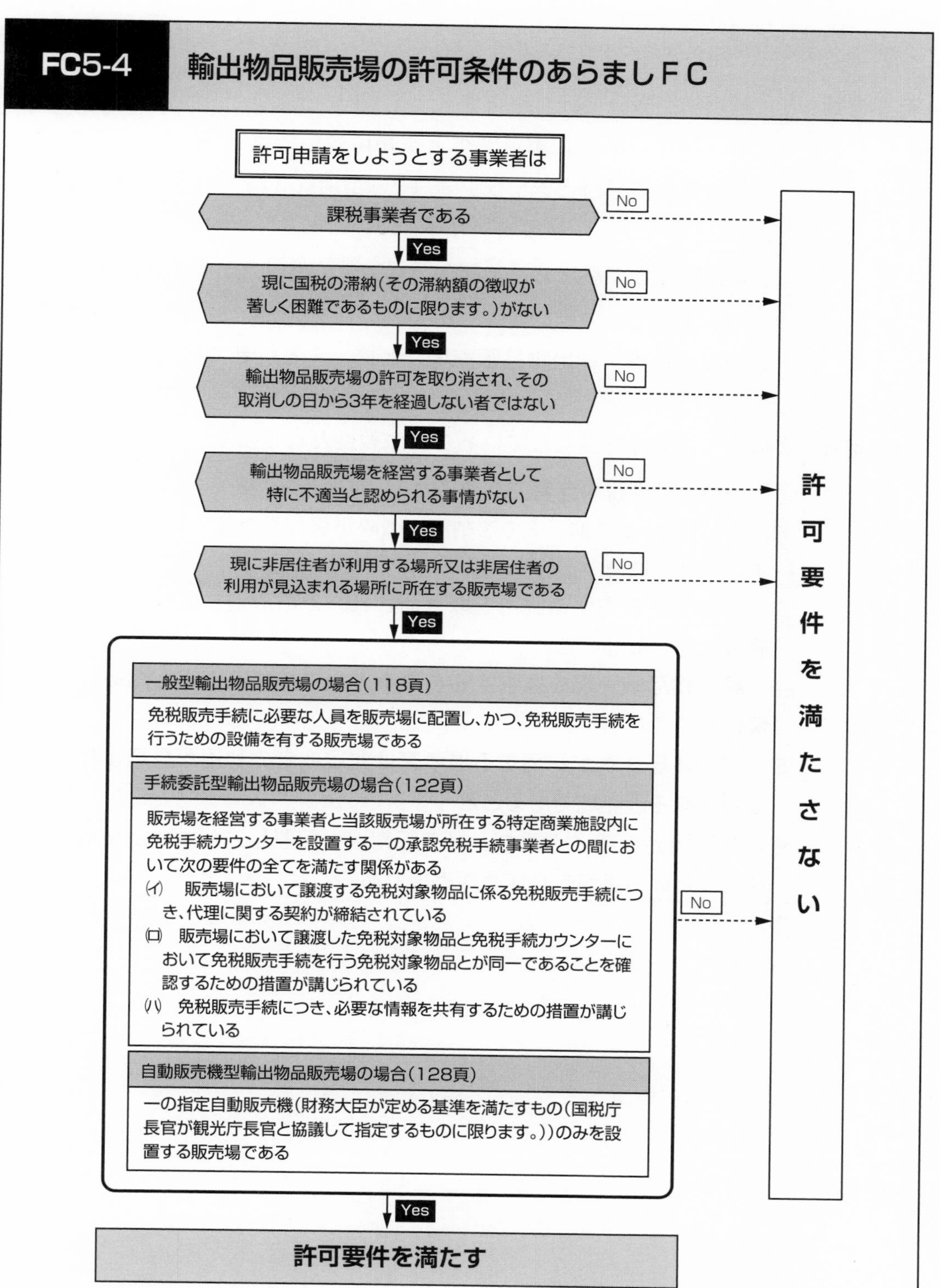

一般型輸出物品販売場の許可を申請する場合	
必要書類	①　輸出物品販売場許可申請書（一般型用）　第20－⑴号様式
	なお、許可申請書に添付すべき書類については、「輸出物品販売場許可申請書添付書類自己チェック表（一般型用）」（121頁）を参考にしてください。
	②　輸出物品販売場における購入記録情報の提供方法等の届出書　第20－⑷号様式
	この届出書は、輸出物品販売場ごとに、①と併せて提出する必要があります。
許可要件	次の全ての要件を満たしていることが要件となります。
	①　消費税の課税事業者であること ②　現に国税の滞納（その滞納額の徴収が著しく困難であるものに限ります。）がないこと ③　輸出物品販売場の許可を取り消され、その取消しの日から３年を経過しない者でないこと ④　輸出物品販売場を経営する事業者として特に不適当と認められる事情がないこと ⑤　現に非居住者が利用する場所又は非居住者の利用が見込まれる場所に所在する販売場であること ⑥　免税販売手続に必要な人員を販売場に配置し、かつ、免税販売手続を行うための設備を有する販売場であること

輸出物品販売場許可申請書（一般型用）　第20－(1)号様式

第20-(1)号様式

一般型用

輸出物品販売場許可申請書

収受印

<table>
<tr><td rowspan="5">令和　年　月　日

＿＿＿＿＿税務署長殿</td><td rowspan="5">申
請
者</td><td>（フリガナ）</td><td></td></tr>
<tr><td>納税地</td><td>（〒　－　）
（電話番号　－　－　）</td></tr>
<tr><td>（フリガナ）</td><td></td></tr>
<tr><td>氏名又は
名称及び
代表者氏名</td><td></td></tr>
<tr><td>法人番号</td><td>※　個人の方は個人番号の記載は不要です。</td></tr>
<tr><td colspan="4">下記のとおり、消費税法施行令第18条の２第２項第１号に規定する一般型輸出物品販売場として消費税法第８条第６項の許可を受けたいので、申請します。</td></tr>
</table>

販売場の所在地	（〒　－　）（電話番号　－　－　）		
販売場の名称		所轄税務署名	税務署
許可を受けようとする販売場は手続委託型輸出物品販売場の許可を受けている。 （注）手続委託型輸出物品販売場として許可を受けている販売場が一般型輸出物品販売場の許可を受けた場合、手続委託型輸出物品販売場の許可の効力は失われます。			□ はい □ いいえ
参考事項			
税理士署名	（電話番号　－　－　）		

※税務署処理欄						
整理番号		部門番号		番号確認		
申請年月日	年　月　日	入力処理	年　月　日	台帳整理	年　月　日	

注意　１．裏面の記載要領等に留意の上、記載してください。
２．税務署処理欄は、記載しないで下さい。
３．許可を受けようとする販売場が２以上ある場合には、販売場の所在地及び名称、所轄税務署名は適宜の様式に記載して添付してください。

輸出物品販売場における購入記録情報の提供方法等の届出書　第20－(4)号様式

第20-(4)号様式

輸出物品販売場における購入記録情報の提供方法等の届出書

（収受印）

令和　年　月　日	届出者	（フリガナ） 納税地	（〒　－　） （電話番号　－　－　）
		（フリガナ） 氏名又は名称及び代表者氏名	
＿＿＿＿税務署長殿		法人番号	※ 個人の方は個人番号の記載は不要です。

下記のとおり、電子情報処理組織を使用して購入記録情報の提供を行いたいので、消費税法施行令第18条第６項の規定により届出します。

輸出物品販売場の所在地			（〒　－　）（電話番号　－　－　）
輸出物品販売場の名称			
※ 自動販売機型輸出物品販売場の場合には、以下の項目を記載してください。			
指定自動販売機識別情報		指定自動販売機の指定番号	自動販売機管理番号
許可等の区分			□ 一般型輸出物品販売場　□ 手続委託型輸出物品販売場 □ 自動販売機型輸出物品販売場 □ 臨時販売場を設置しようとする事業者（一般型・手続委託型） □ 臨時販売場を設置しようとする事業者（自動販売機型）
輸出物品販売場（臨時販売場を設置しようとする事業者）の許可等を受けた年月日			平成／令和　年　月　日 ※ 届出日時点で許可等を受けていない場合は記載不要です。
購入記録情報の提供方法	届出者が自ら購入記録情報の提供を行う場合	電子証明書の発行の要否	□ 必要　□ 不要
		（フリガナ） 電子メールアドレス（80文字以内）	@ ※ 電子証明書の発行が必要な場合に記載してください。
	承認送信事業者が購入記録情報の提供を行う場合	承認送信事業者の識別符号	
		承認送信事業者の氏名又は名称	
参考事項			
税理士署名			（電話番号　－　－　）

※税務署処理欄	整理番号		部門番号		番号確認	
	届出年月日	年　月　日	入力処理	年　月　日	台帳整理	年　月　日

注意　税務署処理欄は、記載しないで下さい。

輸出物品販売場許可申請書添付書類自己チェック表（一般型用）

輸出物品販売場許可申請書添付書類自己チェック表　　一般型用

申請者の納税地			
申請者の氏名又は名称			
販売場の所在地		担当者氏名	
販売場の名称		連絡先（電話番号）	

	添付書類の確認（確認欄にチェックしてください。）	確認
1	許可を受けようとする販売場の見取図（免税販売手続を行う場所を付記したもの）	□
2	その他参考となるべき書類	
	免税販売の方法を販売員に周知するための資料（免税販売手続マニュアルなど）	□
	免税販売手続を行う人員の配置状況が確認できる資料（免税販売手続を行う場所の見取図に人員の配置状況を付記したものなど）	□
	申請者の事業内容が確認できる資料（会社案内やホームページ掲載情報など）	□
	許可を受けようとする販売場の取扱商品が確認できる資料（取扱商品リスト、商品カタログなど）	□
	許可を受けようとする販売場において使用する購入者への必要事項の説明のための案内等	□

届出書の提出状況の確認（確認欄にチェックしてください。）	確認
「輸出物品販売場における購入記録情報の提供方法等の届出書」を提出	□

≪一般型輸出物品販売場の許可要件≫

① 次のイ、ロの要件を満たす事業者（課税事業者に限ります。）が経営する販売場であること。

イ 現に国税の滞納（その滞納額の徴収が著しく困難であるものに限ります。）がないこと。

ロ 輸出物品販売場の許可を取り消され、その取消しの日から３年を経過しない者でないことその他輸出物品販売場を経営する事業者として特に不適当と認められる事情がないこと。

② 現に非居住者の利用する場所又は非居住者の利用が見込まれる場所に所在する販売場であること。

③ 非居住者に対して免税販売するための手続（免税販売手続）に必要な人員を配置し、かつ、免税販売手続を行うための設備を有する販売場であること。

※ 「免税販売手続に必要な人員の配置」とは、免税販売の際に必要となる手続を非居住者に対して説明できる人員の配置を求めているものです。

なお、外国語については、母国語のように流ちょうに話せることまでを必要としているものではなく、パンフレット等の補助材料を活用しながら、非居住者に手続を説明できる程度で差し支えありません。

また、「免税販売手続を行うための設備を有する」とは、免税販売の際に必要となる手続を行うためのカウンター等の設備があることを求めているものであり、免税販売のための特別なカウンターを設けることまでを必要としているものではありません。

④ 臨時販売場ではないこと（設置期間が７か月超であること。）。

≪免税販売手続の電子化への対応≫

・ 輸出物品販売場を経営する事業者は、免税販売手続の際、購入記録情報を遅滞なく国税庁長官に提供しなければなりません。「輸出物品販売場許可申請書（一般型用）」と併せて、「輸出物品販売場における購入記録情報の提供方法等の届出書」も提出してください。

<table>
<tr><th colspan="2">手続委託型輸出物品販売場の許可を申請する場合</th></tr>
<tr><td rowspan="4">必要書類</td><td>①　輸出物品販売場許可申請書（手続委託型用）　第20－⑵号様式</td></tr>
<tr><td>なお、許可申請書に添付すべき書類については、「輸出物品販売場許可申請書添付書類自己チェック表（手続委託型用）」（124頁）を参考にしてください。</td></tr>
<tr><td>②　輸出物品販売場における購入記録情報の提供方法等の届出書
第20－⑷号様式（120頁）</td></tr>
<tr><td>この届出書は、輸出物品販売場ごとに、①と併せて提出する必要があります。</td></tr>
<tr><td rowspan="2">許可要件</td><td>次の全ての要件を満たしていることが要件となります。</td></tr>
<tr><td>①　消費税の課税事業者であること
②　現に国税の滞納（その滞納額の徴収が著しく困難であるものに限ります。）がないこと
③　輸出物品販売場の許可を取り消され、その取消しの日から３年を経過しない者でないこと
④　輸出物品販売場を経営する事業者として特に不適当と認められる事情がないこと
⑤　現に非居住者が利用する場所又は非居住者の利用が見込まれる場所に所在する販売場であること
⑥　販売場を経営する事業者と当該販売場が所在する特定商業施設内に免税手続カウンターを設置する一の承認免税手続事業者との間において次の要件の全てを満たす関係があること
⑴　販売場において譲渡する免税対象物品に係る免税販売手続につき、代理に関する契約が締結されていること
⑵　販売場において譲渡した免税対象物品と免税手続カウンターにおいて免税販売手続を行う免税対象物品とが同一であることを確認するための措置が講じられていること
⑶　免税販売手続につき、必要な情報を共有するための措置が講じられていること</td></tr>
</table>

輸出物品販売場許可申請書（手続委託型用）　第20－⑵号様式

第20-(2)号様式

手続委託型用

輸出物品販売場許可申請書

収受印

令和　年　月　日 ＿＿＿＿税務署長殿	申請者	（フリガナ）	
		納税地	（〒　－　） （電話番号　－　－　）
		（フリガナ）	
		氏名又は名称及び代表者氏名	
		法人番号	※　個人の方は個人番号の記載は不要です。

下記のとおり、消費税法施行令第18条の２第２項第２号に規定する手続委託型輸出物品販売場として消費税法第８条第６項の許可を受けたいので、申請します。

販売場の所在地	（〒　－　）（電話番号　－　－　）		
販売場の名称		所轄税務署名	税務署
特定商業施設の区分	□ 1　商店街振興組合法第２条第１項に規定する商店街振興組合の定款に定められた地区 □ 2　中小企業等協同組合法第３条第１号に規定する事業協同組合の定款に定められた地区に所在する事業者が近接して事業を営む地域でその大部分に一の商店街が形成されている地域 □ 3　大規模小売店舗立地法第２条第２項に規定する大規模小売店舗 □ 4　一棟の建物（上記３に該当するものを除く。）		
	許可を受けようとする販売場は、上記特定商業施設の区分１「地区」又は２「地域」に所在する販売場とみなして消費税法施行令第18条の２第５項の規定の適用を受ける販売場である。		□ はい
	許可を受けようとする販売場の所在する特定商業施設は、消費税法施行令第18条の２第６項の規定の適用を受ける特定商業施設である。		□ はい
特定商業施設の所在地			
特定商業施設の名称			
承認免税手続事業者の氏名又は名称			
承認免税手続事業者の納税地			
許可を受けようとする販売場は一般型輸出物品販売場の許可を受けている。 （注）一般型輸出物品販売場として許可を受けている販売場が手続委託型輸出物品販売場の許可を受けた場合、一般型輸出物品販売場の許可の効力は失われます。			□ はい □ いいえ
参考事項			
税理士署名	（電話番号　－　－　）		

※税務署処理欄	整理番号		部門番号		番号確認		
	申請年月日	年　月　日	入力処理	年　月　日	台帳整理	年　月　日	

注意　1．裏面の記載要領等に留意の上、記載してください。
2．税務署処理欄は、記載しないで下さい。
3．許可を受けようとする販売場が２以上ある場合には、販売場の所在地及び名称、所轄税務署名は適宜の様式に記載して添付してください。

輸出物品販売場許可申請書添付書類自己チェック表（手続委託型用）

手続委託型用

輸出物品販売場許可申請書添付書類自己チェック表

申請者の納税地			
申請者の氏名又は名称			
販売場の所在地		担当者氏名	
販売場の名称		連絡先（電話番号）	

	添付書類の確認　（確認欄にチェックしてください。）	確認
1	販売場が所在する特定商業施設の見取図（販売場及び免税手続カウンターの場所を付記したもの）	□
2	承認免税手続事業者との間で交わした免税販売手続の代理に関する契約書の写し	□
3	特定商業施設に該当することを証する書類 □ 商店街振興組合法第２条第１項に規定する商店街振興組合の定款の写し □ 中小企業等協同組合法第３条第１号に規定する事業協同組合の定款の写し □ 大規模小売店舗立地法第２条第２項に規定する大規模小売店舗に該当することを証する書類 □ 建物の登記事項証明書（登記簿謄本）の写し	□
4	商店街振興組合又は事業協同組合の組合員であることが確認できる資料（組合員名簿など） □ 特定商業施設が消費税法施行令第 18 条の２第４項第１号又は第２号に掲げる地区等である場合 → 販売場を経営する事業者が組合員であることが確認できる書類 □ 消費税法施行令第 18 条の２第５項の規定の適用を受ける場合 → 販売場が所在する大規模小売店舗の設置者が組合員であることが確認できる書類	□
5	特定商業施設が消費税法施行令第 18 条の２第６項の規定の適用を受けるものであることを証する書類 (例)・ 隣接又は近接している商店街が連携して行っているイベント等がある場合は、イベント等の共同事業を記載した事業報告書の該当部分の写しその他活動概要が分かるイベントのちらしなど ・ 連携したイベント等を行った実績がない場合には、隣接又は近接している商店街が連携して免税手続カウンターを利用する理由等が記載された書類など	□
6	その他参考となるべき書類	
	申請者の事業内容が確認できる資料（会社案内やホームページ掲載情報など）	□
	許可を受けようとする販売場の取扱商品が確認できる資料（取扱商品リスト、商品カタログなど）	□
	免税手続カウンターにおいて免税販売手続を行うために、販売場から免税手続カウンターへ連絡（共有）する情報が記載された書類 （販売場で発行するレシートの雛型、一般物品と消耗品の別が分かる取扱商品リストなど）	□

届出書の提出状況の確認　（確認欄にチェックしてください。）	確認
「輸出物品販売場における購入記録情報の提供方法等の届出書」を提出	□

≪手続委託型輸出物品販売場の許可要件≫

① 次のイ、ロの要件を満たす事業者（課税事業者に限ります。）が経営する販売場であること。

イ 現に国税の滞納（その滞納額の徴収が著しく困難であるものに限ります。）がないこと。

ロ 輸出物品販売場の許可を取り消され、その取消しの日から３年を経過しない者でないことその他輸出物品販売場を経営する事業者として特に不適当と認められる事情がないこと。

② 現に非居住者の利用する場所又は非居住者の利用が見込まれる場所に所在する販売場であること。

③ 販売場を経営する事業者と当該販売場が所在する特定商業施設内に免税手続カウンターを設置する一の承認免税手続事業者との間において、次のイ、ロ、ハの要件の全てを満たす関係があること。

イ 当該販売場において譲渡する物品に係る免税販売手続につき、代理に関する契約が締結されていること。

ロ 当該販売場において譲渡した物品と当該免税手続カウンターにおいて免税販売手続を行う物品とが同一であることを確認するための措置が講じられていること。

ハ 当該販売場において譲渡した物品に係る免税販売手続につき必要な情報を共有するための措置が講じられていること。

④ 臨時販売場ではないこと（設置期間が７か月超であること。）。

≪免税販売手続の電子化への対応≫

・ 輸出物品販売場を経営する事業者は、免税販売手続の際、購入記録情報を遅滞なく国税庁長官に提供しなければなりません。「輸出物品販売場許可申請書（手続委託型用）」と併せて、「輸出物品販売場における購入記録情報の提供方法等の届出書」も提出してください。

<table>
<tr><th colspan="2">承認免税手続事業者の承認を申請する場合</th></tr>
<tr><td rowspan="2">必要書類</td><td>承認免税手続事業者承認申請書　第20－(7)号様式</td></tr>
<tr><td>特定商業施設内に免税手続カウンターを設置することにつき承認免税事業者の承認を受けようとする事業者は、「承認免税手続事業者承認申請書」を納税地の所轄税務署長に提出して行います。
なお、許可申請書に添付すべき書類については、「承認免税手続事業者承認申請書添付書類自己チェック表」（127頁）を参考にしてください。</td></tr>
<tr><td rowspan="2">承認要件</td><td>次の全ての要件を満たしていることが要件となります。</td></tr>
<tr><td>次の全てを満たしていることが要件となります。
①　消費税の課税事業者であること
②　特定商業施設内に免税手続カウンターを設置すること
③　現に国税の滞納（その滞納額の徴収が著しく困難であるものに限ります。）がないこと
④　免税手続カウンターに免税販売手続に必要な人員を配置すること。
⑤　輸出物品販売場の許可を取り消され又は承認免税手続事業者若しくは承認送信事業者の承認を取り消され、その取消しの日から３年を経過しない者でないことその他免税手続カウンターを設置する承認免税手続事業者として特に不適当と認められる事情がないこと</td></tr>
</table>

承認免税手続事業者承認申請書　第20－(7)号様式

第20-(7)号様式

承認免税手続事業者承認申請書

収受印

令和　年　月　日 ＿＿＿＿税務署長殿	申請者	（フリガナ）	
		納税地	（〒　－　） （電話番号　－　－　）
		（フリガナ）	
		氏名又は名称及び代表者氏名	
		法人番号	※ 個人の方は個人番号の記載は不要です。

下記のとおり、消費税法施行令第18条の２第７項に規定する承認免税手続事業者の承認を受けたいので、申請します。

設置しようとする免税手続カウンターの所在地		
特定商業施設の区分	□ 1 商店街振興組合法第２条第１項に規定する商店街振興組合の定款に定められた地区 □ 2 中小企業等協同組合法第３条第１号に規定する事業協同組合の定款に定められた地区に所在する事業者が近接して事業を営む地域でその大部分に一の商店街が形成されている地域 □ 3 大規模小売店舗立地法第２条第２項に規定する大規模小売店舗 □ 4 一棟の建物（上記３に該当するものを除く。）	
	設置しようとする免税手続カウンターに係る上記特定商業施設の区分を、３「大規模小売店舗」から１「地区」又は２「地域」に変更するものである。	□ はい
	設置しようとする免税手続カウンターに係る特定商業施設は、消費税法施行令第18条の２第６項の規定の適用を受ける特定商業施設である。	□ はい
特定商業施設の所在地		
特定商業施設の名称		
参考事項		
税理士署名	（電話番号　－　－　）	

※税務署処理欄	整理番号		部門番号		番号確認		
	申請年月日	年　月　日	入力処理	年　月　日	台帳整理	年　月　日	

注意　1．裏面の記載要領等に留意の上、記載してください。
　　　2．税務署処理欄は、記載しないで下さい。

承認免税手続事業者承認申請書添付書類自己チェック表

承認免税手続事業者承認申請書添付書類自己チェック表

申請者の納税地			
申請者の氏名又は名称			
特定商業施設の所在地		担当者氏名	
特定商業施設の名称		連絡先（電話番号）	

	添付書類の確認　（確認欄にチェックしてください。）	確認
1	設置しようとする免税手続カウンターの見取図	□
2	免税手続カウンターを設置しようとする特定商業施設の見取図	□
3	免税販売手続に関する事務手続の概要を明らかにした書類（免税販売手続マニュアルなど）	□
4	特定商業施設に該当することを証する書類 □ 商店街振興組合法第２条第１項に規定する商店街振興組合の定款の写し □ 中小企業等協同組合法第３条第１号に規定する事業協同組合の定款の写し □ 大規模小売店舗立地法第２条第２項に規定する大規模小売店舗に該当することを証する書類 □ 建物の登記事項証明書（登記簿謄本）の写し	□
5	特定商業施設が消費税法施行令第 18 条の２第６項の規定の適用を受けるものであることを証する書類 （例）・ 隣接又は近接している商店街が連携して行っているイベント等がある場合は、イベント等の共同事業を記載した事業報告書の該当部分の写しその他活動概要が分かるイベントのちらしなど ・ 連携したイベント等を行った実績がない場合には、隣接又は近接している商店街が連携して免税手続カウンターを利用する理由等が記載された書類など	□
6	その他参考となるべき書類	／
	申請者の事業内容が確認できる資料（会社案内やホームページ掲載情報など）	□
	免税販売手続を行う人員の配置状況が確認できる資料（免税手続カウンターの見取図に人員の配置状況を付記したものなど）	□
	免税手続カウンターにおいて使用する購入者への必要事項の説明のための案内等	□

〔特定商業施設の区分を大規模小売店舗から商店街の地区等に変更する場合には、上記１～６の書類に加えて、次の書類の添付が必要です。〕

7	大規模小売店舗内で現に免税販売手続を代理している手続委託型輸出物品販売場ごとの次の書類	／
	手続委託型輸出物品販売場を経営する事業者の氏名又は名称及び納税地並びに当該販売場の名称及び所在地を記載した書類	□
	新たに商店街の地区等を特定商業施設とする免税手続カウンターにおいて、引き続き、申請者が免税販売手続を代理することについて、手続委託型輸出物品販売場を経営する事業者が同意すること又は同意しないことが確認できる書類	□
	大規模小売店舗の設置者が商店街振興組合又は事業協同組合の組合員であることが確認できる書類（組合員名簿など）	□
	〔（注）　特定商業施設の区分を大規模小売店舗から商店街の地区等に変更する場合は、上記２の添付書類として、商店街の見取図とともに、免税手続カウンターが所在する大規模小売店舗の見取図も併せて添付して下さい。〕	

≪承認免税手続事業者の承認要件≫

①　消費税の課税事業者であること。
②　特定商業施設内に免税手続カウンターを設置すること。
③　現に国税の滞納（その滞納額の徴収が著しく困難であるものに限ります。）がないこと。
④　免税手続カウンターに免税販売手続に必要な人員を配置すること。
⑤　輸出物品販売場の許可を取り消され又は承認免税手続事業者若しくは承認送信事業者の承認を取り消され、その取消しの日から３年を経過しない者でないことその他免税手続カウンターを設置する承認免税手続事業者として特に不適当と認められる事情がないこと。

<table>
<tr><th colspan="2">自動販売機型輸出物品販売場の許可を申請する場合</th></tr>
<tr><td rowspan="4">必要書類</td><td>①　輸出物品販売場許可申請書（自動販売機型用）　第20－⑶号様式</td></tr>
<tr><td>なお、許可申請書に添付すべき書類については、「輸出物品販売場許可申請書添付書類自己チェック表（自動販売機型用）」（130頁）を参考にしてください。</td></tr>
<tr><td>②　輸出物品販売場における購入記録情報の提供方法等の届出書
第20－⑷号様式（120頁）</td></tr>
<tr><td>この届出書は、輸出物品販売場ごとに、①と併せて提出する必要があります。</td></tr>
<tr><td rowspan="2">許可要件</td><td>次の全ての要件を満たしていることが要件となります。</td></tr>
<tr><td>①　消費税の課税事業者であること
②　現に国税の滞納（その滞納額の徴収が著しく困難であるものに限ります。）がないこと
③　輸出物品販売場の許可を取り消され、その取消しの日から３年を経過しない者でないこと
④　輸出物品販売場を経営する事業者として特に不適当と認められる事情がないこと
⑤　現に非居住者が利用する場所又は非居住者の利用が見込まれる場所に所在する販売場であること
⑥　一の指定自動販売機（財務大臣が定める基準を満たすもの（国税庁長官が観光庁長官と協議して指定するものに限ります。））のみを設置する販売場であること
⑦　臨時販売場でないこと（設置期間が７か月超であること）</td></tr>
</table>

輸出物品販売場許可申請書（自動販売機型用）　第20－(3)号様式

第20-(3)号様式

自動販売機型用

輸出物品販売場許可申請書

収受印

令和　年　月　日 ＿＿＿＿＿税務署長殿	申請者	（フリガナ） 納税地	（〒　　－　　） （電話番号　　－　　－　　）
		（フリガナ） 氏名又は名称及び代表者氏名	
		法人番号	※　個人の方は個人番号の記載は不要です。

下記のとおり、消費税法施行令第18条の２第２項第３号に規定する自動販売機型輸出物品販売場として消費税法第８条第６項の許可を受けたいので、申請します。

販売場の所在地	（〒　　－　　）　（電話番号　　－　　－　　）		
販売場の名称		所轄税務署名	税務署
指定自動販売機識別情報	指定自動販売機の指定番号	自動販売機管理番号	
参考事項			
税理士署名	（電話番号　　－　　－　　）		

※税務署処理欄	整理番号		部門番号		番号確認		
	申請年月日	年　月　日	入力処理	年　月　日	台帳整理	年　月　日	

注意　1．裏面の記載要領等に留意の上、記載してください。
　　　2．税務署処理欄は、記載しないで下さい。
　　　3．許可を受けようとする販売場が２以上ある場合には、販売場の所在地、名称及び所轄税務署名、指定自動販売機の指定番号及び自動販売機管理番号は適宜の様式に記載して添付してください。

輸出物品販売場許可申請書添付書類自己チェック表（自動販売機型用）

自動販売機型

輸出物品販売場許可申請書添付書類自己チェック表

申請者の納税地			
申請者の氏名又は名称			
販売場の所在地		担当者氏名	
販売場の名称		連絡先（電話番号）	

	添付書類の確認（確認欄にチェックしてください。）	確認
1	許可を受けようとする販売場の付近見取図（指定自動販売機（注）を設置する場所を付記したもの） （注）　指定自動販売機とは、免税販売手続を行うことができる機能を有する自動販売機として国税庁長官告示で定められたものをいいます。	□
2	販売場に指定自動販売機を設置することを証する書類 （例）自動販売機設置契約書の写しなど	□
3	その他参考となるべき書類	／
	申請者の事業内容が確認できる資料（会社案内やホームページ掲載情報など）	□
	許可を受けようとする販売場に設置する指定自動販売機の取扱商品が確認できる資料（取扱商品リスト、商品カタログなど）	□

届出書の提出状況の確認（確認欄にチェックしてください。）	確認
「輸出物品販売場における購入記録情報の提供方法等の届出書」を提出	□

≪自動販売機型輸出物品販売場の許可要件≫

①　次のイ、ロの要件を満たす事業者（課税事業者に限ります。）が経営する販売場であること。

イ　現に国税の滞納（その滞納額の徴収が著しく困難であるものに限ります。）がないこと。

ロ　輸出物品販売場の許可を取り消され、その取消しの日から３年を経過しない者でないことその他輸出物品販売場を経営する事業者として特に不適当と認められる事情がないこと。

②　現に非居住者の利用する場所又は非居住者の利用が見込まれる場所に所在する販売場であること。

③　一の指定自動販売機のみを設置する販売場であること。

④　臨時販売場ではないこと（設置期間が７か月超であること。）。

≪免税販売手続の電子化への対応≫

・　輸出物品販売場を経営する事業者は、免税販売手続の際、購入記録情報を遅滞なく国税庁長官に提供しなければなりません。「輸出物品販売場許可申請書（自動販売機型用）」と併せて、「輸出物品販売場における購入記録情報の提供方法等の届出書」も提出してください。

<table>
<tr><th colspan="2">臨時販売場の承認を申請する場合（一般型・手続委託型）</th></tr>
<tr><td rowspan="6">必要書類</td><td>①　臨時販売場を設置しようとする事業者に係る承認申請書
（一般型・手続委託型用）　第20−⑿号様式</td></tr>
<tr><td>一般型輸出物品販売場又は手続委託型輸出物品販売場とみなされる臨時販売場において免税販売を行うためには、臨時販売場を設置しようとする事業者は、「臨時販売場を設置しようとする事業者に係る承認申請書（一般型・手続委託型用）」を納税地の所轄税務署長に提出して承認申請を行います。</td></tr>
<tr><td>②　輸出物品販売場における購入記録情報の提供方法等の届出書
第20−⑷号様式（120頁）</td></tr>
<tr><td>この届出書は、輸出物品販売場ごとに、①と併せて提出する必要があります。</td></tr>
<tr><td>③　臨時販売場設置届出書（一般型・手続委託型用）　第20−⒁号様式</td></tr>
<tr><td>一般型輸出物品販売場又は手続委託型輸出物品販売場とみなされる臨時販売場を設置しようとする事業者として承認を受けた事業者が、臨時販売場を設置する場合は、その臨時販売場を設置する日の前日までに、納税地の所轄税務署長に「臨時販売場設置届出書（一般型・手続委託型用）」を提出する必要があります。</td></tr>
</table>

臨時販売場を設置しようとする事業者に係る承認申請書（一般型・手続委託型用）　第20－⑿号様式

第20-(12)号様式

一般型・手続委託型用

臨時販売場を設置しようとする事業者に係る承認申請書

収受印

令和　年　月　日	申請者	（フリガナ）	
		納税地	（〒　－　） （電話番号　－　－　）
		（フリガナ）	
		氏名又は名称及び代表者氏名	
＿＿＿＿税務署長殿		法人番号	※　個人の方は個人番号の記載は不要です。

下記のとおり、消費税法施行令第18条の５第２項第１号に規定する一般型輸出物品販売場又は手続委託型輸出物品販売場とみなされる臨時販売場を設置しようとする事業者として、消費税法第８条第９項の承認を受けたいので、申請します。

許可を受けている販売場の区分	□　一般型輸出物品販売場 □　手続委託型輸出物品販売場		
※　以下の項目について、許可を受けた販売場が複数ある場合には直近において許可を受けた輸出物品販売場について記載してください。			
許可を受けている販売場の識別符号			
許可を受けている販売場の所在地	（〒　－　）　（電話番号　－　－　）		
許可を受けている販売場の名称		所轄税務署名	税務署
輸出物品販売場の許可を受けた年月日	平成 令和　年　月　日		
参考事項			
税理士署名	（電話番号　－　－　）		

※税務署処理欄	整理番号		部門番号		番号確認		
	申請年月日	年　月　日	入力処理	年　月　日	台帳整理	年　月　日	

注意　1．元号は、該当する箇所に○を付します。
　　　2．税務署処理欄は、記載しないでください。

臨時販売場設置届出書（一般型・手続委託型用）　第20－⑭号様式

第20-(14)号様式

一般型・手続委託型用

臨　時　販　売　場　設　置　届　出　書

収受印

令和　年　月　日 ＿＿＿＿税務署長殿	届出者	（フリガナ） 納税地	（〒　－　） （電話番号　－　－　）
		（フリガナ） 氏名又は名称及び代表者氏名	
		法人番号	※　個人の方は個人番号の記載は不要です。

下記のとおり、臨時販売場を設置するので、消費税法第８条第８項の規定により届出します。

臨時販売場を設置しようとする事業者の識別符号		
臨時販売場を設置しようとする期間	令和　年　月　日から　令和　年　月　日まで	
免税販売手続の区分	□　一般型　　□　手続委託型	
設置しようとする臨時販売場の所在地	（〒　－　）	
設置しようとする臨時販売場の名称		
臨時販売場を設置しようとする事業者の承認を受けた年月日	令和　年　月　日	
特定商業施設内で手続委託型の臨時販売場を設置しようとする場合　特定商業施設の区分	□　1　商店街振興組合法第２条第１項に規定する商店街振興組合の定款に定められた地区 □　2　中小企業等協同組合法第３条第１号に規定する事業協同組合の定款に定められた地区に所在する事業者が近接して事業を営む地域でその大部分に一の商店街が形成されている地域 □　3　大規模小売店舗立地法第２条第２項に規定する大規模小売店舗 □　4　一棟の建物（上記３に該当するものを除く）	
	設置しようとする臨時販売場は、上記特定商業施設の区分１「地区」又は２「地域」に所在する販売場とみなして消費税法施行令第18条の２第５項の規定の適用を受ける販売場である。	□　は　い
	設置しようとする臨時販売場の所在する特定商業施設は、消費税法施行令第18条の２第６項の規定の適用を受ける特定商業施設である。	□　は　い
特定商業施設の所在地		
特定商業施設の名称		
承認免税手続事業者の氏名又は名称		
承認免税手続事業者の納税地		
参考事項		
税理士署名	（電話番号　－　－　）	

※税務署処理欄	整理番号		部門番号		番号確認		通信日付印	年　月　日	確認	
	届出年月日	年　月　日	入力処理	年　月　日	台帳整理	年　月　日				

注意　1.　この届出書は、臨時販売場を設置する日の前日までに納税地の所轄税務署長に提出してください。
　　　2.　税務署処理欄は、記載しないでください。

<table>
<tr><th colspan="2">臨時販売場の承認を申請する場合（自動販売機型用）</th></tr>
<tr><td rowspan="6">必要書類</td><td>①　臨時販売場を設置しようとする事業者に係る承認申請書
（自動販売機型用）　第20－⒀号様式</td></tr>
<tr><td>自動販売機型輸出物品販売場とみなされる臨時販売場において免税販売を行うためには、臨時販売場を設置しようとする事業者は、「臨時販売場を設置しようとする事業者に係る承認申請書（自動販売機型用）」を納税地の所轄税務署長に提出して承認申請を行います。</td></tr>
<tr><td>②　輸出物品販売場における購入記録情報の提供方法等の届出書
第20－⑷号様式（120頁）</td></tr>
<tr><td>この届出書は、輸出物品販売場ごとに、①と併せて提出する必要があります。</td></tr>
<tr><td>③　臨時販売場設置届出書（自動販売機型用）　第20－⒂号様式</td></tr>
<tr><td>自動販売機型輸出物品販売場とみなされる臨時販売場を設置しようとする事業者として承認を受けた事業者が、臨時販売場を設置する場合は、その臨時販売場を設置する日の前日までに、納税地の所轄税務署長に「臨時販売場設置届出書（自動販売機型用）」を提出する必要があります。</td></tr>
</table>

臨時販売場を設置しようとする事業者に係る承認申請書（自動販売機型用） 第20-⒀号様式

第20-(13)号様式

自動販売機型用

臨時販売場を設置しようとする事業者に係る承認申請書

収受印

令和　年　月　日 ＿＿＿＿税務署長殿	申請者	（フリガナ）	
		納税地	（〒　－　） （電話番号　－　－　）
		（フリガナ）	
		氏名又は名称及び代表者氏名	
		法人番号	※　個人の方は個人番号の記載は不要です。

下記のとおり、消費税法施行令第18条の5第2項第2号に規定する自動販売機型輸出物品販売場とみなされる臨時販売場を設置しようとする事業者として、消費税法第8条第9項の承認を受けたいので、申請します。

許可を受けている販売場の区分	□　一般型輸出物品販売場 □　手続委託型輸出物品販売場 □　自動販売機型輸出物品販売場		

※　以下の項目について、許可を受けた販売場が複数ある場合には直近において許可を受けた輸出物品販売場について記載してください。

許可を受けている販売場の識別符号			
許可を受けている販売場の所在地	（〒　－　）　（電話番号　－　－　）		
許可を受けている販売場の名称		所轄税務署名	税務署

※　自動販売機型輸出物品販売場の場合には、以下の項目を記載してください。

指定自動販売機識別情報	指定自動販売機の指定番号	自動販売機管理番号
輸出物品販売場の許可を受けた年月日	平成 令和　年　月　日	
参考事項		
税理士署名	（電話番号　－　－　）	

※税務署処理欄	整理番号		部門番号		番号確認		
	申請年月日	年　月　日	入力処理	年　月　日	台帳整理	年　月　日	

注意　1．元号は、該当する箇所に○を付します。
　　　2．税務署処理欄は、記載しないでください。

臨時販売場設置届出書（自動販売機型用）　第20－⒂号様式

第20-(15)号様式　　　　自動販売機型用

臨　時　販　売　場　設　置　届　出　書

収受印

令和　年　月　日 ＿＿＿＿税務署長殿	届出者	（フリガナ）	
		納　税　地	（〒　－　） （電話番号　－　－　）
		（フリガナ）	
		氏名又は名称及び代表者氏名	
		法　人　番　号	※　個人の方は個人番号の記載は不要です。

下記のとおり、臨時販売場を設置するので、消費税法第８条第８項の規定により届出します。

臨時販売場を設置しようとする事業者の識別符号		
臨時販売場を設置しようとする期間	令和　年　月　日から令和　年　月　日まで	
設置しようとする臨時販売場の所在地	（〒　－　）	
設置しようとする臨時販売場の名称		
設置しようとする臨時販売場の指定自動販売機識別情報	指定自動販売機の指定番号	自動販売機管理番号
臨時販売場を設置しようとする事業者の承認を受けた年月日	令和　年　月　日	
参考事項		
税理士署名	（電話番号　－　－　）	

※税務署処理欄	整理番号		部門番号		番号確認		通信日付印	年　月　日	確認	
	届出年月日	年　月　日	入力処理	年　月　日	台帳整理	年　月　日				

注意　1．この届出書は、臨時販売場を設置する日の前日までに納税地の所轄税務署長に提出してください。
　　　2．税務署処理欄は、記載しないでください。

第6章

納付税額の計算方法

はじめに

本章では、その課税期間における確定申告書の作成に当たって、納付税額の基本的な計算方法がどのようになっているのか、その計算の仕組み及び方法を解説します。

納付税額の計算方法としては、「一般課税」と、中小事業者の納税事務負担に配慮する観点から設けられた簡便法としての「簡易課税」があります【⇨用語44】。

本章では、まず、「Ⅰ．**納付税額の計算方法**」において両方の計算プロセスを概観し、次に「Ⅱ．**課税売上げに係る税額の計算**」及び「Ⅲ．**課税仕入れに係る税額の計算**」について申告書の付表を使って整理します。

この両方の計算方法は、特に「Ⅱ．課税売上げに係る税額の計算」においては、共通する部分と異なる部分とがあるので㈱、本章では、各説明の中で次の表示により区別化しています。

一般課税	…	一般課税固有の計算プロセス等
簡易課税	…	簡易課税固有の計算プロセス等
共　通	…	一般課税及び簡易課税に共通する計算プロセス等

それぞれ採用する方式に応じ、関係する箇所を参照するようにしてください。

㈱「Ⅲ　課税仕入に係る税額の計算」については、「簡易課税」は「一般課税」とは全く異なる計算方法となります。

Ⅰ．納付税額の計算方法

ここでは一般課税・簡易課税に共通する仕組み・方法を説明します。異なる部分については、それぞれに違いを明記しています。

なお、「特定課税仕入れ」がある場合の納付税額の計算については、第７章の「Ⅱ．「特定課税仕入れ」がある場合の納付税額の計算」を参照してください。

一般課税　納付税額の計算方法と申告書の作成手順

①　納付税額の計算方法

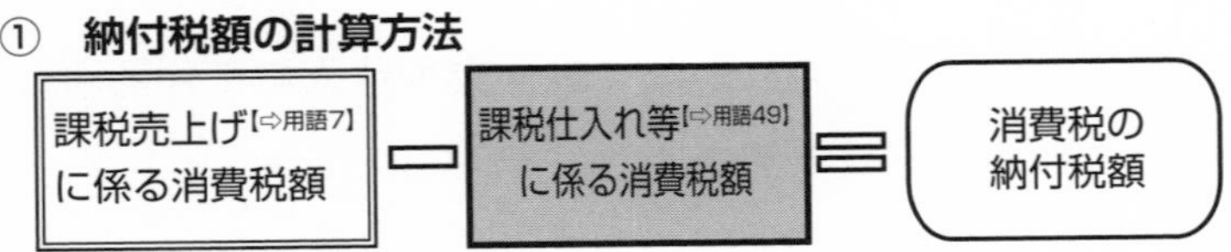

②　申告書の作成手順

☞　①を申告書作成手順に置き換えると次のとおりです。

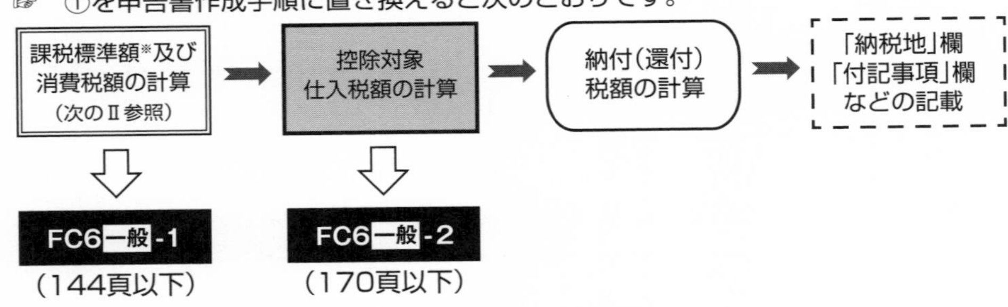

※　後掲Ⅱ3「共通１　課税関係」（148頁）参照。

留意事項　帳簿及び請求書等の保存

課税仕入れ等に係る消費税額を控除（仕入税額控除）するためには、課税仕入れ等の事実を記録し、区分経理に対応した帳簿及び請求書等の保存が要件とされています。

☞　手続き（要件）については後掲「届出などの手続」の一般課税「１　帳簿及び請求書等の保存」（199頁）参照

簡易課税　納付税額の計算方法と申告書の作成手順

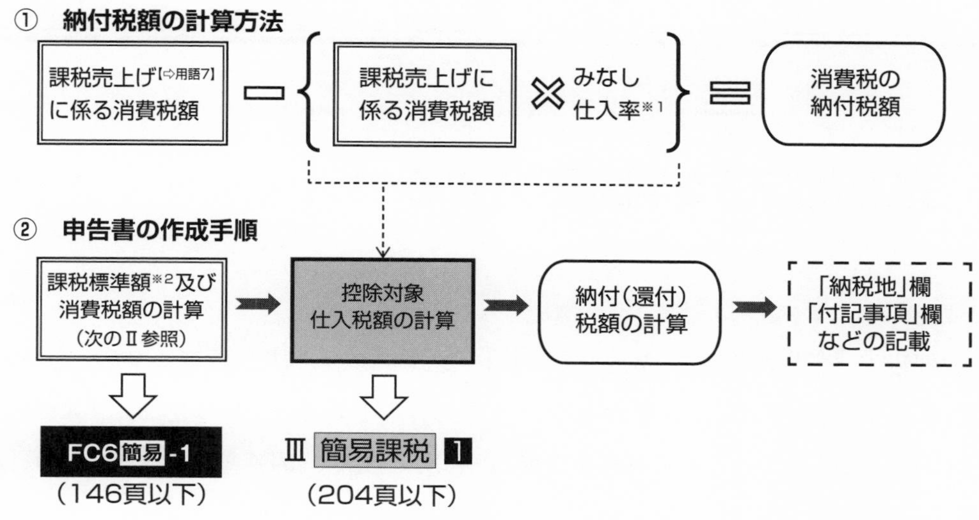

※1　後掲Ⅲ 簡易課税 「2　みなし仕入率」（206頁）参照。

※2　後掲Ⅱ3「共通 1　課税関係」（148頁）参照。

留意事項　簡易課税の場合の仕入税額控除の要件

上記「①納付税額の計算方法」のように、簡易課税における控除対象仕入税額の計算は、課税売上げに係る消費税額を基に計算しますので、一般課税のように、「帳簿及び請求書等」の保存は、消費税の控除対象仕入税額の計算においては要件とされません。

留意事項　簡易課税と一般課税の有利選択

「まえがき」でも触れましたが、簡易課税の選択又は選択不適用についての判断誤りが多いことは、保険事故となった件数の多さからも推測できます。

このため、簡易課税の選択ができる場合には、常にシミュレーションを行い一般課税と比較して、どちらが有利なのかを検討する必要があります。

Ⅱ．課税売上げに係る税額の計算

1　売上(収入)を判別区分する～納付税額計算の準備作業

一般課税

一般課税【⇨用語44】の場合、売上（収入）については、まず、課税・免税・非課税・不課税を判別区分しておく必要があります（第４章Ⅰの「Point 「免税」、「非課税」又は「不課税」を区分することの意義」参照）。判別方法は、第４章のFC4（100頁）を参考にしてください。

なお、経理業務においては、日常の仕訳作業の際に判別入力することもあれば、「非課税」などの取引が少ない事業者においては、期末に一括して判別区分することもあります。また、仕訳作業の際に判別していても決算・申告書作成段階で、日常の判別入力に誤りがないかチェックを行います。

留意事項　〔付表２－３〕の作成

一般課税の場合は、課税売上げに係る税額の算出〔付表１－３〕（162頁）と並行して、仕入税額控除の際に必要となる「課税売上割合」の算出のため、〔付表２－３〕（163頁）の作成が必要となります（FC6－一般－１①・②参照）。

簡易課税

簡易課税【⇨用語44】を適用する場合においては、売上（収入）については、まず、総収入の中から、課税又は免税となる収入を抽出する必要があります。消費税のかからない収入（非課税、不課税取引）を集計する必要はありません。判別方法は、第４章のFC4（100頁）を参考にしてください。

2　適用税率を区分する

共　通

1　税率

消費税等（消費税と地方消費税）の税率は、標準税率が10%、軽減税率が８%となっています。

ただし、消費税の申告書を作成する場合には、「消費税」と「地方消費税」は、別に計算することになります。

この場合の「消費税」と「地方消費税」の税率は次のとおりです。

	標準税率	軽減税率
消費税	7.8%	6.24%
地方消費税	2.2%	1.76%
合　　計	10%	8%

2　税率の適用区分と適用対象

標準税率と軽減税率【⇨用語45】の適用区分は、次のとおりです。

①　標準税率……次の(2)を除き、消費税等の税率は10%です。

②　軽減税率……飲食料品（酒類、外食を除きます。）及び新聞の譲渡（定期購読に限ります。）の消費税等の税率は８%です。

一般課税

Point ☞　経費関係に注意——

一般課税の場合、飲食料品、新聞など売上げがない事業者でも、経費関係では注意が必要です。取引が次の〔例示〕に該当する場合には、軽減税率で課税仕入れを計上することになります。

〔例示〕

①　新聞購読料

②　会議費などに含まれる飲食料品の課税仕入れ

3　課税売上げに係る税額の計算手順 一般課税

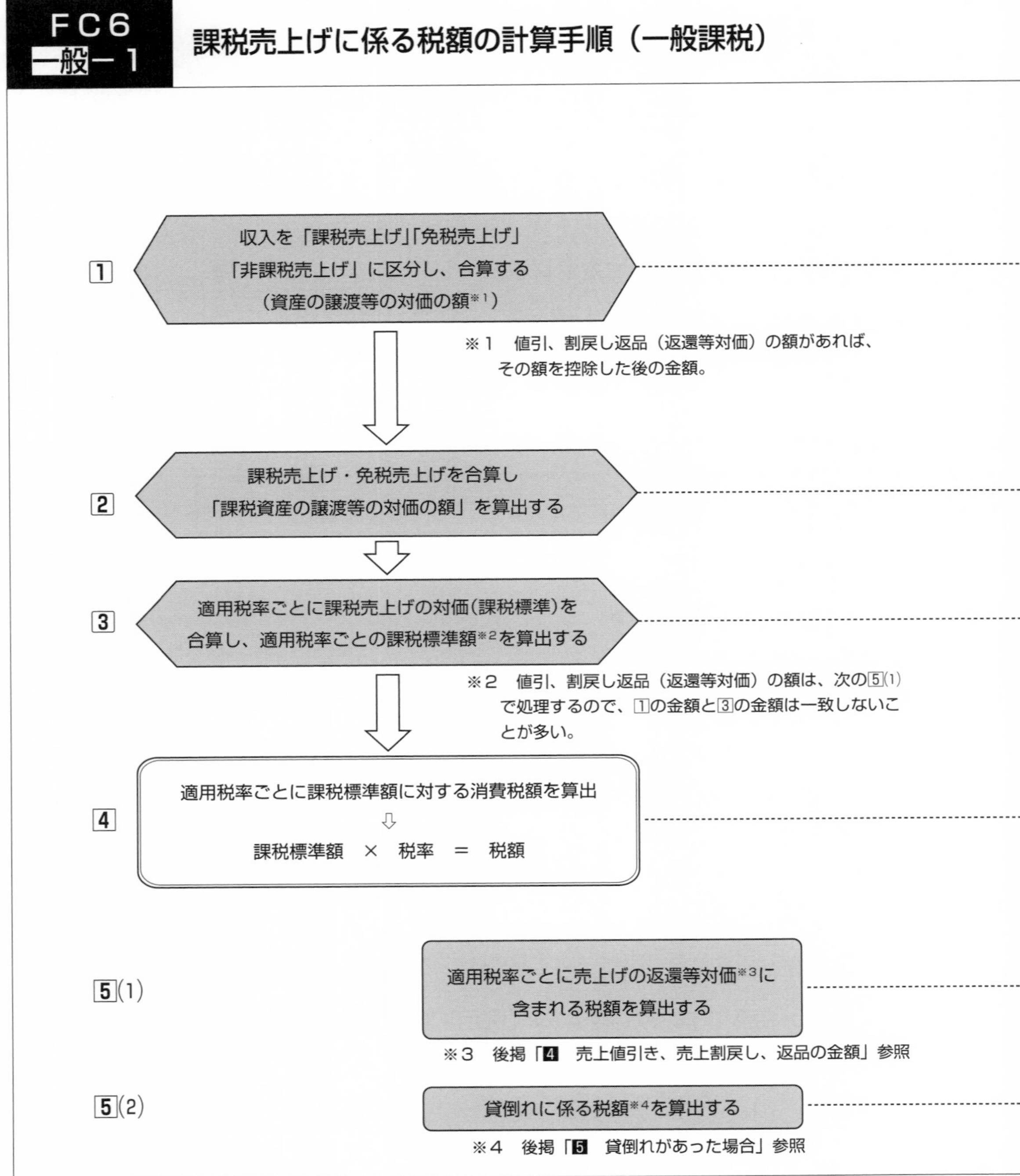

FC6
一般－1
課税売上げに係る税額の計算手順（一般課税）
1
収入を「課税売上げ」「免税売上げ」
「非課税売上げ」に区分し、合算する
（資産の譲渡等の対価の額※1）
※1　値引、割戻し返品（返還等対価）の額があれば、
その額を控除した後の金額。
2
課税売上げ・免税売上げを合算し
「課税資産の譲渡等の対価の額」を算出する
3
適用税率ごとに課税売上げの対価（課税標準）を
合算し、適用税率ごとの課税標準額※2を算出する
※2　値引、割戻し返品（返還等対価）の額は、次の5(1)
で処理するので、1の金額と3の金額は一致しないことが多い。
4
適用税率ごとに課税標準額に対する消費税額を算出
⇩
課税標準額　×　税率　＝　税額
5(1)
適用税率ごとに売上げの返還等対価※3に
含まれる税額を算出する
※3　後掲「4　売上値引き、売上割戻し、返品の金額」参照
5(2)
貸倒れに係る税額※4を算出する
※4　後掲「5　貸倒れがあった場合」参照

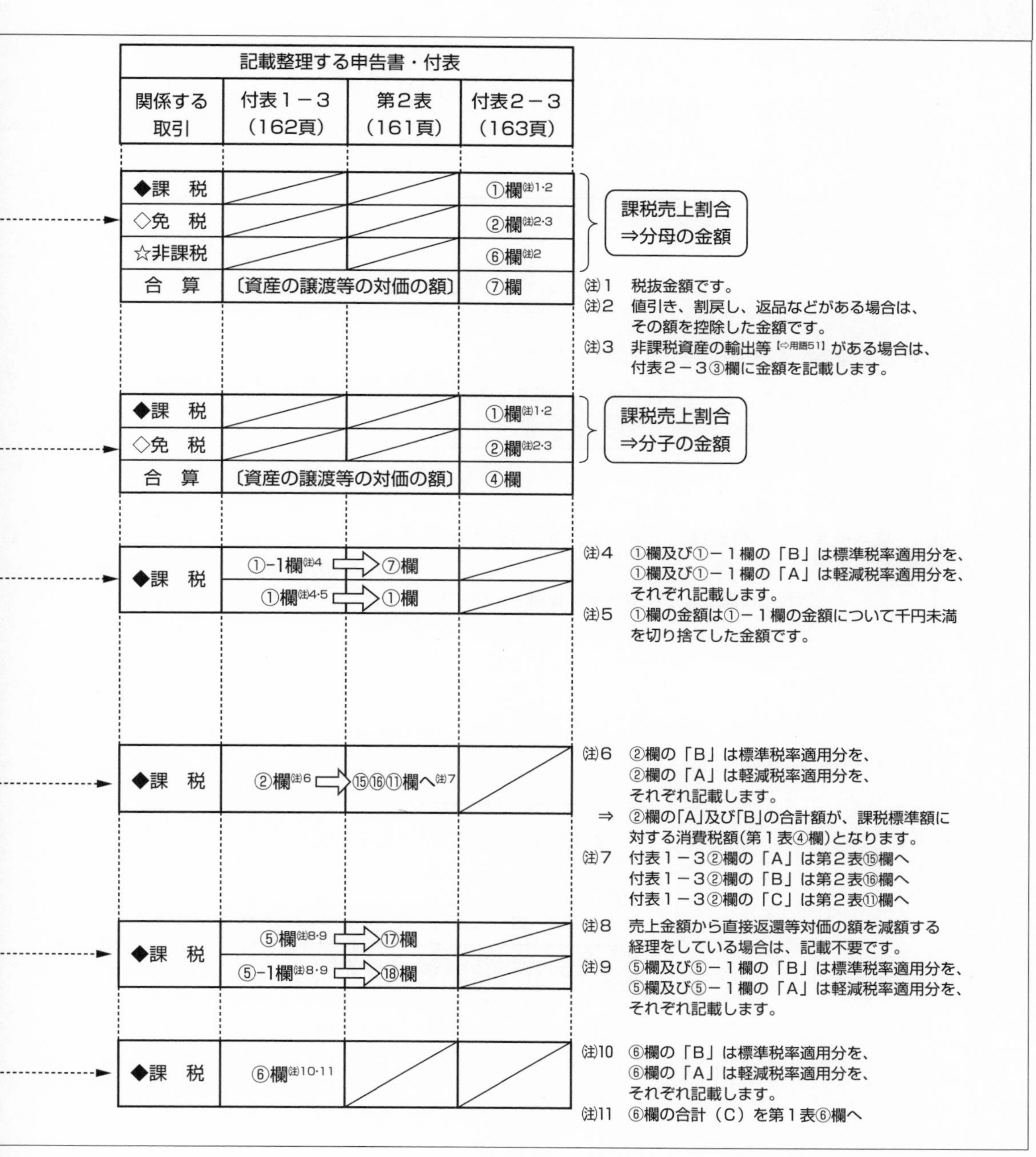

関係する取引	付表１－３（162頁）	第２表（161頁）	付表２－３（163頁）
◆課　税			①欄(注)1･2
◇免　税			②欄(注)2･3
☆非課税			⑥欄(注)2
合　算	〔資産の譲渡等の対価の額〕		⑦欄

課税売上割合⇒分母の金額

(注)1　税抜金額です。
(注)2　値引き、割戻し、返品などがある場合は、その額を控除した金額です。
(注)3　非課税資産の輸出等【⇨用語51】がある場合は、付表２－３③欄に金額を記載します。

関係する取引	付表１－３（162頁）	第２表（161頁）	付表２－３（163頁）
◆課　税			①欄(注)1･2
◇免　税			②欄(注)2･3
合　算	〔資産の譲渡等の対価の額〕		④欄

課税売上割合⇒分子の金額

関係する取引	付表１－３（162頁）	第２表（161頁）	付表２－３（163頁）
◆課　税	①-1欄(注)4 ⇒	⑦欄	
	①欄(注)4･5 ⇒	①欄	

(注)4　①欄及び①－１欄の「B」は標準税率適用分を、①欄及び①－１欄の「A」は軽減税率適用分を、それぞれ記載します。
(注)5　①欄の金額は①－１欄の金額について千円未満を切り捨てた金額です。

関係する取引	付表１－３（162頁）	第２表（161頁）	付表２－３（163頁）
◆課　税	②欄(注)6 ⇒	⑮⑯⑪欄へ(注)7	

(注)6　②欄の「B」は標準税率適用分を、②欄の「A」は軽減税率適用分を、それぞれ記載します。
⇒　②欄の「A」及び「B」の合計額が、課税標準額に対する消費税額（第１表④欄）となります。
(注)7　付表１－３②欄の「A」は第２表⑮欄へ
付表１－３②欄の「B」は第２表⑯欄へ
付表１－３②欄の「C」は第２表⑪欄へ

関係する取引	付表１－３（162頁）	第２表（161頁）	付表２－３（163頁）
◆課　税	⑤欄(注)8･9 ⇒	⑰欄	
	⑤-1欄(注)8･9 ⇒	⑱欄	

(注)8　売上金額から直接返還等対価の額を減額する経理をしている場合は、記載不要です。
(注)9　⑤欄及び⑤－１欄の「B」は標準税率適用分を、⑤欄及び⑤－１欄の「A」は軽減税率適用分を、それぞれ記載します。

関係する取引	付表１－３（162頁）	第２表（161頁）	付表２－３（163頁）
◆課　税	⑥欄(注)10･11		

(注)10　⑥欄の「B」は標準税率適用分を、⑥欄の「A」は軽減税率適用分を、それぞれ記載します。
(注)11　⑥欄の合計（C）を第１表⑥欄へ

3　課税売上げに係る税額の計算手順 簡易課税

FC6 簡易－1　課税売上げに係る税額の計算手順（簡易課税）

「課税売上げ」と「免税売上げ」を合算する

1 適用税率ごとに課税売上げの対価（課税標準）を合算し、適用税率ごとの課税標準額を算出する

⇩

2 適用税率ごとに課税標準額に対する消費税額を算出
⇩
課税標準額　×　税率　＝　税額

3(1) 適用税率ごとに売上げの返還等対価※に含まれる税額を算出する

※後掲「4　売上値引き、売上割戻し、返品の金額」参照

3(2) 貸倒れに係る税額※を算出する

※後掲「5　貸倒れがあった場合」参照

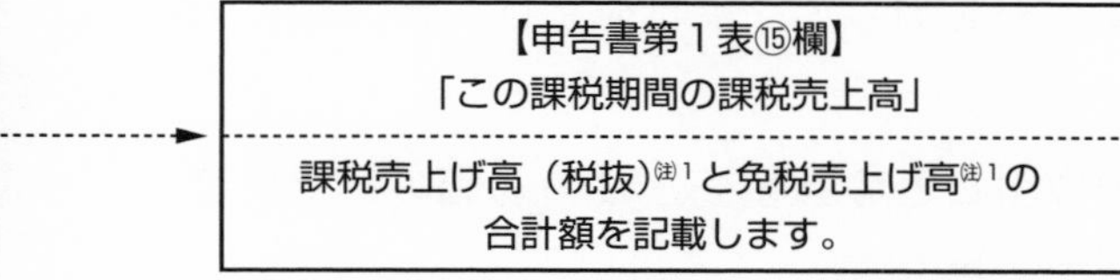

【申告書第１表⑮欄】
「この課税期間の課税売上高」
課税売上げ高（税抜）(注)1と免税売上げ高(注)1の
合計額を記載します。

(注)１　値引き、割戻し、返品などがある場合は、その額を控除した金額です。

記載整理する申告書・付表			
関係する取引	付表４－３（166頁）	第２表（165頁）	付表５－３（167頁）
◆課　税	①-1欄(注)2 ⇨	⑤⑥⑦欄へ	
	①欄(注)2･3 ⇨	①欄へ(注)3	

(注)２　①欄及び①－１欄の「B」は標準税率適用分を、①欄及び①－１欄の「A」は軽減税率適用分を、それぞれ記載します。
「A」及び「B」の合計「C」を第２表①欄へ

(注)３　①欄の金額は①－１欄の金額について千円未満を切り捨てた金額です。

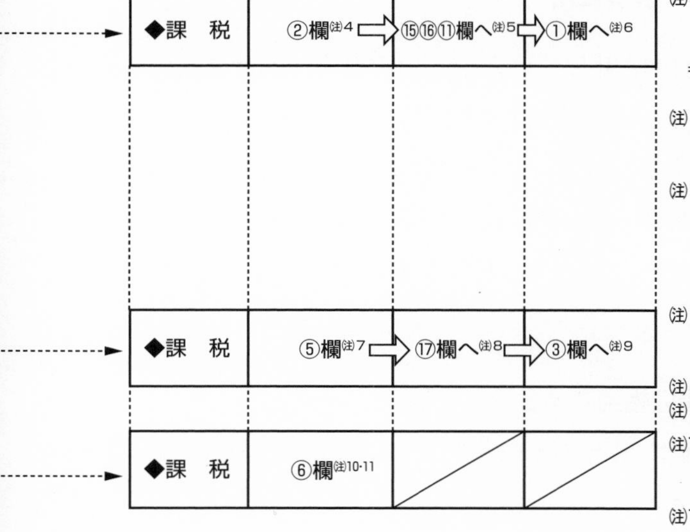

◆課　税
②欄(注)4
⑮⑯⑪欄へ(注)5
①欄へ(注)6
◆課　税
⑤欄(注)7
⑰欄へ(注)8
③欄へ(注)9
◆課　税
⑥欄(注)10･11

(注)４　②欄の「B」は標準税率適用分を、②欄の「A」は軽減税率適用分を、それぞれ記載します。
⇒　②欄の「A」及び「B」の合計額が、課税標準額に対する消費税額（第１表②欄）となります。

(注)５　②欄の「A」は第２表⑮欄へ
②欄の「B」は第２表⑯欄へ
②欄の「C」は第２表⑪欄へ

(注)６　付表４－３②A～C欄の金額を付表５－３①A～C欄へ

(注)７　⑤欄の「B」は標準税率適用分を、⑤欄の「A」は軽減税率適用分を、それぞれ記載します。

(注)８　⑤欄の合計(C)を第２表⑰欄へ

(注)９　⑤欄の合計(C)を付表５－３③C欄へ

(注)10　⑥欄の「B」は標準税率適用分を、⑥欄の「A」は軽減税率適用分を、それぞれ記載します。

(注)11　⑥欄の合計（C）を第１表⑥欄へ

共　通

1　課税標準（課税売上げの対価の額）

課税標準とは、消費税の税額計算の基礎となる課税売上げの対価の額です。

課税標準と課税標準額

「課税」売上げについては、その対価の額（課税標準）を合計して「**課税標準額**」を算出します。この課税標準額に税率を乗じて、課税売上げ（課税資産の譲渡等）に係る消費税額を算出します。

このように、課税標準とは、個々の取引ごとの課税売上げの対価の額であり、消費税の税額計算の基礎となる金額です（法28①）。

また、課税標準額とは、適用税率ごとに課税標準を合計し、1,000円未満を切り捨てした金額です（法45①一、通則法118①）。

なお、この「**3　課税売上げに係る税額の計算手順**」では、国内取引に限定して説明しています。輸入取引の課税標準については【用語46】を、また、特定課税仕入れに係る課税標準については【用語47】を確認してください。

Point☞　**個人事業者の家事消費・家事使用――**

個人事業者が、その事業用に使用していた資産（棚卸資産又は棚卸資産以外の資産）を家事のために消費し、又は使用した場合は、その時における資産の価額に相当する金額が課税標準（課税売上げの対価の額）となります。

このように家事消費・家事使用がある場合、その時における資産の価額に相当する金額（時価）を課税標準額に合算する必要があるので注意が必要です。

～さらに詳しく～

○「その時における資産の価額に相当する金額」とは

「その時における資産の価額に相当する金額」とは、その者が通常他に販売する価額をいうとされています。

もっとも、棚卸資産については、次の①及び②の金額以上の金額を課税標準とすることが認められます（基通10－1－18）。

①　その棚卸資産の課税仕入れの金額

②　通常他に販売する価額のおおむね50％に相当する金額

Point ☞　**会社の役員に対する資産の贈与又は低額譲渡――**

会社が、その資産を贈与した場合（法28③二）、又は著しく低い価額で譲渡した場合（法28①ただし書）は、その時における資産の価額に相当する金額（時価）が課税標準（課税売上げの対価の額）となります。

このように役員に対する贈与・低額譲渡があると、その時における資産の価額に相当する金額（低額譲渡の場合は時価との差額）を課税標準額に合算する必要があります。

～さらに詳しく～

○「その時における資産の価額に相当する金額」とは

「その時における資産の価額に相当する金額」とは、その者が通常他に販売する価額をいうとされています。

もっとも、棚卸資産については、次の①及び②の金額以上の金額を課税標準とすることが認められています（基通10－１－18）。

①　その棚卸資産の課税仕入れの金額

②　通常他に販売する価額のおおむね50％に相当する金額

○「著しく低い価額」とは

「著しく低い価額」とは、会社のその役員に対する譲渡金額が、その譲渡の時における資産の価額に相当する金額のおおむね50％に相当する金額に満たない場合をいうものとされます（基通10－１－２）。

なお、役員及び従業員の全部に対し、一律に又は勤続年数などの基準により定めた値引率に基づくものは、「著しく低い価額」とはされません（基通10－１－２ただし書）。

Point ☞　**課税資産と非課税資産の一括譲渡の場合の課税標準――**

課税資産と非課税資産を一括譲渡した場合には、それぞれの価額が合理的に区分されていない場合は、それらの資産の譲渡額のうちに占める課税資産の譲渡価額を時価按分する必要があります（令45③）。

Point ☞　酒税、たばこ税、揮発油税などの個別消費税の取扱い――

課税売上げの対価の額には、酒税、たばこ税、揮発油税、石油石炭税、石油ガス税等の個別消費税額が含まれます（基通10－１－11）。

～さらに詳しく～

○軽油引取税、ゴルフ場利用税など

利用者等が納税義務者となっている軽油引取税、ゴルフ場利用税などの税額は、原則として課税売上げの対価の額に含まれないこととなりますが、それらの税額が明確に区分されていないと、課税売上げの対価の額に含まれてしまいますので、注意が必要です。

Point ☞　源泉所得税の取扱い――

税理士、弁護士などの報酬・料金等は、所得税が源泉徴収されます。この場合の課税売上げの対価の額は、実際に受領した金額でなく、源泉徴収される前の金額となりますので注意が必要です（基通10－１－13）。

Point ☞　外貨建て取引の場合の課税標準――

所得税又は法人税の課税所得金額の計算において、外貨建ての取引に係る売上金額その他の収入金額につき円換算して計上すべきこととされている金額によるものとされています（基通10－１－7）。

Point ☞　対価が未確定の場合――

課税期間の末日までに対価の額が確定していないときは、その末日の現況によりその金額を適正に見積もることとされています。そして、この場合、その後確定した対価の額が見積額と異なるときは、その差額は、その確定した課税期間において調整することになります（基通10－１－20）。

課税標準に関するその他の取扱い

消費税法基本通達には、上記のほか、次のような事項について取扱いが示されています。

○　経済的利益…基通10－１－３

○　印紙税等に充てられるため受け取る金銭等…基通10－１－４
○　建物と土地等とを同一の者に対し同時に譲渡した場合の取扱い…基通10－１－５
○　未経過固定資産税等の取扱い…基通10－１－６
○　交換資産の時価…基通10－１－８
○　物品切手等の評価…基通10－１－９
○　他の事業者の資産の専属的利用による経済的利益の額…基通10－１－10
○　委託販売等に係る手数料…基通10－１－12
○　資産の貸付けに伴う共益費…基通10－１－14
○　返品、値引等の処理…基通10－１－15
○　別途収受する配送料等…基通10－１－16
○　下取り…基通10－１－17
○　家事共用資産の譲渡…基通10－１－19
○　別払運賃がある場合における課税標準に算入すべき運賃の計算の特例…基通10－１－21

２　課税標準額

適用税率ごとに課税標準を合計し、1,000円未満を切り捨てした金額が「課税標準額」となります。

申告書付表の作成過程に沿った処理は、次のとおりです。

一般課税（計算方法はFC6－一般－１③（144頁）、「付表１－３」は162頁参照）

⑴　「付表１－３」(注)1・2①－１欄

課税標準（課税売上げの対価の額（税抜））の合計額を、標準税率は「B」に、軽減税率は「A」に記載します。

⑵　「付表１－３」①欄

上記１の金額を1,000円未満切り捨てし、その額を税率区分に応じ「付表１－３」①欄「A」「B」に記載し、「A」「B」の合計額を「C」に記載します。

(注)1　この書類の名称は「付表１－３　税率別消費税額計算表兼地方消費税の課税標準

となる消費税額計算表」です。

(注)2　付表１－１、１－２及び付表２－１、２－２は、旧税率（3%、4%又は6.3%）が適用された取引（売上げ）がある場合に使用しますが、本書では省略します。

簡易課税（計算方法はFC6－簡易－１①（146頁）、「付表４－３」は166頁参照）

⑴　「付表4－３」(注)1・2①－１欄

課税標準（課税売上げの対価の額（税抜））の合計額を標準税率「B」、軽減税率「A」に記載します。

⑵　「付表４－３」①欄

上記⑴の金額を1,000円未満切り捨てし、その額を税区分に応じ「付表４－３」①欄「A」「B」欄に記載し、「A」「B」の合計額を「C」に記載します。

(注)1　この書類の名称は「付表４－３　税率別消費税額計算表兼地方消費税の課税標準となる消費税額計算表」です。

(注)2　付表４－１、４－２は、旧税率（3%、4%又は6.3%）が適用された取引（売上げ）がある場合に使用しますが、本書では省略します。

３　課税標準額に対する消費税額（課税売上げに対する消費税額）

次に、上記２で算出した適用税率ごとの「課税標準額」（1,000円未満切り捨て）に適用税率を乗じて課税売上げに対する消費税額を求めます。

申告書付表の作成過程に沿った処理は、次のとおりです。

一般課税（計算方法はFC6－一般－１④参照）

⑴　「付表１－３」②欄

「付表１－３」①欄に記入した適用税率ごとの課税標準額（①欄「A」又は「B」）に適用税率を乗じて算出した「消費税額」を、同表②欄に記載します。

⑵　「申告書第二表」⑮⑯⑪欄（161頁）

上記⑴で記載した②欄の「消費税額」は、それぞれ税率ごとに申告書第二表⑮欄、⑯欄に転記し、その合計額を同表⑪欄に記載します。

⑶　「申告書第一表」②欄（160頁）

上記⑵で記載した⑪欄の金額を、申告書第１表②欄に転記します。

簡易課税（計算方法はFC6－簡易－１3参照）

⑴　「付表４－３」②欄

「付表４－３」①欄に記入した適用税率ごとの課税標準額（①欄「A」又は「B」）に適用税率を乗じて算出した「消費税額」を、同表②欄に記載します。

⑵　「申告書第二表」⑮⑯⑪欄（165頁）

⑴で記載した②欄の「消費税額」は、それぞれ税率ごとに申告書第二表⑮欄、⑯欄に転記し、その合計額を同表の⑪欄に記載します。

⑶　「申告書第一表」②欄（164頁）

⑵で記載した⑪欄の金額を、申告書第１表②欄に転記します。

留意事項　「課税標準額」≠「課税売上高」

申告書の「課税標準額」に対する消費税額は、「課税売上げ」を税抜きにしたものの合計額（本章Ⅱ．3・共通１参照）に税率を掛けて算出します。

これとは異なり、次の各場合に判定基準となる「課税売上高」には、「課税」売上げのほか「免税」売上げも含まれますので、その判定の際には「課税」（税抜）のほか「免税」を加えた金額で判定します。

① 課税事業者・免税事業者の判定の際の「基準期間における課税売上高」【⇨用語３・７】及び「特定期間における課税売上高」【⇨用語５・７】

② 簡易課税制度の適用を受ける基準としての「基準期間における課税売上高」（FC6－簡易－２（204頁））

③ 「課税売上割合」計算の際の分母及び分子の計算（FC6－一般－１1～2（145頁））

④ 一般課税において、課税仕入れに係る税額の全額控除が認められない場合の判定基準である「（その）課税期間における課税売上高」（FC6－一般－２6（172頁））

4　売上値引き、売上割戻し、返品の金額（売上対価の返還等の金額）

共　通

1　計算式

課税取引について、売上値引き、売上割戻し、返品（売上対価の返還等）がある場合は、売上げに対する消費税額からその売上対価の返還等の金額に含まれる消費税額（返還等対価に係る税額）を控除します。

その計算式は次のとおりです。

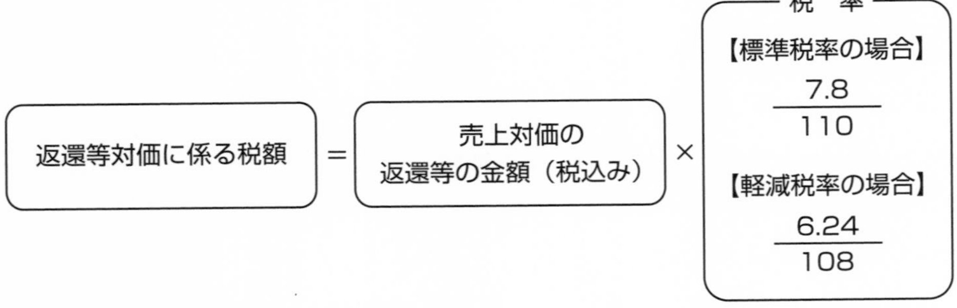

留意事項　直接減額しているとき

売上金額から売上対価の返還等の金額を直接減額する方法で経理している場合は、この計算の必要はありません（基通10－１－15）。

2　申告書付表の作成過程に沿った説明

適用税率ごとに売上対価の返還等の金額に適用税率を乗じて算出した金額（返還等対価に係る税額）を、売上対価の返還等を行った課税期間の課税売上げに係る消費税額から控除します。「返還等対価に係る税額」は、一般課税も簡易課税も、付表１－３（一般課税）又は付表４－３（簡易課税）の「控除税額」の１項目となります。

一般課税（計算方法はFC6－一般－１⑤⑴参照（144頁））

⑴「付表１－３」⑤欄

適用税率ごとの売上対価の返還等の金額に適用税率を乗じ、その金額を「売上の返還等に係る税額」（⑤－１欄）及び「返還等対価に係る税額」（⑤欄）のそれぞれ「A」又は「B」に記載します。そして「A」及び「B」の合計を⑤欄「C」に記載します。

⑵　「申告書第二表」⑰⑱欄

上記⑴で記載した⑤欄「C」の金額を、それぞれ税率ごとに申告書第２表⑰欄、⑱欄に転記します。

⑶　「申告書第一表」⑤欄

上記⑵で記載した⑰欄の金額を、申告書第一表⑤欄に転記します。

簡易課税（計算方法はFC6－簡易－１3⑴参照（146頁））

⑴　「付表４－３」⑤欄

適用税率ごとの売上対価の返還等の金額に適用税率を乗じ、その金額を「返還等に係る税額」（⑤欄の「A」又は「B」）に記載します。そして「A」及び「B」の合計を⑤欄「C」に記載します。

⑵　「申告書第二表」⑰⑱欄

⑴で記載した⑤欄「C」の金額を、それぞれ税率ごとに申告書第２表⑰欄、⑱欄に転記します。

⑶　「申告書第一表」⑤欄

⑵で記載した⑪欄の金額を⑰欄の金額を、申告書第一表⑤欄に転記します。

留意事項　免税期間中の売上について値引等を行った場合

免税事業者から課税事業者になった場合に、免税期間中の売上について値引等を行ったとしても、上記処理の適用はないので注意が必要です（基通14－１－６）。

5　貸倒れがあった場合

共　通

1　計算式

課税取引に係る売掛金等が貸倒れとなった場合は、貸倒れとなった課税期間において、課税売上げに係る消費税額から、貸倒れ処理をした金額に係る消費税額（貸倒れに係る税額）を控除します。「貸倒れに係る税額」は、一般課税も簡易課税も、付表１－３（一般課税）又は付表４－３（簡易課税）の「控除税額」の１項目となります。

その計算式は次のとおりです。

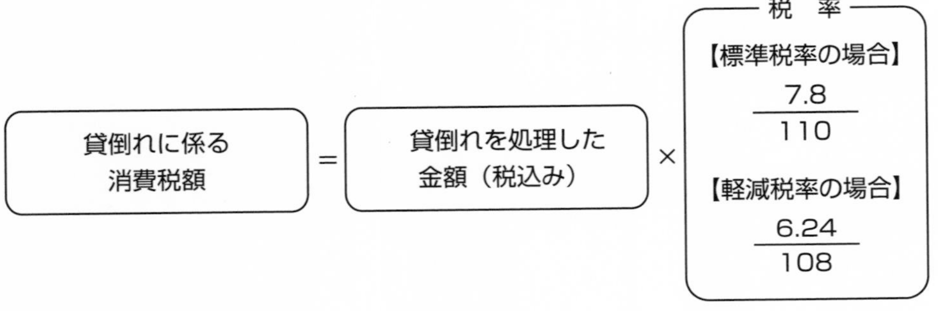

2　申告書付表の作成過程に沿った説明

一般課税（計算方法はFC6－一般－１5⑵参照（144頁））

⑴　「付表１－３」⑥欄

貸倒処理をした金額に適用税率を乗じ、その金額を「付表1－3」⑥欄のそれぞれ「A」又は「B」に記載します。そして「A」及び「B」の合計を「C」に記載します。

⑵　「申告書第二表」⑥欄

上記⑴で記載した「付表1－3」⑥欄「C」の金額を、それぞれ税率ごとに「申告書第一表」⑥欄に転記します。

簡易課税　（計算方法はFC6－簡易－１③⑵参照（146頁））

⑴　「付表４－３」⑥欄

貸倒処理をした金額に適用税率を乗じ、その金額を「付表４－３」⑥欄のそれぞれ「A」又は「B」に記載します。そして「A」及び「B」の合計を「C」に記載します。

⑵　「申告書第一表」⑥欄

上記⑴で記載した「付表４－３」⑥欄「C」の金額を、「申告書第一表」⑥欄に転記します。

留意事項　免税期間中の売上について貸倒れがあった場合

免税事業者から課税事業者になった場合に、免税期間中の売上について貸倒れがあったとしても、上記処理の適用はないので注意が必要です（基通14－２－４）。

6　貸倒れの回収があった場合

共　通

1　計算式

貸倒れ処理をした売掛金等についてその全部又は一部を回収したときには、その回収した税込価額に係る消費税額を、その回収した課税期間の課税売上げに係る消費税額とみなして、その課税期間の課税標準額に対する消費税額に加算します（法39③）。

その計算式は次のとおりです。

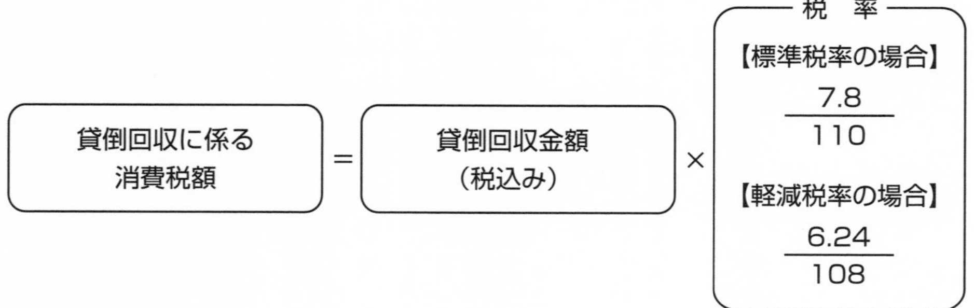

2　申告書付表の作成過程に沿った説明

一般課税

⑴　「付表２－３」㉖欄（貸倒回収に係る消費税額）（163頁）

貸倒回収額（税込）に適用税率による算式（上記）を乗じ、その金額を「付表２－３」㉖欄のそれぞれ「A」又は「B」に記載します。そして「A」及び「B」を合計した金額を、「C」に記載します。

⑵　「付表１－３」③欄（控除過大調整税額）（162頁）

上記⑴の「付表２－３」㉖欄「A」及び「B」の金額は、（同付表㉕欄の金額があれば、その金額を合計し）「付表１－３」③欄に移記します。そして、③欄の「A」及び「B」を合計した金額を、「C」に記載します。

⑶　「申告書第１表」⑥欄（160頁）

上記⑵で記載した「付表１－３」③欄「C」の金額を、「申告書第１表」③欄に転記します。

簡易課税

⑴　「付表４－３」③欄（貸倒回収に係る消費税額）（166頁）

貸倒れ処理をした金額に適用税率を乗じ、その金額を「付表４－３」③欄のそれぞれ「A」又は「B」に記載します。そして「A」及び「B」の合計を「C」に記載し、それぞれの金額を「付表５－３」②欄（貸倒回収に係る消費税額）に転記します。

⑵　「申告書第１表」⑥欄（166頁）

上記⑴で記載した「付表４－３」③欄「C」の金額を、「申告書第１表」③欄（貸倒回収に係る消費税額）に転記します。

◇◇◇申告書及び付表の様式◇◇◇

申告書第一表（一般用）

この用紙はとじこまないでください。

GK0304

第3－(1)号様式

令和　年　月　日　　税務署長殿

収受印

納税地	（電話番号　－　－　）
（フリガナ）名称又は屋号	
個人番号又は法人番号	↓個人番号の記載に当たっては、左端を空欄とし、ここから記載してください。
（フリガナ）代表者氏名又は氏名	

※税務署処理欄

一連番号			
所管	要否	整理番号	
申告年月日	令和　年　月　日		
申告区分	指導等	庁指定	局指定
通信日付印	確認	確認書類：個人番号カード／通知カード・運転免許証／その他（　）	身元確認
年　月　日			
指導年月日 令和	相談	区分1	区分2	区分3

自 平成／令和　年　月　日
至 令和　年　月　日

課税期間分の消費税及び地方消費税の（　　　）申告書

中間申告の場合の対象期間　自 平成／令和　年　月　日　至 令和　年　月　日

OCR入力用（この用紙は機械で読み取ります。折ったり汚したりしないでください。）

第一表

令和元年十月一日以後終了課税期間分（一般用）

この申告書による消費税の税額の計算

（十 兆 千 百 十 億 千 百 十 万 千 百 十 一円）

項目	番号	金額	コード
課税標準額	①	000	03
消費税額	②		06
控除過大調整税額	③		07
控除税額　控除対象仕入税額	④		08
控除税額　返還等対価に係る税額	⑤		09
控除税額　貸倒れに係る税額	⑥		10
控除税額　控除税額小計（④＋⑤＋⑥）	⑦		
控除不足還付税額（⑦－②－③）	⑧		13
差引税額（②＋③－⑦）	⑨	00	15
中間納付税額	⑩	00	16
納付税額（⑨－⑩）	⑪	00	17
中間納付還付税額（⑩－⑨）	⑫	00	18
この申告書が修正申告である場合　既確定税額	⑬		19
この申告書が修正申告である場合　差引納付税額	⑭	00	20
課税売上割合　課税資産の譲渡等の対価の額	⑮		21
課税売上割合　資産の譲渡等の対価の額	⑯		22

この申告書による地方消費税の税額の計算

項目	番号	金額	コード
地方消費税の課税標準となる消費税額　控除不足還付税額	⑰		51
地方消費税の課税標準となる消費税額　差引税額	⑱	00	52
譲渡割額　還付額	⑲		53
譲渡割額　納税額	⑳	00	54
中間納付譲渡割額	㉑	00	55
納付譲渡割額（⑳－㉑）	㉒	00	56
中間納付還付譲渡割額（㉑－⑳）	㉓	00	57
この申告書が修正申告である場合　既確定譲渡割額	㉔		58
この申告書が修正申告である場合　差引納付譲渡割額	㉕	00	59
消費税及び地方消費税の合計（納付又は還付）税額	㉖		60

⑪・㉒又は⑫・㉓の記入をお忘れなく。

㉖＝（⑪＋㉒）－（⑧＋⑫＋⑲＋㉓）・修正申告の場合㉖＝⑭＋㉕
㉖が還付税額となる場合はマイナス「－」を付してください。

付記事項				
割賦基準の適用	有	無	31
延払基準等の適用	有	無	32
工事進行基準の適用	有	無	33
現金主義会計の適用	有	無	34
課税標準額に対する消費税額の計算の特例の適用	有	無	35

参考事項			
控除税額の計算方法	課税売上高5億円超又は課税売上割合95％未満	個別対応方式	41
		一括比例配分方式	
	上記以外	全額控除	
基準期間の課税売上高	千円		

還付を受けようとする金融機関等	
銀行／金庫・組合／農協・漁協	本店・支店／出張所／本所・支所
預金	口座番号
ゆうちょ銀行の貯金記号番号	－
郵便局名等	

※税務署整理欄

税理士署名　（電話番号　－　－　）

税理士法第30条の書面提出有

税理士法第33条の2の書面提出有

申告書第二表（一般用）

GK0601

第3－(2)号様式

課税標準額等の内訳書

整理番号

納税地	（電話番号　　－　　－　　）
（フリガナ） 名称又は屋号	
（フリガナ） 代表者氏名又は氏名	

改正法附則による税額の特例計算			
軽減売上割合（10営業日）	○	附則38①	51
小売等軽減仕入割合	○	附則38②	52

OCR入力用（この用紙は機械で読み取ります。折ったり汚したりしないでください。）

自 令和　年　月　日
至 令和　年　月　日

課税期間分の消費税及び地方消費税の（　　　　）申告書

中間申告の場合の対象期間　自 令和　年　月　日　至 令和　年　月　日

第二表　令和四年四月一日以後終了課税期間分

			十兆千百十億千百十万千百十一円	
課税標準額 ※申告書（第一表）の①欄へ		①	000	01
課税資産の譲渡等の対価の額の合計額	3 %適用分	②		02
	4 %適用分	③		03
	6.3 %適用分	④		04
	6.24%適用分	⑤		05
	7.8 %適用分	⑥		06
		⑦		07
特定課税仕入れに係る支払対価の額の合計額（注1）	6.3 %適用分	⑧		11
	7.8 %適用分	⑨		12
		⑩		13
消費税額 ※申告書（第一表）の②欄へ		⑪		21
⑪の内訳	3 %適用分	⑫		22
	4 %適用分	⑬		23
	6.3 %適用分	⑭		24
	6.24%適用分	⑮		25
	7.8 %適用分	⑯		26
返還等対価に係る税額 ※申告書（第一表）の⑤欄へ		⑰		31
⑰の内訳	売上げの返還等対価に係る税額	⑱		32
	特定課税仕入れの返還等対価に係る税額（注1）	⑲		33
地方消費税の課税標準となる消費税額（注2）		⑳		41
	4 %適用分	㉑		42
	6.3 %適用分	㉒		43
	6.24%及び7.8%適用分	㉓		44

（注1）⑧～⑩及び⑲欄は、一般課税により申告する場合で、課税売上割合が95%未満、かつ、特定課税仕入れがある事業者のみ記載します。
（注2）⑳～㉓欄が還付税額となる場合はマイナス「－」を付してください。

付表１－３　税率別消費税額計算表 兼 地方消費税の課税標準となる消費税額計算表

第4-(9)号様式

付表1－3　税率別消費税額計算表　兼　地方消費税の課税標準となる消費税額計算表

一般

課税期間	・　・　～　・　・	氏名又は名称	

区分		税率 6.24 % 適用分 A	税率 7.8 % 適用分 B	合計 C (A+B)
課税標準額	①	円 000	円 000	※第二表の①欄へ　円 000
①の内訳　課税資産の譲渡等の対価の額	①-1	※第二表の⑤欄へ	※第二表の⑥欄へ	※第二表の⑦欄へ
①の内訳　特定課税仕入れに係る支払対価の額	①-2	※①-2欄は、課税売上割合が95%未満、かつ、特定課税仕入れがある事業者のみ記載する。	※第二表の⑨欄へ	※第二表の⑩欄へ
消費税額	②	※第二表の⑮欄へ	※第二表の⑯欄へ	※第二表の⑪欄へ
控除過大調整税額	③	(付表2-3の㉕・㉖A欄の合計金額)	(付表2-3の㉕・㉖B欄の合計金額)	※第一表の③欄へ
控除税額　控除対象仕入税額	④	(付表2-3の㉔A欄の金額)	(付表2-3の㉔B欄の金額)	※第一表の④欄へ
控除税額　返還等対価に係る税額	⑤			※第二表の⑰欄へ
控除税額　⑤の内訳　売上げの返還等対価に係る税額	⑤-1			※第二表の⑱欄へ
控除税額　⑤の内訳　特定課税仕入れの返還等対価に係る税額	⑤-2	※⑤-2欄は、課税売上割合が95%未満、かつ、特定課税仕入れがある事業者のみ記載する。		※第二表の⑲欄へ
控除税額　貸倒れに係る税額	⑥			※第一表の⑥欄へ
控除税額　控除税額小計 (④+⑤+⑥)	⑦			※第一表の⑦欄へ
控除不足還付税額 (⑦-②-③)	⑧			※第一表の⑧欄へ
差引税額 (②+③-⑦)	⑨			※第一表の⑨欄へ 00
地方消費税の課税標準となる消費税額　控除不足還付税額 (⑧)	⑩			※第一表の⑰欄へ ※マイナス「－」を付して第二表の⑳及び㉓欄へ
地方消費税の課税標準となる消費税額　差引税額 (⑨)	⑪			※第一表の⑱欄へ ※第二表の⑳及び㉓欄へ 00
譲渡割額　還付額	⑫			(⑩C欄×22/78) ※第一表の⑲欄へ
譲渡割額　納税額	⑬			(⑪C欄×22/78) ※第一表の⑳欄へ 00

注意　金額の計算においては、1円未満の端数を切り捨てる。

(R2.4.1以後終了課税期間用)

付表2－3　課税売上割合・控除対象仕入税額等の計算表

第4-(10)号様式

付表2－3　　課税売上割合・控除対象仕入税額等の計算表

一般

課税期間	・　・　～　・　・	氏名又は名称	

	項目		税率6.24％適用分 A	税率7.8％適用分 B	合計 C (A+B)
	課税売上額（税抜き）	①	円	円	円
	免税売上額	②			
	非課税資産の輸出等の金額、海外支店等へ移送した資産の価額	③			
	課税資産の譲渡等の対価の額（①＋②＋③）	④			※第一表の⑮欄へ
	課税資産の譲渡等の対価の額（④の金額）	⑤			
	非課税売上額	⑥			
	資産の譲渡等の対価の額（⑤＋⑥）	⑦			※第一表の⑯欄へ
	課税売上割合（④／⑦）	⑧			［　　％］ ※端数切捨て
	課税仕入れに係る支払対価の額（税込み）	⑨			
	課税仕入れに係る消費税額	⑩	（⑨A欄×6.24/108）	（⑨B欄×7.8/110）	
	特定課税仕入れに係る支払対価の額	⑪	※⑪及び⑫欄は、課税売上割合が95%未満、かつ、特定課税仕入れがある事業者のみ記載する。		
	特定課税仕入れに係る消費税額	⑫		（⑪B欄×7.8/100）	
	課税貨物に係る消費税額	⑬			
	納税義務の免除を受けない（受ける）こととなった場合における消費税額の調整（加算又は減算）額	⑭			
	課税仕入れ等の税額の合計額（⑩＋⑫＋⑬±⑭）	⑮			
	課税売上高が5億円以下、かつ、課税売上割合が95％以上の場合（⑮の金額）	⑯			
課税売上高が5億円超又は課税売上割合が95％未満の場合／個別対応方式	⑮のうち、課税売上げにのみ要するもの	⑰			
課税売上高が5億円超又は課税売上割合が95％未満の場合／個別対応方式	⑮のうち、課税売上げと非課税売上げに共通して要するもの	⑱			
課税売上高が5億円超又は課税売上割合が95％未満の場合／個別対応方式	個別対応方式により控除する課税仕入れ等の税額〔⑰＋（⑱×④／⑦）〕	⑲			
課税売上高が5億円超又は課税売上割合が95％未満の場合	一括比例配分方式により控除する課税仕入れ等の税額（⑮×④／⑦）	⑳			
控除税額の調整	課税売上割合変動時の調整対象固定資産に係る消費税額の調整（加算又は減算）額	㉑			
控除税額の調整	調整対象固定資産を課税業務用（非課税業務用）に転用した場合の調整（加算又は減算）額	㉒			
控除税額の調整	居住用賃貸建物を課税賃貸用に供した（譲渡した）場合の加算額	㉓			
差引	控除対象仕入税額〔（⑯、⑲又は⑳の金額）±㉑±㉒＋㉓〕がプラスの時	㉔	※付表1-3の④A欄へ	※付表1-3の④B欄へ	
差引	控除過大調整税額〔（⑯、⑲又は⑳の金額）±㉑±㉒＋㉓〕がマイナスの時	㉕	※付表1-3の③A欄へ	※付表1-3の③B欄へ	
	貸倒回収に係る消費税額	㉖	※付表1-3の③A欄へ	※付表1-3の③B欄へ	

注意　1　金額の計算においては、1円未満の端数を切り捨てる。
　　　2　⑨及び⑪欄には、値引き、割戻し、割引きなど仕入対価の返還等の金額がある場合（仕入対価の返還等の金額を仕入金額から直接減額している場合を除く。）には、その金額を控除した後の金額を記載する。

（R2.4.1以後終了課税期間用）

申告書第一表（簡易課税用）

この用紙はとじこまないでください。

GK0405

第3－(3)号様式

令和　年　月　日　税務署長殿	
納税地	（電話番号　－　－　）
（フリガナ）名称又は屋号	
個人番号又は法人番号	↓ 個人番号の記載に当たっては、左端を空欄とし、ここから記載してください。
（フリガナ）代表者氏名又は氏名	

※税務署処理欄：一連番号／所管／要否／整理番号／申告年月日 令和　年　月　日／申告区分／指導等／庁指定／局指定／通信日付印 年　月　日／確認／確認書類 個人番号カード 通知カード・運転免許証 その他（　）／身元確認／指導年月日 令和／相談／区分1／区分2／区分3

自 平成/令和　年　月　日
至 令和　年　月　日

課税期間分の消費税及び地方消費税の（　　　）申告書

中間申告の場合の対象期間 自 平成/令和　年　月　日 至 令和　年　月　日

この申告書による消費税の税額の計算

項目		金額（十兆千百十億千百十万千百十一円）	
課税標準額	①	000	03
消費税額	②		06
貸倒回収に係る消費税額	③		07
控除税額 控除対象仕入税額	④		08
控除税額 返還等対価に係る税額	⑤		09
控除税額 貸倒れに係る税額	⑥		10
控除税額 控除税額小計（④+⑤+⑥）	⑦		
控除不足還付税額（⑦−②−③）	⑧		13
差引税額（②+③−⑦）	⑨	00	15
中間納付税額	⑩	00	16
納付税額（⑨－⑩）	⑪	00	17
中間納付還付税額（⑩－⑨）	⑫	00	18
この申告書が修正申告である場合 既確定税額	⑬		19
この申告書が修正申告である場合 差引納付税額	⑭	00	20
この課税期間の課税売上高	⑮		21
基準期間の課税売上高	⑯		

この申告書による地方消費税の税額の計算

地方消費税の課税標準となる消費税額 控除不足還付税額	⑰		51
地方消費税の課税標準となる消費税額 差引税額	⑱	00	52
譲渡割額 還付額	⑲		53
譲渡割額 納税額	⑳	00	54
中間納付譲渡割額	㉑	00	55
納付譲渡割額（⑳－㉑）	㉒	00	56
中間納付還付譲渡割額（㉑－⑳）	㉓	00	57
この申告書が修正申告である場合 既確定譲渡割額	㉔		58
この申告書が修正申告である場合 差引納付譲渡割額	㉕	00	59
消費税及び地方消費税の合計（納付又は還付）税額	㉖		60

⑪・㉒又は⑫・㉓の記入をお忘れなく。

㉖＝（⑪＋㉒）－（⑧＋⑫＋⑲＋㉓）・修正申告の場合㉖＝⑭＋㉕
㉖が還付税額となる場合はマイナス「－」を付してください。

付記事項			
割賦基準の適用	有	無	31
延払基準等の適用	有	無	32
工事進行基準の適用	有	無	33
現金主義会計の適用	有	無	34
課税標準額に対する消費税額の計算の特例の適用	有	無	35

参考事項 事業区分	課税売上高（免税売上高を除く）千円	売上割合％	
第1種		.	36
第2種		.	37
第3種		.	38
第4種		.	39
第5種		.	42
第6種		.	43
特例計算適用（令57③）	有	無	40

還付を受けようとする金融機関等：銀行・金庫・組合・農協・漁協　本店・支店・出張所・本所・支所　預金　口座番号
ゆうちょ銀行の貯金記号番号　－
郵便局名等

※税務署整理欄

税理士署名　（電話番号　－　－　）

税理士法第30条の書面提出有
税理士法第33条の2の書面提出有

OCR入力用（この用紙は機械で読み取ります。折ったり汚したりしないでください。）

第一表　令和元年十月一日以後終了課税期間分（簡易課税用）

申告書第二表

第3－(2)号様式　GK0601

OCR入力用（この用紙は機械で読み取ります。折ったり汚したりしないでください。）

課税標準額等の内訳書

納税地	（電話番号　－　－　）
（フリガナ） 名称 又は屋号	
（フリガナ） 代表者氏名 又は氏名	

整理番号

改正法附則による税額の特例計算			
軽減売上割合（10営業日）	○	附則38①	51
小売等軽減仕入割合	○	附則38②	52

第二表　令和四年四月一日以後終了課税期間分

自 令和　年　月　日
至 令和　年　月　日

課税期間分の消費税及び地方消費税の（　　　）申告書

（中間申告の場合の対象期間　自 令和　年　月　日　至 令和　年　月　日）

項目		番号	十兆千百十億千百十万千百十一円	
課税標準額 ※申告書（第一表）の①欄へ		①	000	01
課税資産の譲渡等の対価の額の合計額	3　％適用分	②		02
	4　％適用分	③		03
	6.3　％適用分	④		04
	6.24％適用分	⑤		05
	7.8　％適用分	⑥		06
		⑦		07
特定課税仕入れに係る支払対価の額の合計額（注1）	6.3　％適用分	⑧		11
	7.8　％適用分	⑨		12
		⑩		13
消費税額 ※申告書（第一表）の②欄へ		⑪		21
⑪の内訳	3　％適用分	⑫		22
	4　％適用分	⑬		23
	6.3　％適用分	⑭		24
	6.24％適用分	⑮		25
	7.8　％適用分	⑯		26
返還等対価に係る税額 ※申告書（第一表）の⑤欄へ		⑰		31
⑰の内訳	売上げの返還等対価に係る税額	⑱		32
	特定課税仕入れの返還等対価に係る税額（注1）	⑲		33
地方消費税の課税標準となる消費税額（注2）		⑳		41
	4　％適用分	㉑		42
	6.3　％適用分	㉒		43
	6.24％及び7.8％適用分	㉓		44

（注1）⑧～⑩及び⑲欄は、一般課税により申告する場合で、課税売上割合が95％未満、かつ、特定課税仕入れがある事業者のみ記載します。
（注2）⑳～㉓欄が還付税額となる場合はマイナス「－」を付してください。

付表4－3　税率別消費税額計算表 兼 地方消費税の課税標準となる消費税額計算表

第4-(11)号様式

付表4－3　税率別消費税額計算表 兼 地方消費税の課税標準となる消費税額計算表

簡 易

課税期間	・　・　～　・　・	氏名又は名称	

区分			税率 6.24 % 適用分 A	税率 7.8 % 適用分 B	合計 C (A+B)
課税標準額		①	円 000	円 000	※第二表の①欄へ 円 000
課税資産の譲渡等の対価の額		①-1	※第二表の⑤欄へ	※第二表の⑥欄へ	※第二表の⑦欄へ
消費税額		②	※付表5-3の①A欄へ ※第二表の⑮欄へ	※付表5-3の①B欄へ ※第二表の⑯欄へ	※付表5-3の①C欄へ ※第二表の⑪欄へ
貸倒回収に係る消費税額		③	※付表5-3の②A欄へ	※付表5-3の②B欄へ	※付表5-3の②C欄へ ※第一表の③欄へ
控除税額	控除対象仕入税額	④	(付表5-3の⑤A欄又は㊲A欄の金額)	(付表5-3の⑤B欄又は㊲B欄の金額)	(付表5-3の⑤C欄又は㊲C欄の金額) ※第一表の④欄へ
	返還等対価に係る税額	⑤	※付表5-3の③A欄へ	※付表5-3の③B欄へ	※付表5-3の③C欄へ ※第二表の⑰欄へ
	貸倒れに係る税額	⑥			※第一表の⑥欄へ
	控除税額小計 (④+⑤+⑥)	⑦			※第一表の⑦欄へ
控除不足還付税額 (⑦−②−③)		⑧			※第一表の⑧欄へ
差引税額 (②+③−⑦)		⑨			※第一表の⑨欄へ 00
地方消費税の課税標準となる消費税額	控除不足還付税額 (⑧)	⑩			※第一表の⑰欄へ ※マイナス「−」を付して第二表の⑳及び㉓欄へ
	差引税額 (⑨)	⑪			※第一表の⑱欄へ ※第二表の⑳及び㉓欄へ 00
譲渡割額	還付額	⑫			(⑩C欄×22/78) ※第一表の⑲欄へ
	納税額	⑬			(⑪C欄×22/78) ※第一表の⑳欄へ 00

注意　金額の計算においては、1円未満の端数を切り捨てる。

(R1.10.1以後終了課税期間用)

付表5－3　控除対象仕入税額等の計算表（1/2）

第4-(12)号様式

付表5－3　控除対象仕入税額等の計算表

簡易

課税期間	・・～・・	氏名又は名称	

I　控除対象仕入税額の計算の基礎となる消費税額

項目		税率6.24%適用分 A	税率7.8%適用分 B	合計C (A+B)
課税標準額に対する消費税額	①	(付表4-3の②A欄の金額) 円	(付表4-3の②B欄の金額) 円	(付表4-3の②C欄の金額) 円
貸倒回収に係る消費税額	②	(付表4-3の③A欄の金額)	(付表4-3の③B欄の金額)	(付表4-3の③C欄の金額)
売上対価の返還等に係る消費税額	③	(付表4-3の⑤A欄の金額)	(付表4-3の⑤B欄の金額)	(付表4-3の⑤C欄の金額)
控除対象仕入税額の計算の基礎となる消費税額 (①＋②－③)	④			

II　1種類の事業の専業者の場合の控除対象仕入税額

項目		税率6.24%適用分 A	税率7.8%適用分 B	合計C (A+B)
④×みなし仕入率 (90%・80%・70%・60%・50%・40%)	⑤	※付表4-3の④A欄へ 円	※付表4-3の④B欄へ 円	※付表4-3の④C欄へ 円

III　2種類以上の事業を営む事業者の場合の控除対象仕入税額

(1)　事業区分別の課税売上高(税抜き)の明細

項目		税率6.24%適用分 A	税率7.8%適用分 B	合計C (A+B)	売上割合
事業区分別の合計額	⑥	円	円	円	
第一種事業（卸売業）	⑦			※第一表「事業区分」欄へ	%
第二種事業（小売業等）	⑧			※　〃	
第三種事業（製造業等）	⑨			※　〃	
第四種事業（その他）	⑩			※　〃	
第五種事業（サービス業等）	⑪			※　〃	
第六種事業（不動産業）	⑫			※　〃	

(2)　(1)の事業区分別の課税売上高に係る消費税額の明細

項目		税率6.24%適用分 A	税率7.8%適用分 B	合計C (A+B)
事業区分別の合計額	⑬	円	円	円
第一種事業（卸売業）	⑭			
第二種事業（小売業等）	⑮			
第三種事業（製造業等）	⑯			
第四種事業（その他）	⑰			
第五種事業（サービス業等）	⑱			
第六種事業（不動産業）	⑲			

注意　1　金額の計算においては、1円未満の端数を切り捨てる。
　　　2　課税売上げにつき返品を受け又は値引き・割戻しをした金額（売上対価の返還等の金額）があり、売上（収入）金額から減算しない方法で経理して経費に含めている場合には、⑥から⑫欄には売上対価の返還等の金額（税抜き）を控除した後の金額を記載する。

(1／2)

(R1.10.1以後終了課税期間用)

付表5－3　控除対象仕入税額等の計算表（2/2）

(3) 控除対象仕入税額の計算式区分の明細

イ 原則計算を適用する場合

控除対象仕入税額の計算式区分		税率6.24%適用分 A	税率7.8%適用分 B	合計 C (A+B)
④ × みなし仕入率 (⑭×90%+⑮×80%+⑯×70%+⑰×60%+⑱×50%+⑲×40% / ⑬)	⑳	円	円	円

ロ 特例計算を適用する場合

(イ) 1種類の事業で75%以上

控除対象仕入税額の計算式区分		税率6.24%適用分 A	税率7.8%適用分 B	合計 C (A+B)
(⑦C／⑥C・⑧C／⑥C・⑨C／⑥C・⑩C／⑥C・⑪C／⑥C・⑫C／⑥C) ≧ 75% ④×みなし仕入率（90%・80%・70%・60%・50%・40%）	㉑	円	円	円

(ロ) 2種類の事業で75%以上

控除対象仕入税額の計算式区分			税率6.24%適用分 A	税率7.8%適用分 B	合計 C (A+B)
第一種事業及び第二種事業 (⑦C＋⑧C)／⑥C ≧ 75%	④× (⑭×90%+(⑬−⑭)×80%) / ⑬	㉒	円	円	円
第一種事業及び第三種事業 (⑦C＋⑨C)／⑥C ≧ 75%	④× (⑭×90%+(⑬−⑭)×70%) / ⑬	㉓			
第一種事業及び第四種事業 (⑦C＋⑩C)／⑥C ≧ 75%	④× (⑭×90%+(⑬−⑭)×60%) / ⑬	㉔			
第一種事業及び第五種事業 (⑦C＋⑪C)／⑥C ≧ 75%	④× (⑭×90%+(⑬−⑭)×50%) / ⑬	㉕			
第一種事業及び第六種事業 (⑦C＋⑫C)／⑥C ≧ 75%	④× (⑭×90%+(⑬−⑭)×40%) / ⑬	㉖			
第二種事業及び第三種事業 (⑧C＋⑨C)／⑥C ≧ 75%	④× (⑮×80%+(⑬−⑮)×70%) / ⑬	㉗			
第二種事業及び第四種事業 (⑧C＋⑩C)／⑥C ≧ 75%	④× (⑮×80%+(⑬−⑮)×60%) / ⑬	㉘			
第二種事業及び第五種事業 (⑧C＋⑪C)／⑥C ≧ 75%	④× (⑮×80%+(⑬−⑮)×50%) / ⑬	㉙			
第二種事業及び第六種事業 (⑧C＋⑫C)／⑥C ≧ 75%	④× (⑮×80%+(⑬−⑮)×40%) / ⑬	㉚			
第三種事業及び第四種事業 (⑨C＋⑩C)／⑥C ≧ 75%	④× (⑯×70%+(⑬−⑯)×60%) / ⑬	㉛			
第三種事業及び第五種事業 (⑨C＋⑪C)／⑥C ≧ 75%	④× (⑯×70%+(⑬−⑯)×50%) / ⑬	㉜			
第三種事業及び第六種事業 (⑨C＋⑫C)／⑥C ≧ 75%	④× (⑯×70%+(⑬−⑯)×40%) / ⑬	㉝			
第四種事業及び第五種事業 (⑩C＋⑪C)／⑥C ≧ 75%	④× (⑰×60%+(⑬−⑰)×50%) / ⑬	㉞			
第四種事業及び第六種事業 (⑩C＋⑫C)／⑥C ≧ 75%	④× (⑰×60%+(⑬−⑰)×40%) / ⑬	㉟			
第五種事業及び第六種事業 (⑪C＋⑫C)／⑥C ≧ 75%	④× (⑱×50%+(⑬−⑱)×40%) / ⑬	㊱			

ハ 上記の計算式区分から選択した控除対象仕入税額

項目		税率6.24%適用分 A	税率7.8%適用分 B	合計 C (A+B)
選択可能な計算式区分（⑳～㊱）の内から選択した金額	㊲	※付表4-3の④A欄へ 円	※付表4-3の④B欄へ 円	※付表4-3の④C欄へ 円

注意　金額の計算においては、1円未満の端数を切り捨てる。

(2／2)

(R1.10.1以後終了課税期間用)

Ⅲ．控除対象仕入税額の計算

※　「特定課税仕入れ」がある場合は、第７章Ⅱを参照してください。

一般課税

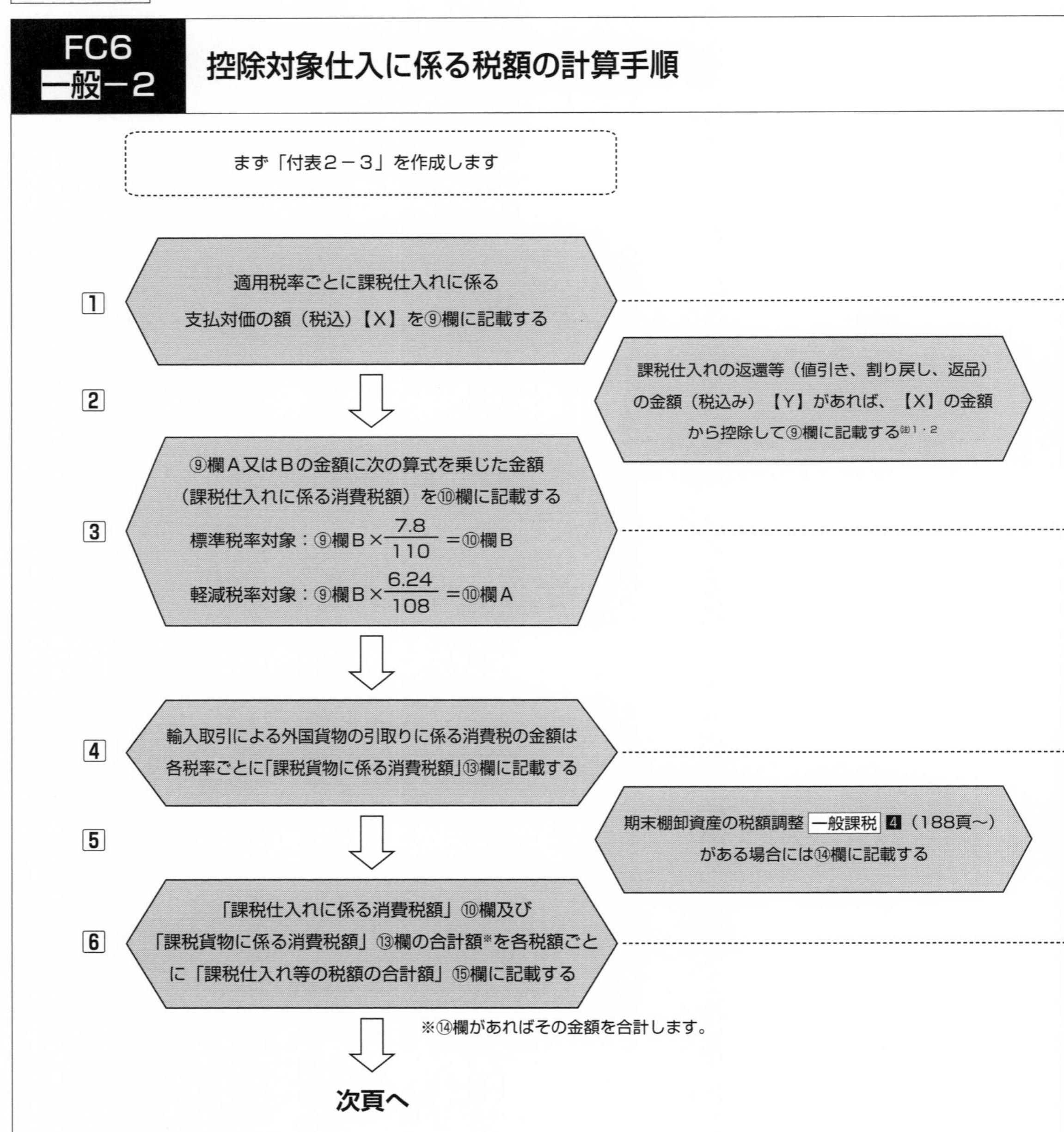

FC6
一般－2
控除対象仕入に係る税額の計算手順
まず「付表２－３」を作成します
1
適用税率ごとに課税仕入れに係る
支払対価の額（税込）【X】を⑨欄に記載する
2
課税仕入れの返還等（値引き、割り戻し、返品）
の金額（税込み）【Y】があれば、【X】の金額
から控除して⑨欄に記載する(注)1・2
3
⑨欄Ａ又はＢの金額に次の算式を乗じた金額
（課税仕入れに係る消費税額）を⑩欄に記載する
標準税率対象：⑨欄Ｂ×7.8/110＝⑩欄Ｂ
軽減税率対象：⑨欄Ｂ×6.24/108＝⑩欄Ａ
4
輸入取引による外国貨物の引取りに係る消費税の金額は
各税率ごとに「課税貨物に係る消費税額」⑬欄に記載する
5
期末棚卸資産の税額調整 一般課税 4（188頁～）
がある場合には⑭欄に記載する
6
「課税仕入れに係る消費税額」⑩欄及び
「課税貨物に係る消費税額」⑬欄の合計額※を各税額ごと
に「課税仕入れ等の税額の合計額」⑮欄に記載する
※⑭欄があればその金額を合計します。
次頁へ

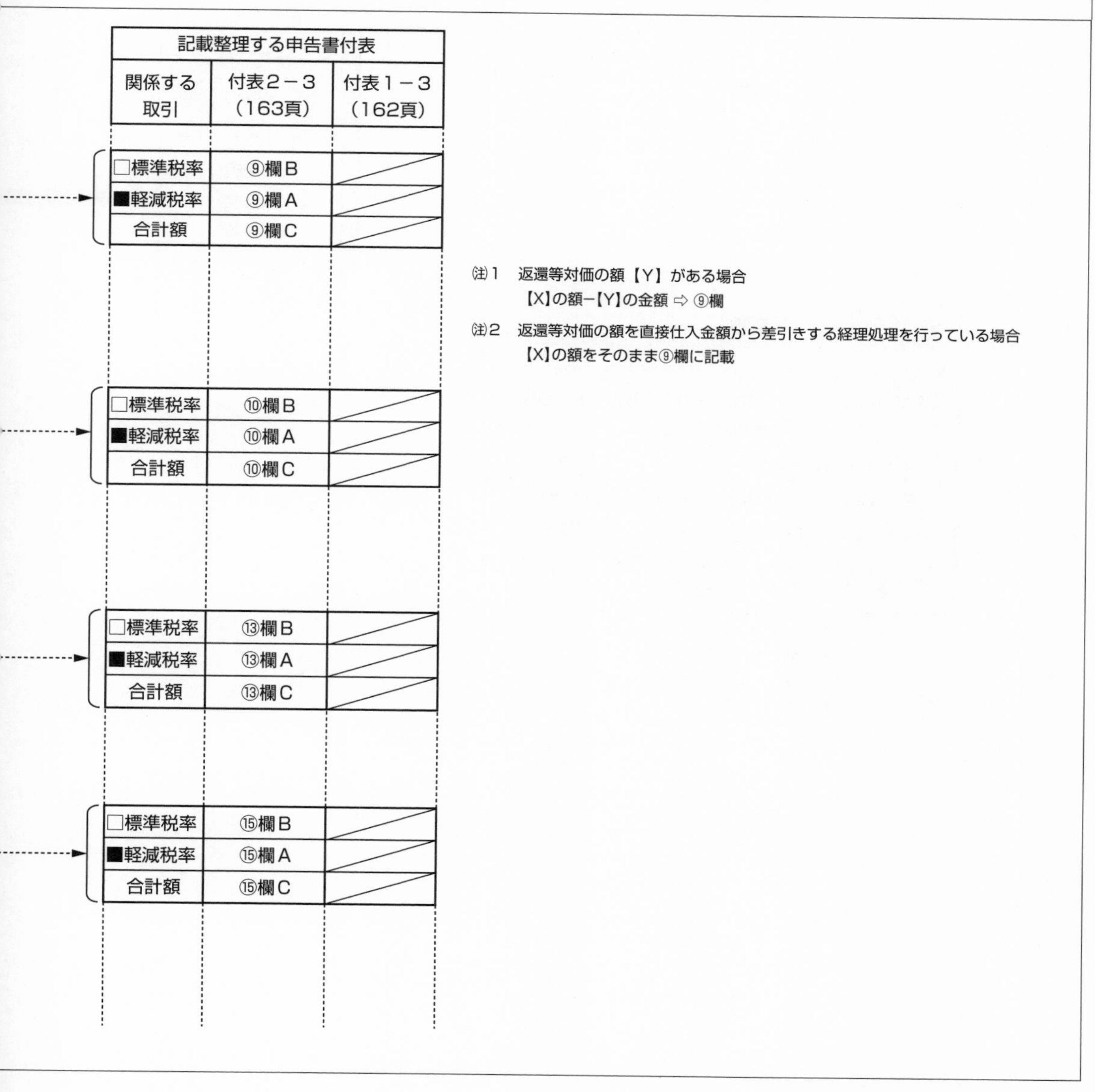

記載整理する申告書付表		
関係する取引	付表2－3（163頁）	付表1－3（162頁）
□標準税率	⑨欄B	
■軽減税率	⑨欄A	
合計額	⑨欄C	
□標準税率	⑩欄B	
■軽減税率	⑩欄A	
合計額	⑩欄C	
□標準税率	⑬欄B	
■軽減税率	⑬欄A	
合計額	⑬欄C	
□標準税率	⑮欄B	
■軽減税率	⑮欄A	
合計額	⑮欄C	

㈱1　返還等対価の額【Y】がある場合
【X】の額−【Y】の金額 ⇨ ⑨欄

㈱2　返還等対価の額を直接仕入金額から差引きする経理処理を行っている場合
【X】の額をそのまま⑨欄に記載

FC6 一般－2　控除対象仕入に係る税額の計算手順 一般課税 （つづき）

前頁から

⇩

7

その課税期間の課税売上高(注)3は５億円以下である

No → 選択

Yes ↓

(注)3　その課税期間が１年に満たない場合は、年換算（課税売上高÷その課税期間の月数×12）した金額となります（基通11－5－10）。

課税売上割合 付表２－３（⑧欄）は95%以上である

No → 選択

Yes ↓

選択

個別対応方式を採用する

又は

一括比例配分方式を採用する

8

「付表２－３」⑮欄（課税仕入れ等の税額の合計額）を

全額控除できる

☞ ⑮欄を⑯欄に転記

☞ ㉑欄から㉓欄の調整(注)4後㉔欄又は㉕欄を記載

☞ ㉔欄又は㉕欄を付表１－３④欄又は③欄に転記

☞ 「付表１－３」④欄又は③欄の合計額（Ｃ）を第一表④欄又は③欄に転記

(注)4　これらの調整については、次を参照。

㉑欄⇨5 1（193頁）

㉒欄⇨5 2・3（195頁）

㉓欄⇨5 4（196頁）

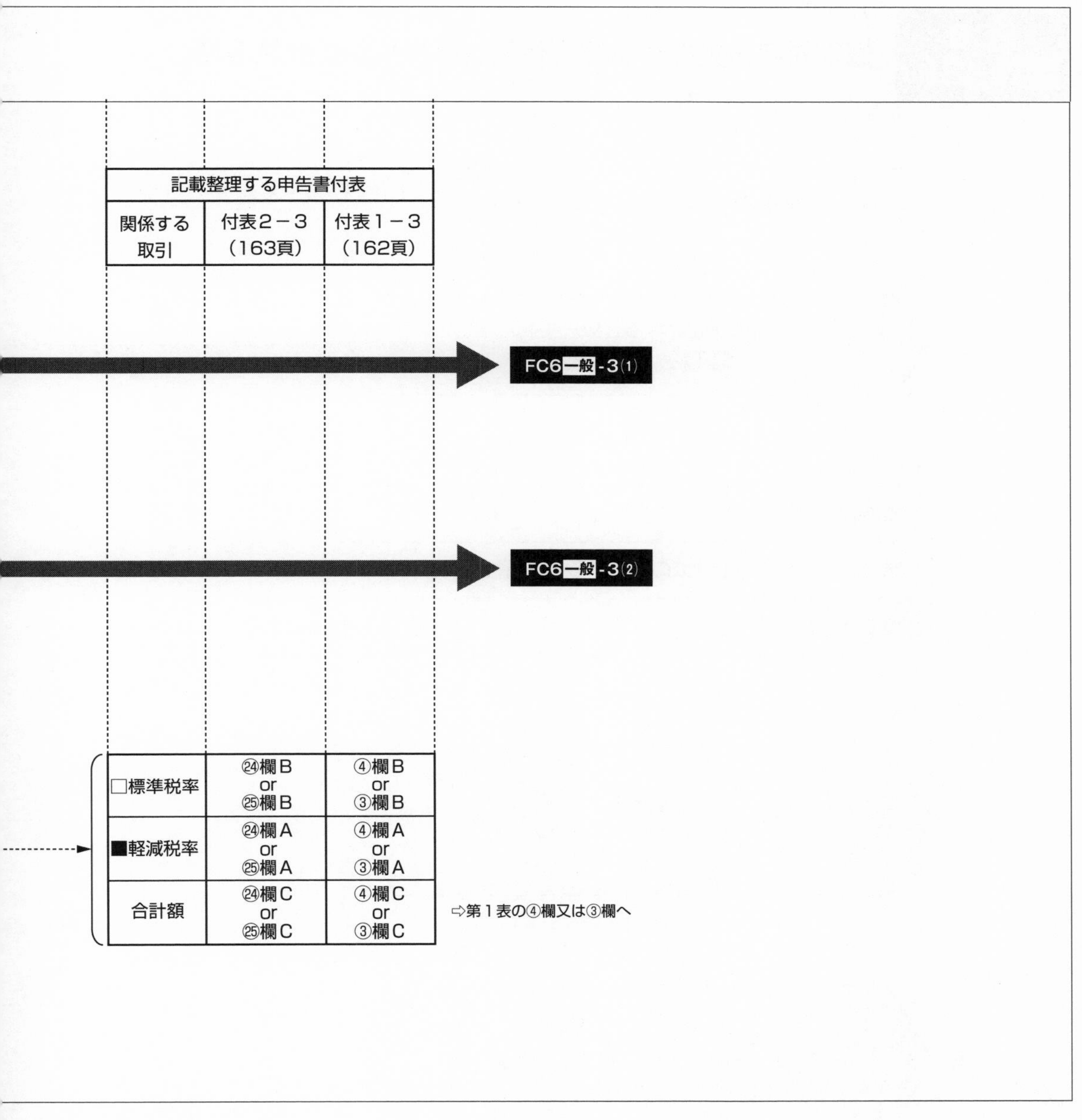
記載整理する申告書付表
関係する取引
付表２－３（163頁）
付表１－３（162頁）
FC6一般-3(1)
FC6一般-3(2)
□標準税率
㉔欄B or ㉕欄B
④欄B or ③欄B
■軽減税率
㉔欄A or ㉕欄A
④欄A or ③欄A
合計額
㉔欄C or ㉕欄C
④欄C or ③欄C
⇨第１表の④欄又は③欄へ

FC6 一般－3(1)　個別対応方式による課税仕入れ等の税額の計算手順

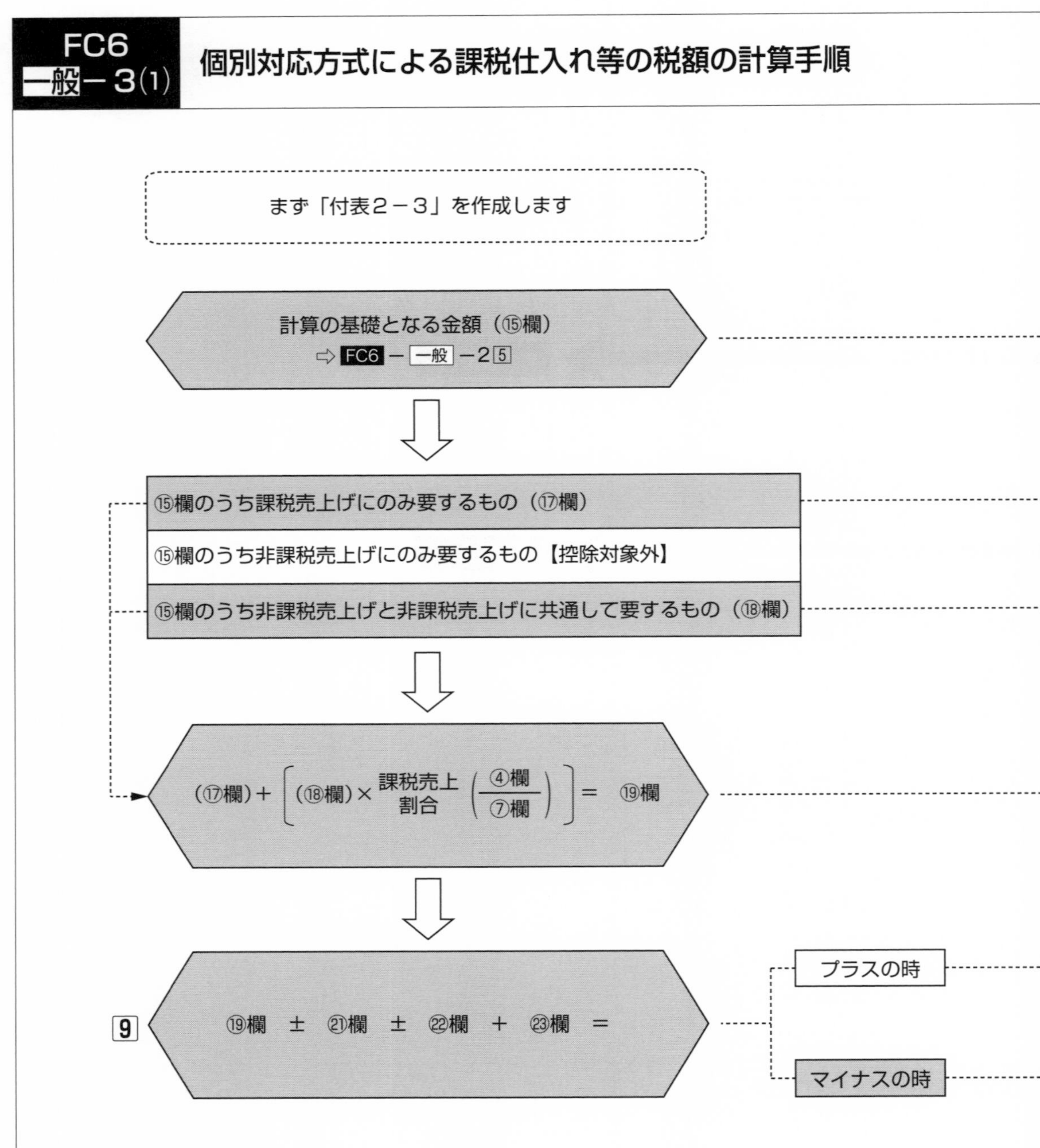

記載整理する申告書付表			申告書第一表
関係する取引	付表２－３（163頁）	付表１－３（162頁）	（160頁）
□標準税率	⑮欄Ｂ		
■軽減税率	⑮欄Ａ		
合計額	⑮欄Ｃ		
□標準税率	⑰欄Ｂ		
■軽減税率	⑰欄Ａ		
合計額	⑰欄Ｃ		
□標準税率	⑱欄Ｂ		
■軽減税率	⑱欄Ａ		
合計額	⑱欄Ｃ		
□標準税率	⑲欄Ｂ		
■軽減税率	⑲欄Ａ		
合計額	⑲欄Ｃ		
□標準税率	㉔欄Ｂ	④欄Ｂ	
■軽減税率	㉔欄Ａ	④欄Ａ	
合計額	㉔欄Ｃ	④欄Ｃ	第一表④欄へ
□標準税率	㉕欄Ｂ	③欄Ｂ	
■軽減税率	㉕欄Ａ	③欄Ａ	
合計額	㉕欄Ｃ	③欄Ｃ	第一表③欄へ

FC6 一般－3(2) 一括比例配分方式※による課税仕入れ等の税額の計算手順

※　「一括比例配分方式」を採用した場合は、２年間の継続適用が義務付けられます。

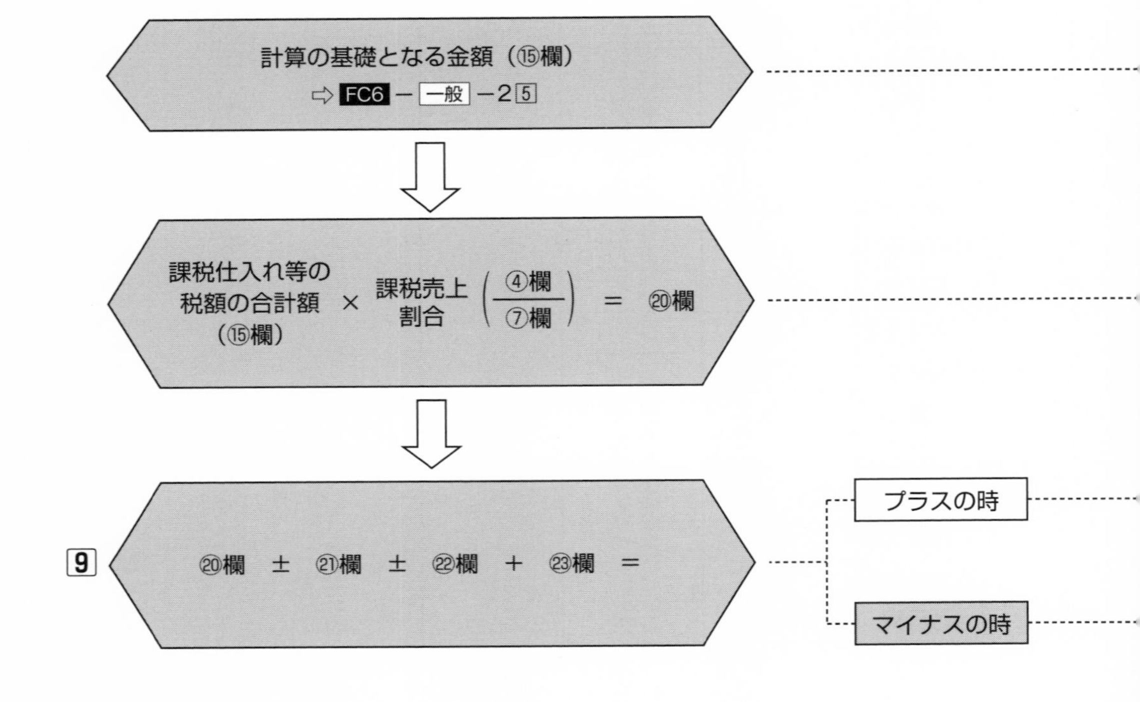

記載整理する申告書付表			申告書第一表
関係する取引	付表2－3（163頁）	付表1－3（162頁）	（160頁）
□標準税率	⑮欄B		
■軽減税率	⑮欄A		
合計額	⑮欄C		
□標準税率	⑳欄B		
■軽減税率	⑳欄A		
合計額	⑳欄C		
□標準税率	㉔欄B	④欄B	
■軽減税率	㉔欄A	④欄A	
合計額	㉔欄C	④欄C	第一表④欄へ
□標準税率	㉕欄B	③欄B	
■軽減税率	㉕欄A	③欄A	
合計額	㉕欄C	③欄C	第一表③欄へ

一般課税

1　課税仕入れ等の税額の合計額の算出

（「付表2－3」⑮欄までの作成過程 FC6－一般－2の1～6）

1　国内取引

国内で行った（輸入取引を除きます。）課税仕入れ等の税額の合計額を算出します。

⑴　課税仕入れの金額（税込）の把握

まず、税込みの課税仕入れの金額（課税仕入れ等に係る支払対価の額（税込）⑨欄）を適用税率ごとに記載します。

⇨ FC6－一般－2の1

⑵　仕入値引き、割戻し、返品がある場合

課税仕入れについて、値引き、割戻し、返品（課税仕入れの返還等の金額（税込））がある場合は、適用税率ごとに上記⑴の金額から控除します。

⇨ FC6－一般－2の2

⑶　課税仕入れに係る消費税額（⑩欄）の計算

⑴及び⑵で算出した「課税仕入れに係る支払対価の額（税込）」に適用税率ごとに次の算式を乗じ「課税仕入れに係る消費税額」を算出します。

⇨ FC6－一般－2の3

□　**標準税率の課税仕入れ**

「課税仕入れに係る支払対価の額（税込）」⑨欄B × $\frac{7.8}{110}$
＝「課税仕入れに係る消費税額」⑩欄Bへ

■　**軽減税率の課税仕入れ**

「課税仕入れに係る支払対価の額（税込）」⑨欄A × $\frac{6.24}{108}$
＝「課税仕入れに係る消費税額」⑩欄Aへ

2　輸入取引～「課税貨物に係る消費税額」（⑬欄）の把握

国内で行った（輸入取引を除きます。）課税仕入れ等の税額の合計額を算出します。

⇨ FC6－一般－２の4

3　「課税仕入れ等の税額の合計額」⑮欄の算出～控除税額の計算の基礎となる金額

上記１及び２で算出した課税仕入れ等の税額を合計し、「付表２－３」⑮欄に記載します[注]。

⇨FC6－一般－２の6

㈲　特定課税仕入れがある場合（⑪⑫欄）は、第７章Ⅱを参照。

2　課税売上割合による判定（FC6－一般－2の7）

その課税期間の課税売上高(注)が５億円以下の事業者で、課税売上割合が95％以上の場合、課税仕入れ等の税額の合計額（「付表２－３」⑮欄）は、その全額を控除することができます（法30①）。

(注)　その課税期間が１年に満たない場合は、年換算（課税売上高÷その課税期間の月数×12）した金額となります（基通11－５－10）。なお、「課税売上高」については、153頁の『留意事項　「課税標準額」≠「課税売上高」』を参照。

一方、その課税期間の課税売上高が５億円を超えるか、又は課税売上割合が95％未満である場合には、課税仕入れ等の税額の合計額（⑮欄）は全額を控除対象とすることはできず、「個別対応方式」又は「一括比例配分方式」によって計算した金額で税額控除をすることになります（法30②）。　⇨ FC6－一般－２の6

1　「課税売上割合」（「付表２－３」（163頁）⑧欄）

付表２－３の作成過程に沿った課税売上割合の計算は、次のとおりです。

ⅰ　「課税売上額（税抜）」①欄、「免税売上額」②欄、③欄(注)及び「非課税売上げ額」⑥欄の金額を区分、抽出して記載します。

ⅱ　売上げの値引き、割戻し、返品などがあれば、ⅰ①、②及び③のそれぞれからその額を控除します。

ⅲ　ⅰとⅱで区分、抽出した金額を基に、「付表２－３」の次の欄をに記載します。

④欄「課税資産の譲渡等の対価の額」……分子の金額

＝　「課税売上額（税抜）」①欄　＋　「免税売上額」②欄　＋　③欄(注)

⑦欄「資産の譲渡等の対価の額」……分母の金額

＝　④欄「課税資産の譲渡等の対価の額」　＋　「非課税売上額」⑥欄

ⅳ　課税売上割合

⑦欄「資産の譲渡等の対価の額」に占める④欄「課税資産の譲渡等の対価の額」の割合が、課税売上割合となります。

$$\text{課税売上割合} = \frac{\text{④欄「課税資産の譲渡等の対価の額」}}{\text{⑦欄「資産の譲渡等の対価の額」}}$$

㈱　付表２－３「③欄　非課税資産の輸出等の金額・海外支店等へ輸送した資産の価額」については、【用語51】を参照。

■■■ 留意事項 ■■■　**控除対象仕入税額の計算過程における「課税売上割合」**

次のⅴにより、⑧欄が95％未満となった場合には、「個別対応方式」又は「一括比例配分方式」のいずれかを採用して「課税仕入れ等の税額」（⑲欄又は⑳欄）の金額を算出します。

なお、「課税仕入れ等の税額」（⑲欄又は⑳欄）を算出する際に使用する「課税売上割合」は、上記ⅳの算式を使い、端数処理を行う必要はありません。

ⅴ　⑧欄の「課税売上割合」

⑧欄の「課税売上割合」は、95％以上であるか否かを判断するチェック用です。この欄の「課税売上割合」は端数切捨てとなっています。

■■■ 留意事項 ■■■　**⑧欄はチェック用**

課税売上割合の95％ルールにより、課税仕入れ等の税額の合計額を全額控除できるか否かが分かれますが、その判断基準は「95％以上か95％未満か」です。例えば、計算結果が「95.0001％」であっても95％以上であることに間違いはないので、その判断基準の数値としては端数を無視しても影響はないからです。

上記ⅳの課税売上割合の計算式をわかりやすくすると、次のとおりです（第４章『point－「免税」「非課税」又は「不課税」を区分することの意義－』参照)。

$$\text{課税売上割合} = \frac{\text{課税売上げ（税抜）} + \text{免税売上げ}}{\text{課税売上げ（税抜）} + \text{免税売上げ} + \text{非課税売上げ}}$$

2　「課税売上割合」（⑧欄）による計算コースの分岐

課税売上割合（⑧欄）又はその課税期間の課税売上高によって、次頁のＦＣで示すように「控除対象仕入税額」（㉔欄、場合によっては㉕欄）への計算コースが３つに分かれます。

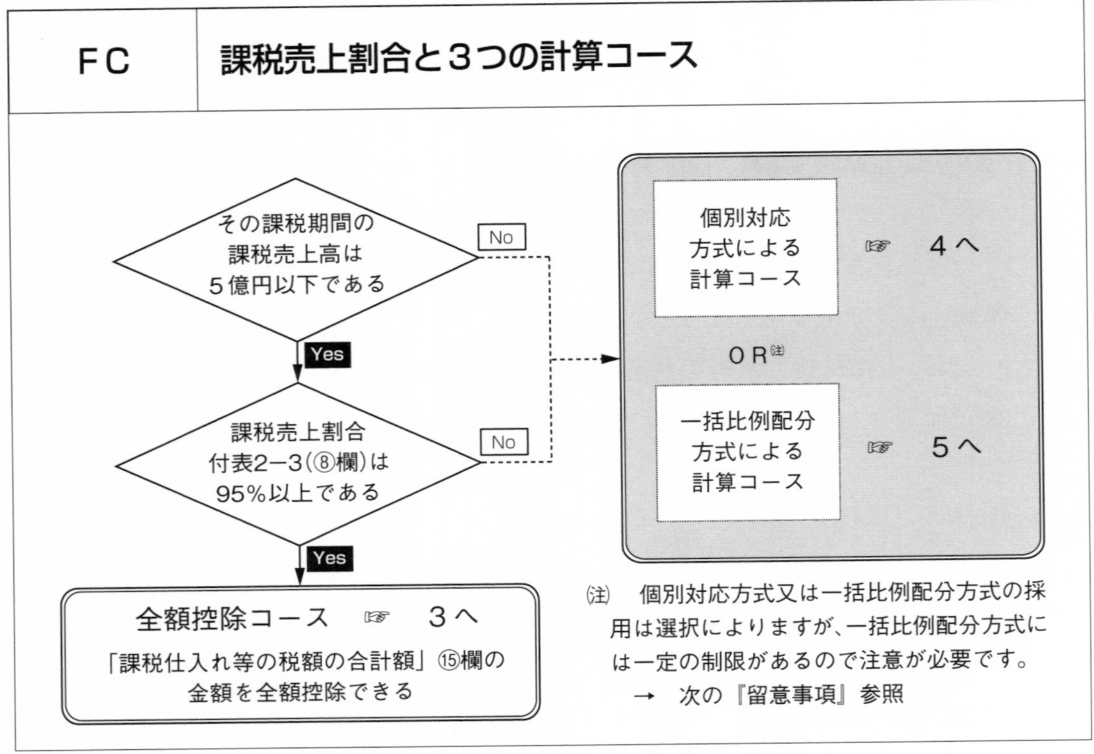
FC
課税売上割合と3つの計算コース
その課税期間の
課税売上高は
5億円以下である
No
Yes
課税売上割合
付表2−3(⑧欄)は
95%以上である
No
Yes
個別対応
方式による
計算コース
☞　4へ
OR(注)
一括比例配分
方式による
計算コース
☞　5へ
全額控除コース　☞　3へ
「課税仕入れ等の税額の合計額」⑮欄の
金額を全額控除できる
(注)　個別対応方式又は一括比例配分方式の採
用は選択によりますが、一括比例配分方式に
は一定の制限があるので注意が必要です。
→　次の『留意事項』参照

留意事項　一括比例配分方式の2年縛り

この両方式は選択制となっていますが、一括比例配分方式を採用した場合は、２年間の継続適用が義務付けられます。

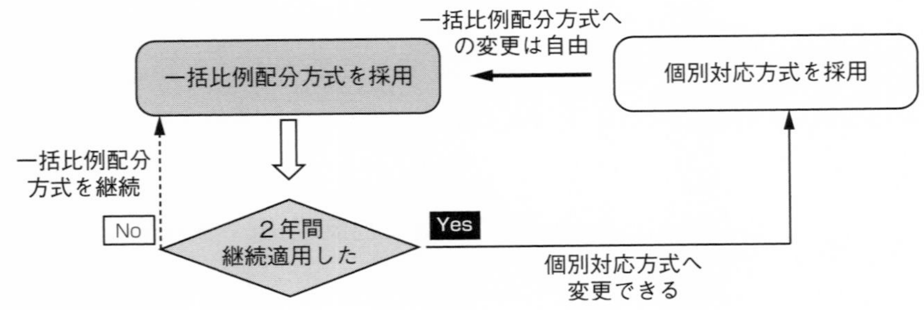
一括比例配分方式へ
の変更は自由
一括比例配分方式を採用
個別対応方式を採用
一括比例配分
方式を継続
No
2年間
継続適用した
Yes
個別対応方式へ
変更できる

3　全額控除コース　⇨ FC6 − 一般 − 2の8

上記FC「課税売上割合と３つの計算コース」中の３に該当する場合は、前記1の「3　課税仕入れ等の税額の合計額」⑮欄の金額の全額を控除することができます。

この場合の付表及び申告書第一表の記載は、次のようになります。

㋑　付表２－３⑮欄を⑯欄に転記します。

㋺　これに㉑欄から㉓欄の調整㈨後、㉔欄又は㉕欄を記載します。
㋩　㉔欄又は㉕欄を付表1－3④欄又は③欄に転記します。
㋥　これを申告書第一表④欄又は③欄に転記します。

㈨　これらの調整については、次を参照。
㉑欄⇨5 1（193頁）
㉒欄⇨5 2・3（195頁）
㉓欄⇨5 4（196頁）

4　個別対応方式コース　⇨ FC6－一般－3(1)

上記FC「課税売上割合と3つの計算コース」中の4に該当する場合は、「課税仕入れ等の税額の合計額」⑮欄のうち、次の図の網掛け部分の金額を控除することができます。

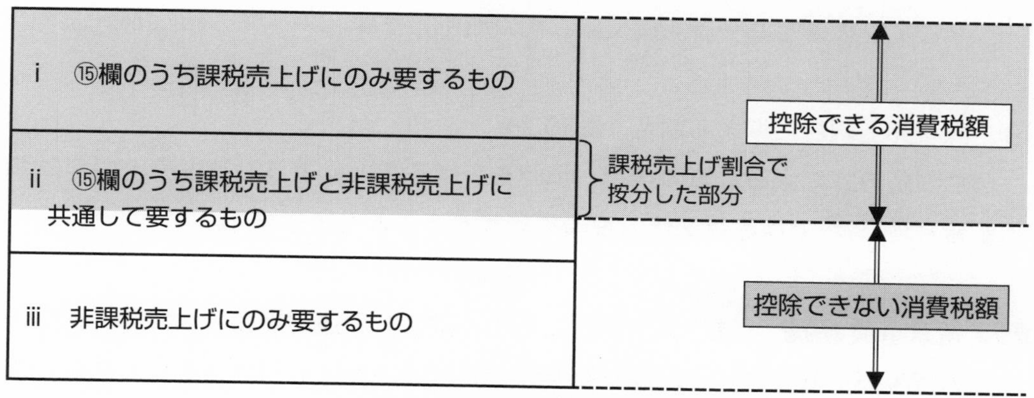

⑴　課税仕入れの区分

上記1の「3　課税仕入れ等の税額の合計額」の⑮欄の金額を次の3つに区分します。

i　「課税売上げにのみ要するもの」⑰欄
ii　「課税売上げと非課税売上げに共通して要するもの」⑱欄
iii　非課税売上げにのみ要するもの

⑵　控除税額の計算

⑴で行った区分のうち、控除できる消費税額は、次の算式のとおりです。

iの課税仕入れ等の税額　⇒　全額控除できる……A

ⅱの課税仕入れ等の税額　⇒　課税売上割合を乗じた部分が控除できる……B

（次の【算式】を参照）

【算式】＜付表２－３＞

個別対応方式により控除できる税額（⑲欄）

＝　（⑰欄）［A］＋〔（⑱欄）×課税売上割合（④欄／⑦欄）※［B］〕

㋑　上記算式の計算結果を⑲欄に記載します。

㋺　これに㉑欄から㉓欄の調整（「３　全額控除コース」の注書参照）後、㉔欄又は㉕欄を記載します。

㋩　㉔欄又は㉕欄を付表１－３④欄又は③欄に転記します。

㊁　これを申告書第一表④欄又は③欄に転記します。

⑶　課税売上割合に準ずる割合（法30③）

個別対応方式による計算の場合、承認を受けることにより「課税売上割合に準ずる割合」【⇨用語52】で控除対象仕入税額を計算することもできます。

留意事項　「課税売上割合に準ずる割合」の適用場面

本来の課税売上割合に代え、承認を要件として「課税売上割合に準ずる割合」を用いて計算することもできます。

ただし、「課税売上割合に準ずる割合」は、

①　個別対応方式を採用する場合において、

②　「課税売上げと非課税売上げに共通して要するもの」について控除できる消費税額を計算（上記B）する場合

にのみ、本来の課税売上割合に変わるものとして使用することができる特例です。

5　一括比例配分方式コース　⇨ FC6－一般－3(2)

一括比例配分方式では、次の図の網掛け部分の金額を控除することができます。

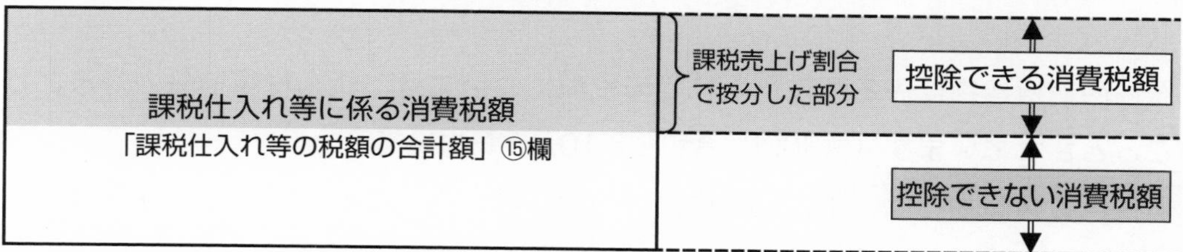

⑴　課税仕入れの区分

個別対応方式とは異なり、課税仕入れ等を区分する必要はありませんが、区分していても一括比例配分方式を選択することができます。

⑵　控除税額の計算

控除できる消費税額は、次の算式のとおりです。

課税仕入れ等の税額　⇒　課税売上割合を乗じた部分が控除できる

【算式】<付表２－３>

一括比例配分方式により控除できる税額（⑳欄）

＝　課税仕入れ等の税額の合計額（⑮欄）×課税売上割合（④欄／⑦欄）

㋑　上記算式の計算結果を⑳欄に記載します。

㋺　これに㉑欄から㉓欄の調整（「３　全額控除コース」の注書参照）後、㉔欄又は㉕欄を記載します。

㋩　㉔欄又は㉕欄を付表１－３④欄又は③欄に転記します。

㋥　この④欄は又は③欄の「合計C」を申告書第一表④欄又は③欄に転記します。

留意事項　売上規模と課税売上割合

売上規模が大きく（例えば、課税売上高が５億円超）、更に仕入控除税額の計算に「一括比例配分方式」を採用している場合で非課税に当たる取引が多い事業者は、「非課税」区分の判定を誤ると、わずかな課税売上割合の数値の変動でも少なからず納付税額に影響がありますので、ご注意ください。

3　居住用賃貸建物を取得等した場合の仕入税額控除の制限

居住用賃貸建物に係る課税仕入れ等の税額については、仕入税額控除の対象としないこととされています（法30⑩、令和２年10月１日以後適用）。

居住用賃貸建物とは、①住宅の貸付けの用に供しないことが明らかな建物以外の建物であって、②高額特定資産【⇨用語15】又は調整対象自己建設高額資産【⇨用語22】に該当するものとされます。

Point☞　「住宅の貸付けの用に供しないことが明らかな建物以外の建物」とは——

「住宅の貸付けの用に供しないことが明らかな建物」とは、建物の構造や設備等の状況により住宅の貸付けの用に供しないことが客観的に明らかなものをいい、例えば、その全てが店舗である建物など建物の設備等の状況により住宅の貸付けの用に供しないことが明らかな建物が該当するとされます。

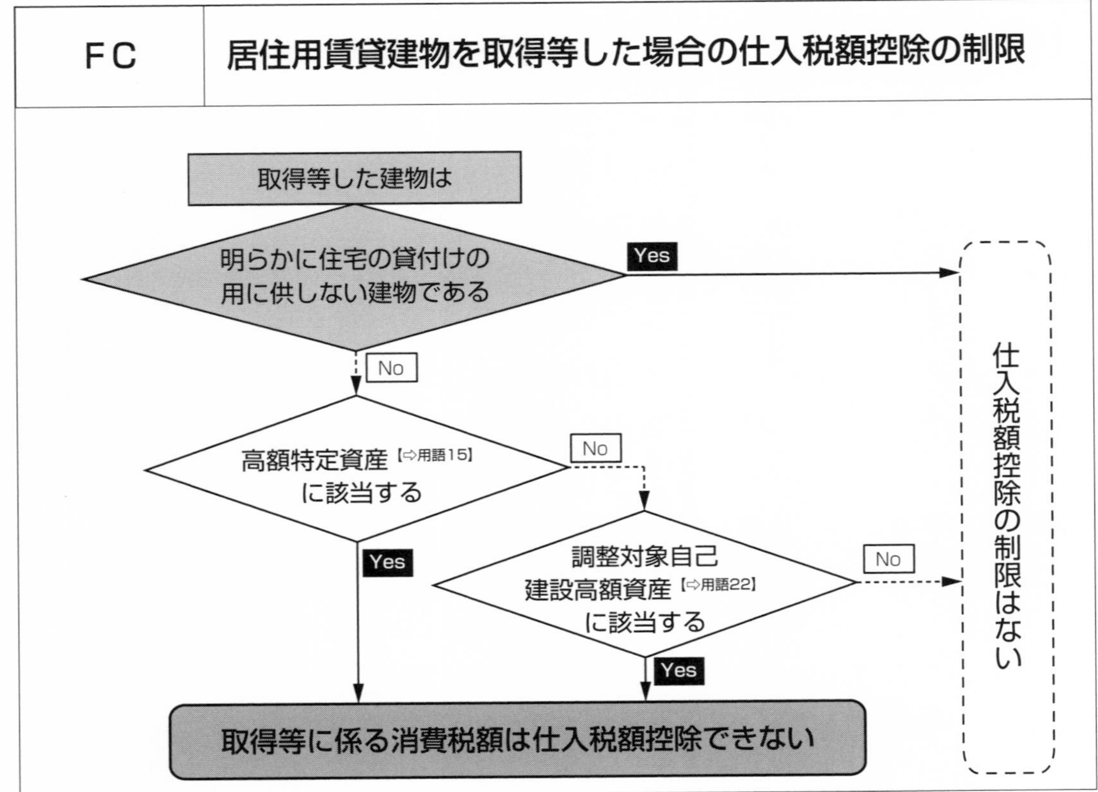

■■■ 留意事項 ■■■　居住用賃貸部分とそれ以外の部分との合理的区分

例えば、建物の一部が店舗用になっている居住用賃貸建物を、その構造及び設備その他の状況により住宅の貸付けの用に供しないことが明らかな部分とそれ以外の部分（「居住用賃貸部分」）とに合理的に区分しているときは、その居住用賃貸部分以外の部分に係る課税仕入れ等の税額については、仕入税額控除の対象となるとされています（令50の２①）。

4　期末棚卸資産の税額調整（FC6－一般－2の5）

1　免税事業者から課税事業者に転換する際の期末在庫棚卸資産の税額調整

来期の課税期間において、免税事業者から課税事業者に転換する場合、免税されていた期間の末日に在庫する棚卸資産のうち、免税期間中の課税仕入れ等【⇨用語49】に係るものがあるときは、その棚卸資産に係る消費税額は、課税事業者となった課税期間の課税仕入れ等の税額とみなされます（法36①）。

㈱　簡易課税【⇨用語44】を適用する場合は、控除税額はみなし仕入率でみなされた額となるので、調整計算の必要はありません（法37①）。

Point☞　「免税期間末日在庫の棚卸資産の税額調整」とは――

次図のとおりとなります（個人事業者又は12月決算法人の場合）。

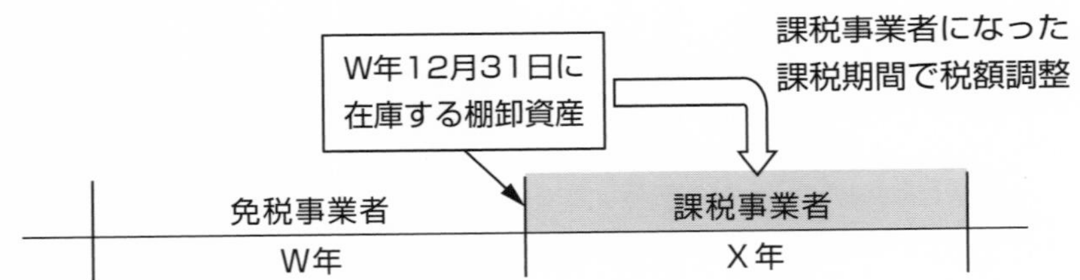

免税期間末日在庫棚卸資産の税額調整は、次頁のFC6－一般－4のとおりです。

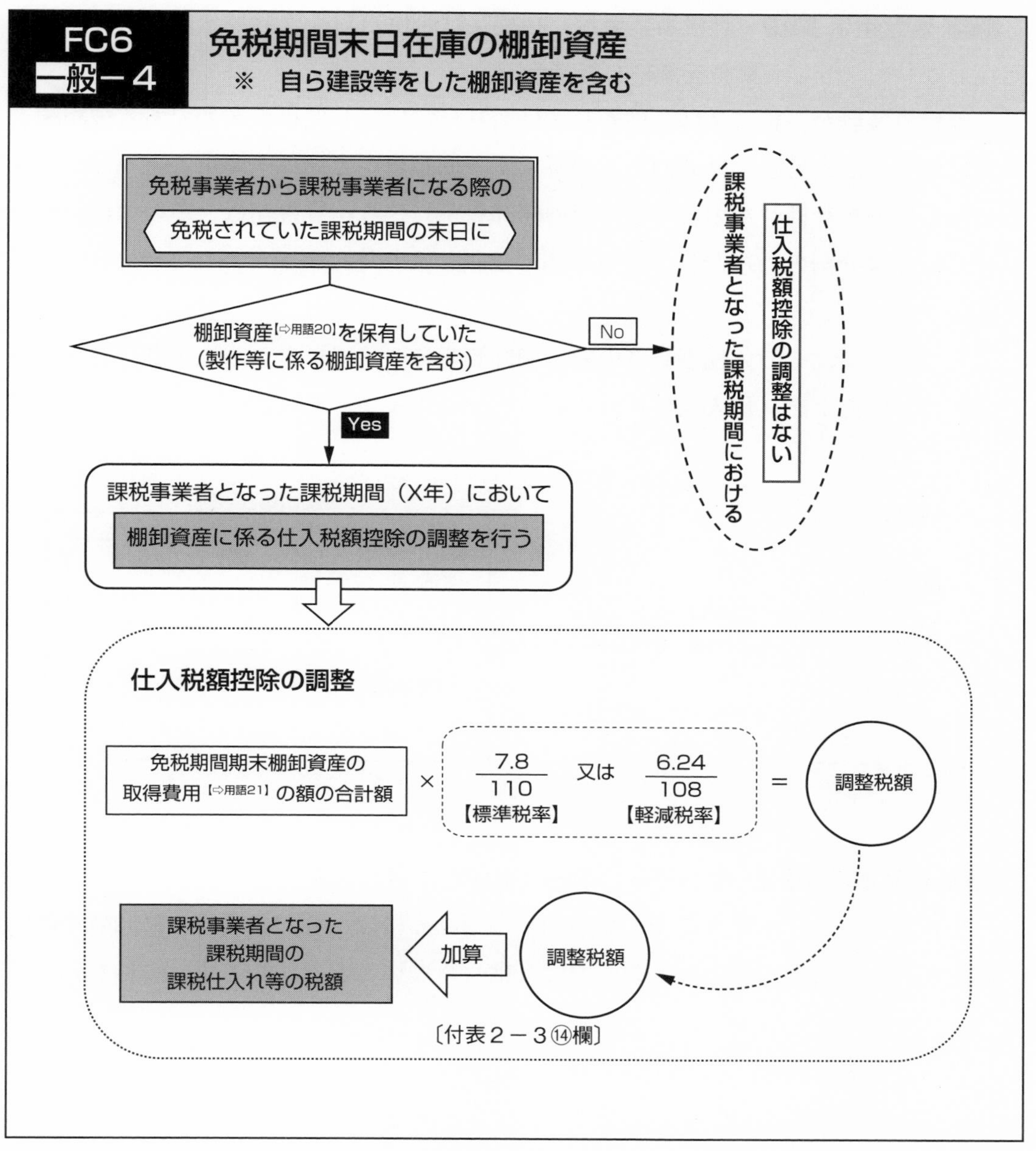

■■■ 留意事項 ■■■　免税事業者から課税事業者に転換する際の期末在庫棚卸資産の税額調整と３年縛り

第１章「5　期末棚卸資産の税額調整と将来予測」(35頁) のとおり、免税期間末日在庫棚卸資産の税額調整を行った場合で一定の事項に該当するときは、３年間にわたり課税事業者を強いられる（いわゆる「３年縛り」）ことになるので、注意が必要です。

■■■ 留意事項 ■■■　課税事業者が、相続又は合併若しくは会社分割により免税事業者を承継した場合

課税事業者が、相続又は合併若しくは会社分割により免税事業者である被相続人又は被合併法人若しくは分割法人の所有する棚卸資産で免税期間中の課税仕入れ等に係るものを承継した場合には、その棚卸資産に係る消費税額は、その相続又は合併若しくは分割のあった日の課税期間の課税仕入れ等の税額とみなされます（法36③）。

したがって、その免税事業者の期末棚卸資産については、これを承継した課税事業者において上記「仕入税額控除の調整」を行います（下図参照）。

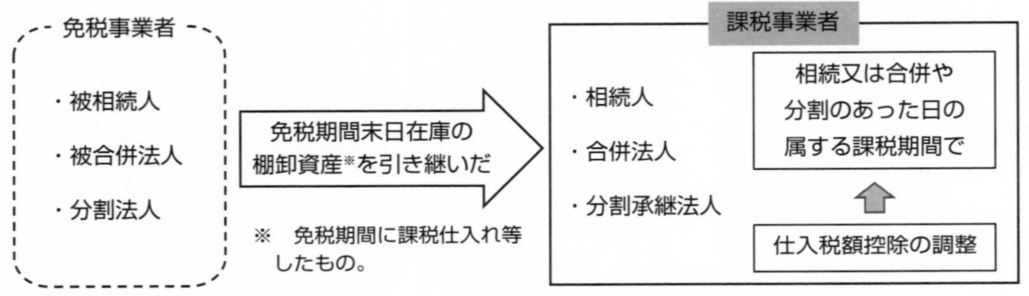

■■■ 留意事項 ■■■　棚卸資産の明細を記録した書類の保存

免税期間末日在庫棚卸資産の税額調整を受けるには、その該当する棚卸資産の明細を記録した書類を保存しておかなければならないこととされます（法36②④）。

2　課税事業者から免税事業者に転換する際の期末在庫棚卸資産の税額調整

来期の課税期間において、課税事業者から免税事業者に転換する場合、免税となる直前の（課税事業者である）課税期間（「直前課税期間」）において仕入れた棚卸資産を直前課税期間の末日に在庫するときは、その棚卸資産についての課税仕入れ等の税額は，その直前課税期間における仕入税額控除の対象から除くことになります（法36⑤)。

㈲　簡易課税【⇒用語44】を適用する場合は、調整計算の必要はありません（法37①、基通12－7－4)。

Point☞　「課税事業者であった期間末日在庫の棚卸資産の税額調整」とは――

次図のとおりとなります（個人事業者又は12月決算法人の場合)。

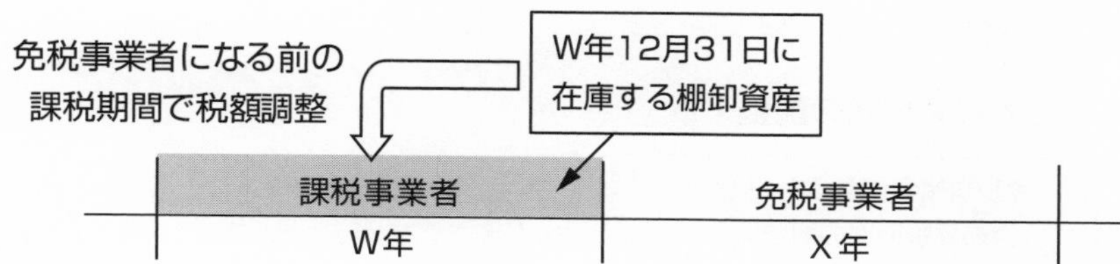

免税期間末日在庫棚卸資産の税額調整は、次頁のFC6－一般－5のとおりです。

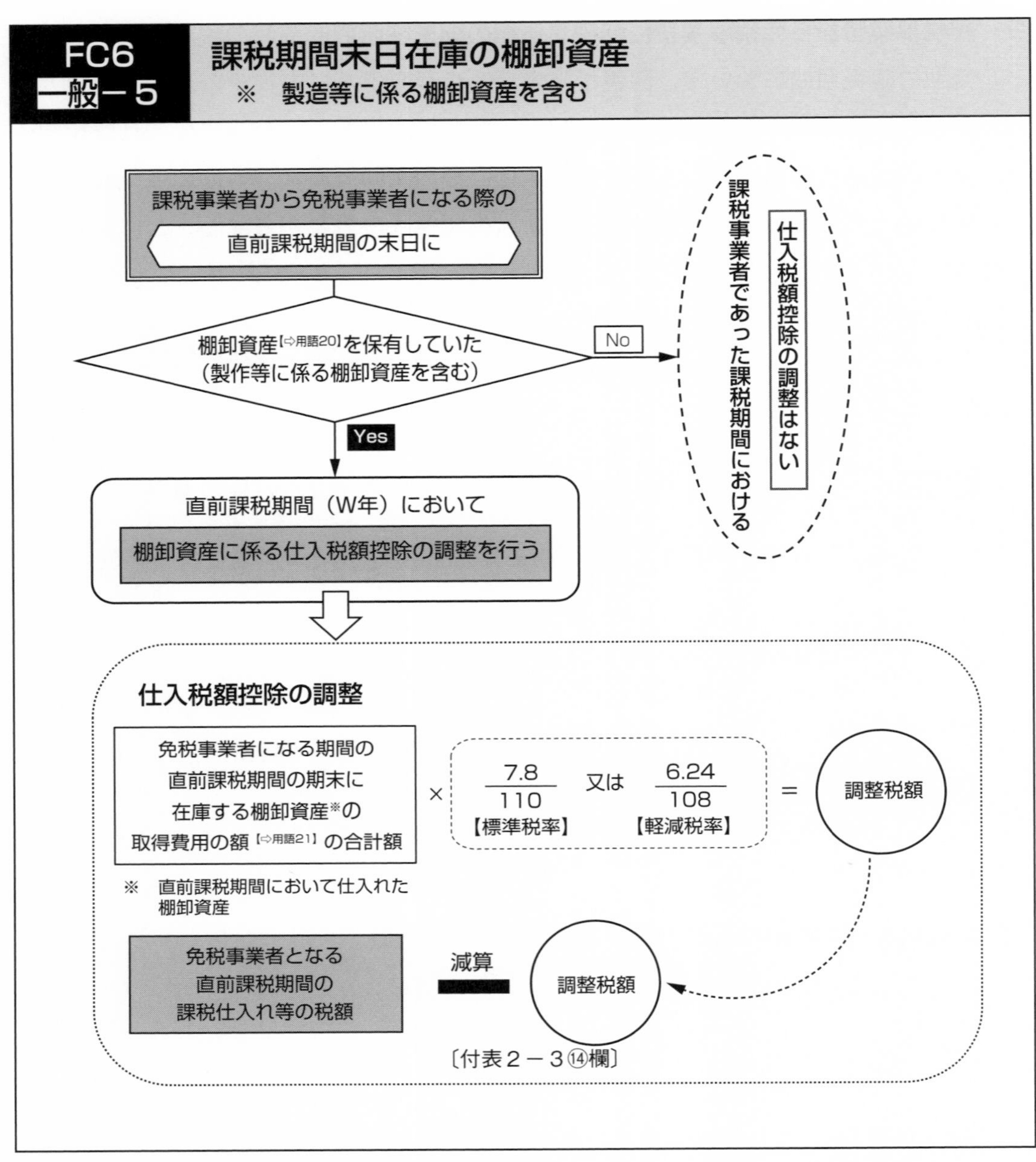
FC6
一般－5
課税期間末日在庫の棚卸資産
※　製造等に係る棚卸資産を含む
課税事業者から免税事業者になる際の
直前課税期間の末日に
棚卸資産[⇨用語20]を保有していた
（製作等に係る棚卸資産を含む）
No
課税事業者であった課税期間における
仕入税額控除の調整はない
Yes
直前課税期間（W年）において
棚卸資産に係る仕入税額控除の調整を行う
仕入税額控除の調整
免税事業者になる期間の
直前課税期間の期末に
在庫する棚卸資産※の
取得費用の額[⇨用語21]の合計額
×
7.8/110
【標準税率】
又は
6.24/108
【軽減税率】
＝
調整税額
※　直前課税期間において仕入れた
棚卸資産
免税事業者となる
直前課税期間の
課税仕入れ等の税額
減算
調整税額
〔付表２－３⑭欄〕

5　その他の税額調整（FC6－一般－3(1)の9・(2)の9）

1　課税売上割合が著しく変動した場合の仕入控除税額調整（付表2－3㉑欄）

課税事業者が、調整対象固定資産【⇨用語14】の課税仕入れ等の税額につき**比例配分法**※1で仕入控除税額の計算を行った場合（全額控除した場合を含みます。）で、その計算に用いた課税売上割合（本章一般課税2参照）がその仕入れ等をした課税期間以後3年間の**通算課税売上割合**※2と比較して著しく変動したとき※3には、仕入れ等の課税期間の開始の日から3年を経過する日の属する課税期間（**第3年度の課税期間**）において※4、その3年間の通算課税売上割合により再計算した金額と仕入れ等の課税期間において控除した金額との差額を仕入れに係る消費税額に増額し、又は仕入れに係る消費税額から控除する（**調整計算**※5）こととされます（法33①、②）。

※1　比例配分法

「比例配分法」とは、次の2つの方法をいいます。

① 個別対応方式により課税仕入れ等の税額を計算する場合における課税・非課税の事業の用に共通して必要とする課税仕入れ等の税額の按分計算の方法

② 一括比例配分方式により課税仕入れ等の税額を計算する方法

※2　通算課税売上割合

「通算課税売上割合」とは、通算課税売上割合とは、仕入れ等の課税期間から3年間の資産の譲渡等の対価の額の合計額に占めるその3年間の国内における課税資産の譲渡等の対価の額の合計額の割合をいいます（令53③）。

※3　著しく変動したとき

(1) 著しく増加した場合（令53①）。

次の①かつ②に該当する場合をいいます。

① $\dfrac{\text{通算課税売上割合} - \text{仕入れ等の課税期間の課税売上割合}}{\text{仕入れ等の課税期間の課税売上割合}} \geqq \dfrac{50}{100}$

② $\text{通算課税売上割合} - \text{仕入れ等の課税期間の課税売上割合} \geqq \dfrac{5}{100}$

⑵　著しく減少した場合（令53①）。

次の①かつ②に該当する場合をいいます。

① $\dfrac{\text{仕入れ等の課税期間の課税売上割合} - \text{通算課税売上割合}}{\text{仕入れ等の課税期間の課税売上割合}} \geqq \dfrac{50}{100}$

② 仕入れ等の課税期間の課税売上割合 － 通算課税売上割合 $\geqq \dfrac{5}{100}$

※４　第３年度の課税期間と保有要件

第３年度の課税期間とは、仕入れ等の課税期間（その調整対象固定資産の課税仕入れ又は保税地域からの引取りを行った日の属する課税期間）の開始の日から３年を経過する日の属する課税期間をいい（法33②)、その第３年度の課税期間の末日においてその調整対象固定資産を有していない場合には、この調整を行う必要はありません（基通12－３－３)。

※５　調整計算（付表２－３㉑欄（163頁))

上記「※３　著しく変動したとき」に該当した場合は、次の調整計算を行います。

⑴　著しく増加した場合の調整計算（令53①)

次の算式により計算された金額を、第３年度の課税期間の仕入れに係る消費税額に加算します。

【算式】

（調整対象基準税額※ × 通算課税売上割合） － （調整対象基準税額 × その仕入れ等の課税期間の課税売上割合）

※「調整対象基準税額」とは、保有調整対象固定資産に係る課税仕入れ等の税額をいいます。

⑵　著しく減少した場合の調整計算（令53②)

次の算式により計算された金額を、第３年度の課税期間の仕入れに係る消費税額から控除します。

なお、控除しきれない金額があるときは、その金額を課税資産の譲渡等に係る消費税額とみなして、その第３年度の課税期間の課税標準額に対する消費税額に加算することになります（法33③)。

【算式】

（調整対象基準税額※ × その仕入れ等の課税期間の課税売上割合） － （調整対象基準税額 × 通算課税売上割合）

※「調整対象基準税額」とは、保有調整対象固定資産に係る課税仕入れ等の税額をいいます。

2　調整対象固定資産：課税業務用を非課税業務用に転用した場合の仕入控除税額調整（付表2－3㉒欄）

⑴　調整対象固定資産【⇨用語14】を課税業務専用から非課税業務専用に転用した場合に、次の①～③に該当するときは、その転用した期間に応じ、控除済み税額（調整対象税額）の全部又は一部をその転用した課税期間における仕入れに係る消費税額から控除し、控除しきれない金額があるときは、その課税期間の課税標準額に対する消費税額に加算することとされます（法34①、②）。

①　調整対象固定資産について
②　個別対応方式により課税業務用のみに供するものとして仕入税額控除の計算を行った
③　①及び②に該当するものを取得した日から３年以内に非課税業務用のみに供するものに転用した

⑵　仕入れに係る消費税額から控除する消費税額の計算は、次のとおりです。

	転用の時期	控除済みの税額（調整対象税額）の……
①	仕入れ等の日から１年を経過する日までの期間	全額
②	①の期間の末日の翌日から１年を経過する日までの期間（２年目）	３分の２相当額
③	②の期間の末日の翌日から１年を経過する日までの期間（３年目）	３分の１相当額

3　調整対象固定資産：非課税業務用を課税業務用に転用した場合の仕入控除税額調整（付表2－3㉒欄）

⑴　調整対象固定資産【⇨用語14】を非課税業務専用から課税業務専用に転用した場合に、次の①～③に該当するときは、その転用した期間に応じ、控除未済税額(注)（調整対象税額）の全部又は一部をその転用した課税期間における仕入れに係る消

費税額に加算することとされます（法35①）。

㈿　控除未済税額とは、仕入税額控除を個別対応方式で行い、非課税売上対応の課税仕入れとして税額控除の対象としなかった税額をいいます。

①　調整対象固定資産について
②　個別対応方式により非課税業務用のみに供するものとして仕入税額控除の計算を行った
③　①及び②に該当するものを取得した日から３年以内に課税業務用のみに供するものに転用した

⑵　仕入れに係る消費税額から控除する消費税額の計算は、次のとおりです。

	転用の時期	控除未済の税額（調整対象税額）の……
①	仕入れ等の日から１年を経過する日までの期間	全額
②	①の期間の末日の翌日から１年を経過する日までの期間（２年目）	３分の２相当額
③	②の期間の末日の翌日から１年を経過する日までの期間（３年目）	３分の１相当額

４　「居住用賃貸建物」を「課税賃貸用」に転用等した場合の仕入控除税額調整（付表２－３㉓欄）

前記「３　居住用賃貸建物を取得等した場合の仕入税額控除の制限」の適用を受けた「居住用賃貸建物」について、次の⑴又は⑵のいずれかに該当する場合には、仕入控除税額を調整することとされています（法35の２①）。

⑴　「居住用賃貸建物」を「課税賃貸用」※1に転用した場合

イ　仕入税額控除が制限された居住用賃貸建物について、次の①～③に該当する転用があった場合は、**第３年度の課税期間**※2において調整計算をすることとされています。

①　仕入税額控除が制限された居住用賃貸建物について
②　**調整期間**※3に、その居住用賃貸建物の全部又は一部を課税賃貸用に転用した
③　その居住用賃貸建物を第３年度の課税期間の末日に有している

※１　課税賃貸用

非課税とされる住宅の貸付け以外の貸付用をいいます。

※２　第３年度の課税期間

居住用賃貸建物の仕入れ等の日の属する課税期間の初日以後３年を経過する日の属する課税期間をいいます。

※３　調整期間

居住用賃貸建物の仕入れ等の日から第３年度の課税期間の末日までの間をいいます。

ロ　上記イに該当して、第３年度の課税期間において行う調整は、次のとおりです。

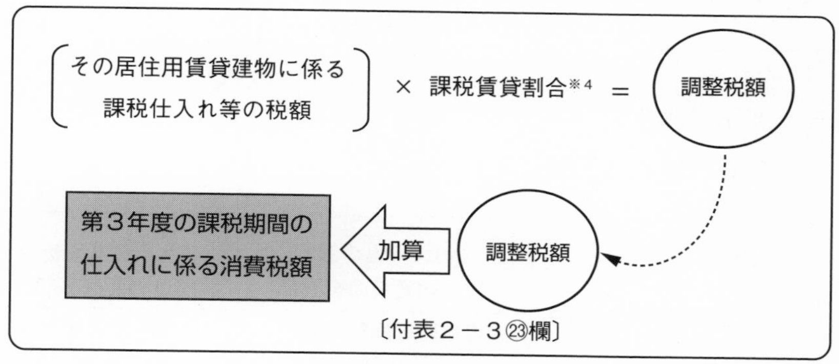

※４　課税賃貸割合

次の算式による割合です。

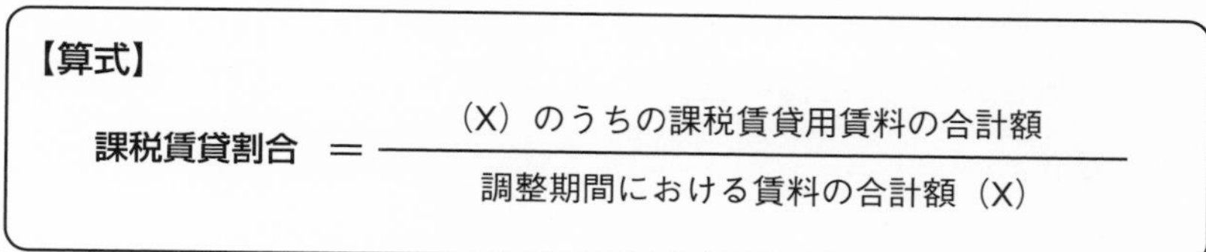

【算式】

$$\text{課税賃貸割合} = \frac{\text{（X）のうちの課税賃貸用賃料の合計額}}{\text{調整期間における賃料の合計額（X）}}$$

⑵　「居住用賃貸建物」を他に譲渡した場合

イ　仕入税額控除が制限された居住用賃貸建物について、次の①②に該当する譲渡があった場合は、**第３年度の課税期間**（上記⑴※１参照）において調整計算をすることとされています。

①　仕入税額控除が制限された居住用賃貸建物について
②　調整期間（上記(1)※３参照）に、その全部または一部を他の者に譲渡した

ロ　上記イに該当して、第３年度の課税期間において行う調整は、次のとおりです。

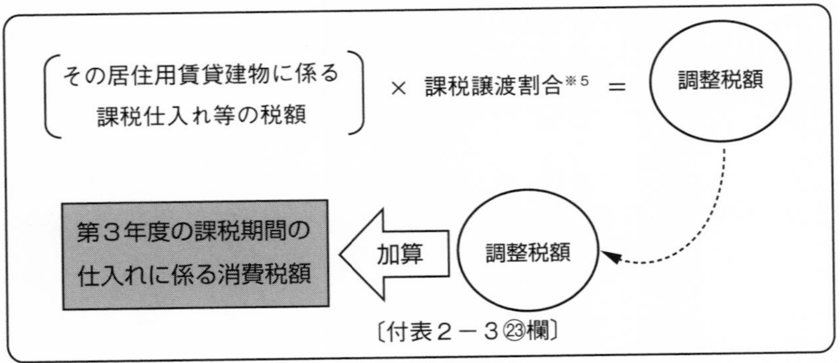

※５　課税譲渡割合
次の算式による割合です。

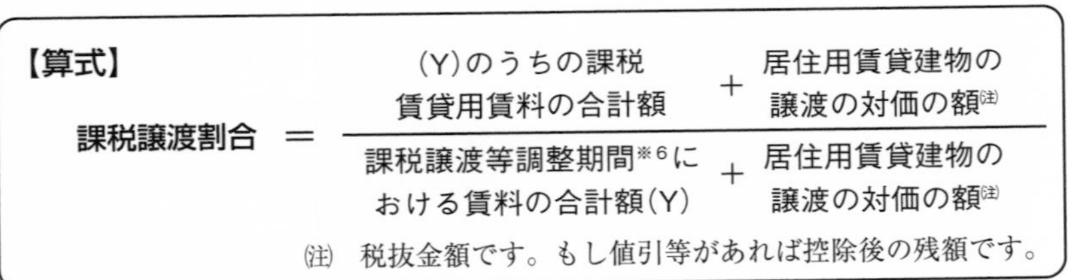

【算式】

課税譲渡割合 ＝ ｛(Y)のうちの課税賃貸用賃料の合計額 ＋ 居住用賃貸建物の譲渡の対価の額(注)｝／｛課税譲渡等調整期間※6における賃料の合計額(Y) ＋ 居住用賃貸建物の譲渡の対価の額(注)｝

(注)　税抜金額です。もし値引等があれば控除後の残額です。

※６　課税譲渡等調整期間
居住用賃貸建物の仕入れ等の日から、その建物を譲渡した日までの期間です。

届出などの手続

一般課税

1　帳簿及び請求書等の保存

課税仕入れ等に係る消費税額の控除の適用を受けるためには、その課税仕入れ等に関する仕入先などの諸事項が記載された帳簿と、一定の請求書等（区分記載請求書等）の双方を保存していることが要件とされています（法30⑦⑧⑨）。

この要件が欠けると、課税仕入れに係る消費税額の控除は認められません。

なお、帳簿及び区分記載請求書等の記載事項は次のとおりです。

⑴　帳簿の記載事項

①　課税仕入れ

イ　課税仕入れの相手方の氏名又は名称

ロ　課税仕入れを行った年月日

ハ　課税仕入れの内容（標準税率、軽減税率の区分）

ニ　課税仕入れの対価の額

②　輸入取引（課税貨物）

イ　引取年月日

ロ　課税貨物の内容

ハ　課税貨物の引取りに係る消費税額及び地方消費税額又はその合計額

⑵　区分記載請求書等の記載事項

①　課税仕入れ

区分記載請求書等の記載事項については、上記帳簿作成の基礎帳票であり、相手方が発行したもの（又は相手方の確認を受けたもの）で、上記帳簿の記載の資料として記載内容が整っているもの㈡であれば、基本的にはそれを保存することで足りると考えてよいでしょう。

㈡　上記「⑴　帳簿の記載事項」のイ～ニが記載できる内容で、その書類の作成者と交付を受ける事業者の氏名・名称が記載されているもの（又は仕入れを行った事業者が作成し、仕入先の確認を受けたもの）となります。

② 輸入取引（課税貨物）

保存する帳票は、税関長から交付を受けた「輸入許可書」等になります。

留意事項　インボイス制度（適格請求書等保存方式）の導入

令和５年10月１日から、仕入税額控除の要件は、「適格請求書」（インボイス）等と帳簿の保存がなければ仕入税額控除ができなくなります（詳しくは、第９章を参照。）。

2　個別対応方式と一括比例配分方式の選択方法

個別対応方式または一括比例配分方式の選択は、申告書第一表の右端中央付近にある「参考事項」欄「控除税額の計算方法」にマークをして行います。

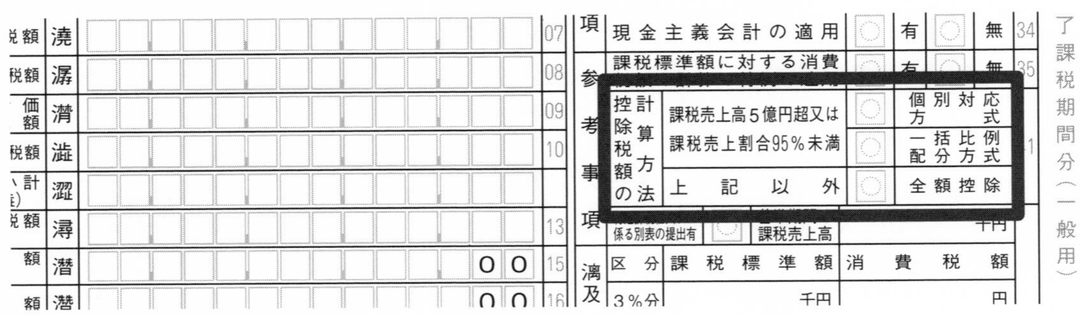

3　課税売上割合に準ずる割合の承認（基通11－５－７、11－５－８）

課税売上割合に準ずる割合を適用するためには、次の手続が必要です。

① 承認を受けるために「消費税課税売上割合に準ずる割合の適用承認申請書（第22号様式）」（202頁）を納税地の所轄税務署長に提出する。

② 適用を受けようとする課税期間の末日までに税務署長の承認を受ける。

留意事項　承認申請書の提出時期

課税期間の終了間際に承認申請を検討することもあるかと思いますが、このような場合、申請書の提出については、その課税期間の末日までに行うことが可能です。

つまり、上記①の申請書は、承認を受けようとする課税期間の末日までに提出し、その日の翌日から１月を経過する日までの間に承認を受けた場合は、その課税期間の末日において承認があったものとみなされます（令47⑥）。

所轄税務署長は，その申請について遅滞なくこれを承認又は却下の処分を行い，その処分について書面をもって通知することとされています（令47②、④）。

4　課税売上割合に準ずる割合の適用をやめようとする場合（基通11－5－7、11－5－8）

課税売上割合に準ずる割合の適用をやめて、本来の課税売上割合によって個別対応方式による控除税額を計算しようとする場合は、その適用をやめようとする課税期間の末日までに「消費税課税売上割合に準ずる割合の不適用届出書（第23号様式）」（203頁）を提出する必要があります。

消費税課税売上割合に準ずる割合の適用承認申請書（第22号様式）

第22号様式

消費税課税売上割合に準ずる割合の適用承認申請書

収受印

2通提出

※ 法人番号は、税務署提出用2通の内1通のみに記載してください。

令和　年　月　日	申請者	（フリガナ）	
		納税地	（〒　－　） （電話番号　－　－　）
		（フリガナ）	
		氏名又は名称及び代表者氏名	
税務署長殿		法人番号	※ 個人の方は個人番号の記載は不要です。

下記のとおり、消費税法第30条第３項第２号に規定する課税売上割合に準ずる割合の適用の承認を受けたいので、申請します。

適用開始課税期間	自　令和　年　月　日　至　令和　年　月　日		
採用しようとする計算方法			
その計算方法が合理的である理由			
本来の課税売上割合	課税資産の譲渡等の対価の額の合計額　円 資産の譲渡等の対価の額の合計額　円	左記の割合の算出期間	自　平成・令和　年　月　日 至　平成・令和　年　月　日
参考事項			
税理士署名	（電話番号　－　－　）		

※　上記の計算方法につき消費税法第30条第３項第２号の規定により承認します。

第　　号

税務署長　　印

令和　年　月　日

※税務署処理欄	整理番号		部門番号		適用開始年月日	年　月　日	番号確認	
	申請年月日	年　月　日	入力処理	年　月　日	台帳整理	年　月　日		
	通信日付印 年　月　日		確認					

注意　１．この申請書は、裏面の記載要領等に留意の上、２通提出してください。
　　　２．※印欄は、記載しないでください。

消費税課税売上割合に準ずる割合の不適用届出書（第23号様式）

第23号様式

消費税課税売上割合に準ずる割合の不適用届出書

収受印

令和　年　月　日	届出者	（フリガナ）	
		納税地	（〒　－　） （電話番号　－　－　）
		（フリガナ）	
		氏名又は名称及び代表者氏名	
＿＿＿＿税務署長殿		法人番号	※ 個人の方は個人番号の記載は不要です。

下記のとおり、課税売上割合に準ずる割合の適用をやめたいので、消費税法第30条第３項の規定により届出します。

承認を受けている計算方法	
承認年月日	平成 令和　年　月　日
この届出の適用開始日	平成 令和　年　月　日
参考事項	
税理士署名	（電話番号　－　－　）

※税務署処理欄	整理番号		部門番号		番号確認		通信日付印 年　月　日	確認	
	届出年月日	年　月　日	入力処理	年　月　日			台帳整理	年　月　日	

注意　1．裏面の記載要領等に留意の上、記載してください。
　　　2．税務署処理欄は、記載しないでください。

簡易課税

1　簡易課税制度を選択することができる場合（要件）

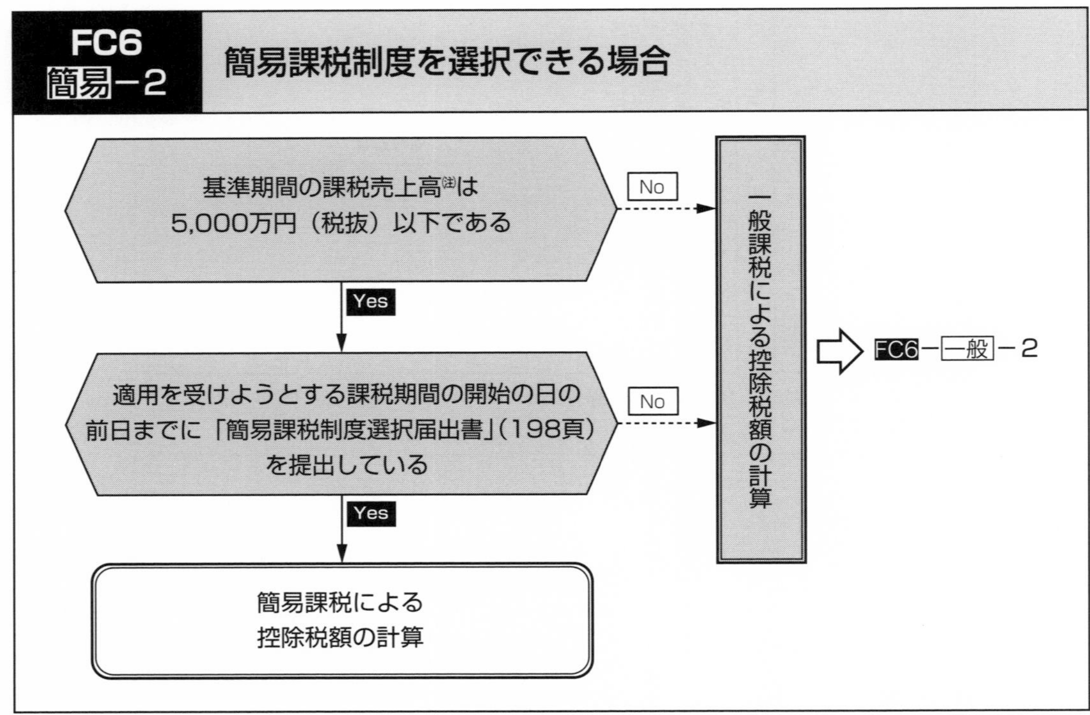

簡易課税制度は、次の要件を満たす場合に選択することができます。

①　その課税期間の基準期間における課税売上高(注)が5,000万円以下であること。

②　適用を受けようとする課税期間の初日の前日までに「簡易課税制度選択届出書（第９号様式）」（217頁）を所轄税務署長に提出していること。

(注)「免税売上げ」を含みます（153頁の『留意事項　「課税標準額」≠「課税売上高」』参照）。

■■■ 留意事項 ■■■　簡易課税制度の適用は２年縛り

簡易課税制度は、２年継続して適用した後の課税期間でなければ、その適用をやめることはできません。

■■■ 留意事項 ■■■　調整対象固定資産等の取得による適用制限

一定の場合に調整対象固定資産や高額特定資産を購入し、課税仕入れ等を行った場合など、簡易課税制度の適用が制限される課税期間があります（第１章④・⑤参照）。

⇨　後掲215頁の留意事項『簡易課税選択届出書を提出することができないとき』参照

■■■ 留意事項 ■■■　簡易課税制度の選択をやめようとするとき

簡易課税性の適用をやめようとするときは、やめようとする課税期間の初日の前日までに「消費税簡易課税制度選択不適用届出書（第25号様式）」（218頁）を所轄税務署長に提出する必要があります。

■■■ 留意事項 ■■■　簡易課税選択届出書の効力（基通13－１－３）

①　簡易課税制度の選択後に基準期間の課税売上高が5,000万円を超えることとなった場合

簡易課税制度選択届出書を提出している場合で、ある課税期間の基準期間が5,000万円を超えることとなったときは、その課税期間については簡易課税制度を適用することはできません。一般課税により納付税額を計算することになります。

その後、基準期間の課税売上高が5,000万円以下となった場合でも選択届出の効力は打ち消されるものではありませんので、その課税期間については、簡易課税により納付税額の計算をすることになります。

②　簡易課税制度の選択後に免税事業者となった場合

簡易課税制度選択届出書を提出している場合で、ある課税期間の基準期間が1,000万円以下となったことで一旦は免税事業者となっても、その後課税事業者に戻った場合には、免税事業者になったことで選択届出の効力は打ち消されるものではありませんので、その課税事業者に戻った課税期間については、簡易課税により納付税額の計算をすることになります。

2 みなし仕入率

簡易課税は、課税売上げに係る消費税額に「みなし仕入率」を乗じて算出した金額を「控除対象仕入税額」とみなす特例です。

納付税額に影響する「みなし仕入率」とは、それぞれの事業区分に応じ次の表に示す率をいいます。

事業区分	みなし仕入率	該当する事業
第一種事業	90%	卸売業（他の者から購入した商品をその性質、形状を変更しないで他の事業者に対して販売する事業）
第二種事業	80%	小売業（他の者から購入した商品をその性質、形状を変更しないで販売する事業で第一種事業以外のもの）、農業・林業・漁業（飲食料品の譲渡に係る事業）
第三種事業	70%	農業・林業・漁業（飲食料品の譲渡に係る事業を除きます。）、鉱業、建設業、製造業（製造小売業を含みます。）、電気業、ガス業、熱供給業および水道業。ただし、第一種事業、第二種事業に該当するもの及び加工賃その他これに類する料金を対価とする役務の提供を除きます。
第四種事業	60%	第一種事業、第二種事業、第三種事業、第五種事業および第六種事業以外の事業。具体的には、飲食店業など。なお、第三種事業から除かれる加工賃その他これに類する料金を対価とする役務の提供を行う事業も第四種事業となります。
第五種事業	50%	運輸通信業、金融・保険業、サービス業（飲食店業に該当する事業を除きます。）。ただし、第一種事業から第三種事業までの事業に該当する事業を除きます。
第六種事業	40%	不動産業

留意事項　事業区分の判定単位

事業者が行う事業区分の判定は、原則として、その事業者が行う課税資産の譲渡等ごとに行います。

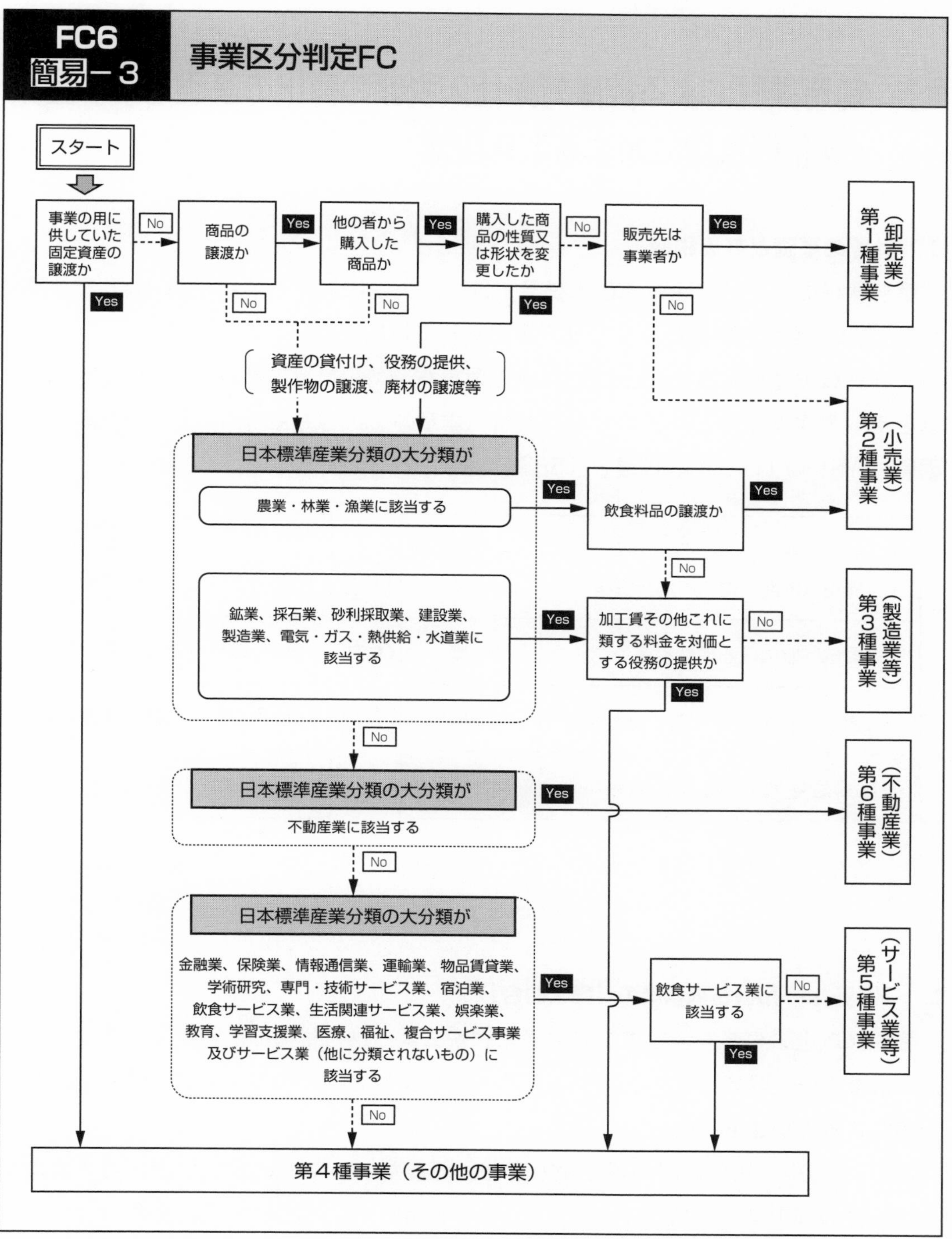
FC6
簡易－3
事業区分判定FC
スタート
事業の用に供していた固定資産の譲渡か
No
商品の譲渡か
Yes
他の者から購入した商品か
Yes
購入した商品の性質又は形状を変更したか
No
販売先は事業者か
Yes
第1種事業（卸売業）
Yes
No
No
Yes
No
資産の貸付け、役務の提供、製作物の譲渡、廃材の譲渡等
第2種事業（小売業）
日本標準産業分類の大分類が
農業・林業・漁業に該当する
Yes
飲食料品の譲渡か
Yes
No
鉱業、採石業、砂利採取業、建設業、製造業、電気・ガス・熱供給・水道業に該当する
Yes
加工賃その他これに類する料金を対価とする役務の提供か
No
第3種事業（製造業等）
Yes
No
日本標準産業分類の大分類が
不動産業に該当する
Yes
第6種事業（不動産業）
No
日本標準産業分類の大分類が
金融業、保険業、情報通信業、運輸業、物品賃貸業、学術研究、専門・技術サービス業、宿泊業、飲食サービス業、生活関連サービス業、娯楽業、教育、学習支援業、医療、福祉、複合サービス事業及びサービス業（他に分類されないもの）に該当する
Yes
飲食サービス業に該当する
No
第5種事業（サービス業等）
Yes
No
第4種事業（その他の事業）

3　簡易課税による控除対象仕入税額の算出の基礎となる金額～課税標準額に対する消費税額

1　計算の基礎となる税額

簡易課税による「控除対象仕入税額」は、売上げに対する消費税額（課税標準額に対する消費税額）を基礎にみなし仕入率を乗じて算出するのが基本です。

その計算の基礎となる売上げに対する消費税額等（計算の基礎となる税額）を、付表を使って整理すると、次のとおりです（本章の「Ⅱ　課税売上げに係る税額の計算」FC6－簡易－１（146頁）、同6２（158頁）参照）。

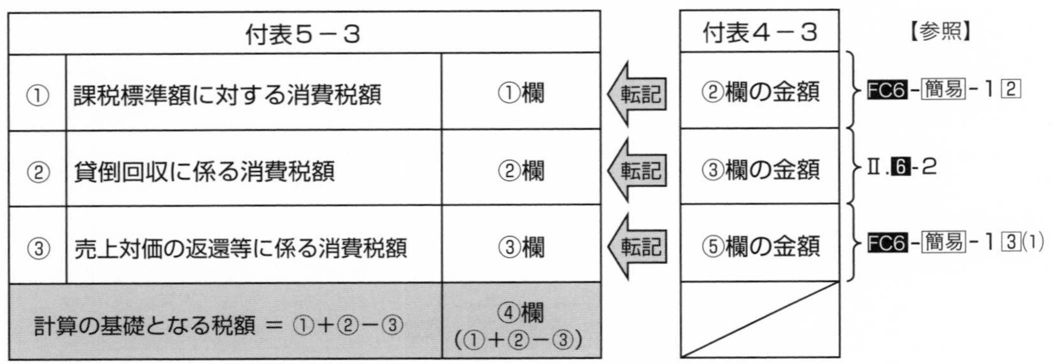

㊟　各欄とも、「A」は軽減税率、「B」は標準税率、「C」は、「A」及び「B」の合計額を記載します。

2　75%ルール（各種事業の「売上割合」）

２種類以上の事業を営む事業者の簡易課税による納付税額の計算においては、原則的な計算方法（4２㋑）のほか、75％ルールにより２通りの簡便計算（4２㋺及び㋩）が用意されています。

この75％ルールの適用が可能かどうか、可能だとしてどの方法が選択できるのかについての判定は、「付表５－３」（167頁）を用いて次のとおり行います。

⑴　各種事業ごとの課税売上高（税抜）を算出して⑦欄から⑫欄に記載します。

⑵　⑴の合計額を⑥欄に記載します。

⑶　⑵の合計額に占める各種事業ごとの⑴の金額の割合が、各種事業の売上割合です（⑦欄から⑫欄右端の「売上割合」）。

この「売上割合」75％以上である事業区分が、75％ルールの特例の対象となります。詳しくは、次のとおりです。

⑴　各事業の「課税売上高（税抜）」の算出

各事業の「課税売上高（税抜）」は次の算式で計算します。

各事業の課税売上高（税抜）の計算		付表5－3		第1表
標準税率	各種事業の課税売上高（税込）× $\frac{100}{110}$ － 各種事業の対価の返還等の金額（税込）× $\frac{100}{110}$	⑦欄～⑫欄「B」		
軽減税率	各種事業の課税売上高（税込）× $\frac{100}{108}$ － 各種事業の対価の返還等の金額（税込）× $\frac{100}{108}$	⑦欄～⑫欄「A」		
合計	各欄（⑦欄～⑫欄）「A」及び「B」の合計額を各欄「C」へ	⑦欄～⑫欄「C」	移記	「事業区分」各欄へ

⑵　各事業の「合計額」（「事業区分別の合計額」付表５－３⑥欄）

「事業区分別の合計額」は次の算式で計算します。

各事業の課税売上高（税抜）の計算		付表5－3
標準税率	その課税期間の課税売上高（税込）× $\frac{100}{110}$（注1） － その課税期間の対価の返還等の金額（税込）× $\frac{100}{110}$	⑥欄「B」
軽減税率	その課税期間の課税売上高（税込）× $\frac{100}{108}$（注2） － その課税期間の対価の返還等の金額（税込）× $\frac{100}{108}$	⑥欄「A」
合計	⑥欄「A」及び「B」の合計額を⑥欄「C」へ	⑥欄「C」

㊟1　付表４－３「①－1(B)」の金額です。
㊟2　付表４－３「①－1(A)」の金額です。

⑶　各事業の「売上割合」（付表５－３⑦～⑫欄「C」）

各事業の「売上割合」は、⑵で算出した「事業区分別の合計額」付表５－３⑥欄Cに占める⑴の各事業の「課税売上高（税抜）」（⑦欄～⑫欄「C」）の割合です。

付表５－３				第１表
第一種	⑦欄「C」の金額 ／ ⑥欄「C」の金額 × 100	⑦欄 「売上割合」	移記	「事業区分」 各欄へ
第二種	⑧欄「C」の金額 ／ ⑥欄「C」の金額 × 100	⑧欄 「売上割合」		
第三種	⑨欄「C」の金額 ／ ⑥欄「C」の金額 × 100	⑨欄 「売上割合」		
第四種	⑩欄「C」の金額 ／ ⑥欄「C」の金額 × 100	⑩欄 「売上割合」		
第五種	⑪欄「C」の金額 ／ ⑥欄「C」の金額 × 100	⑪欄 「売上割合」		
第六種	⑫欄「C」の金額 ／ ⑥欄「C」の金額 × 100	⑫欄 「売上割合」		

３　事業区分別の課税売上高に係る消費税額

２種類以上の事業を営む事業者の簡易課税による納付税額は、事業区分別の課税売上高に係る消費税額とその合計額を基に計算します。その計算は次のとおりです。

㈱　既に上記２の⑴で、各事業の「課税売上高（税抜）」を算出しています（⑦欄～⑫欄、⑥欄）。

なお、簡便に、「課税売上高（税抜）」（⑦欄～⑫欄、⑥欄）に税率（7.8％又は6.24％）を乗じて求めることも、端数の関係（１円）で納税者不利となりますが、可能と考えます。

各事業の課税売上高（税抜）のに係る消費税額		付表５－３
標準税率	各種事業の課税売上高（税込）× $\frac{7.8}{110}$ － 各種事業の対価の返還等（税込）の金額 × $\frac{7.8}{110}$	⑭欄～⑲欄 「B」
軽減税率	各種事業の課税売上高（税込）× $\frac{6.24}{108}$ － 各種事業の対価の返還等（税込）の金額 × $\frac{6.24}{108}$	⑭欄～⑲欄 「A」
各欄横計	各欄（⑭欄～⑲欄）「A」及び「B」の合計額を各欄「C」へ	⑦欄～⑫欄 「C」
合計	各欄（⑭欄～⑲欄）「C」を合計	⑬欄 「C」

4 簡易課税による控除対象仕入税額の算出

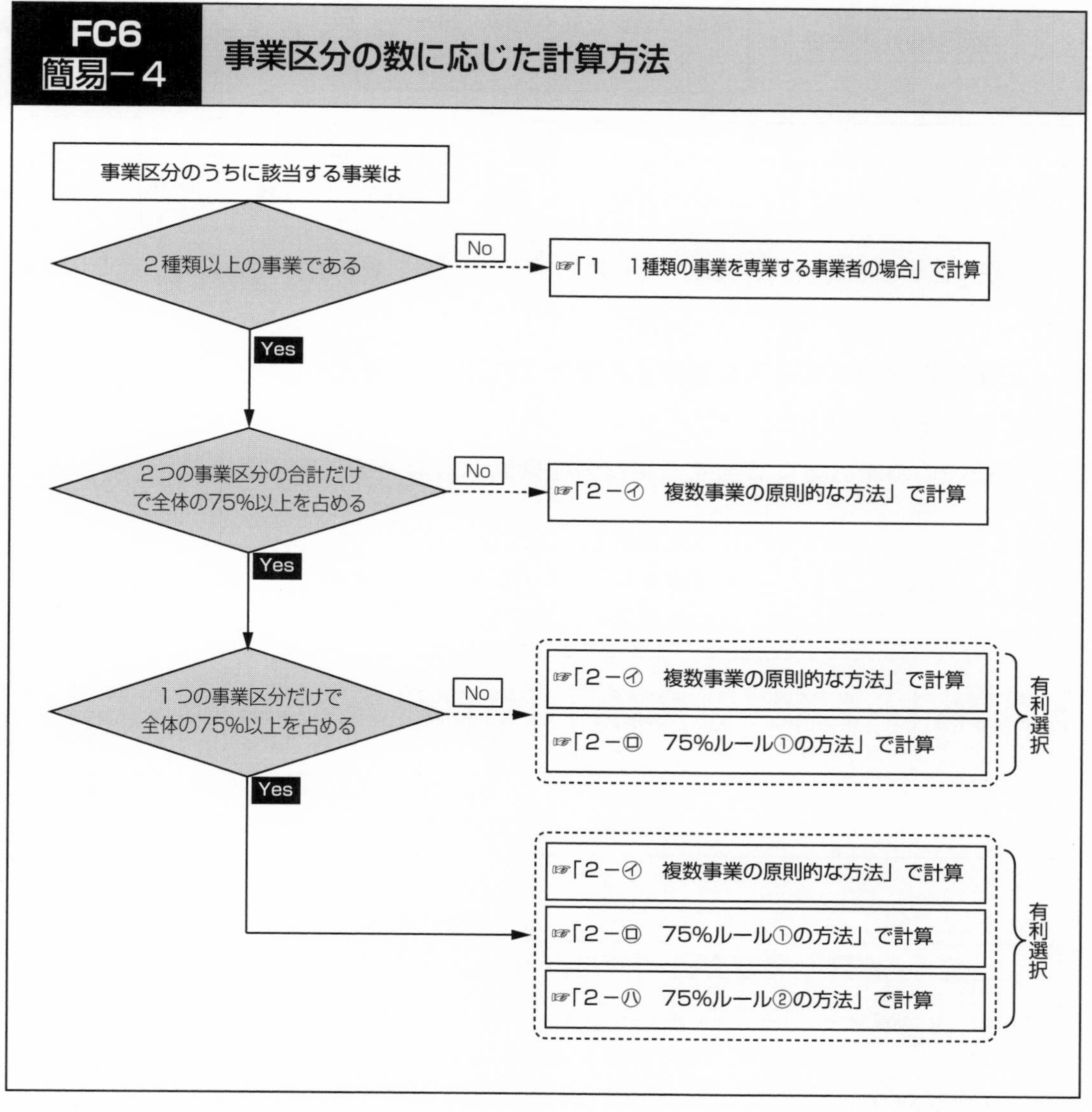

1　1種類の事業を専業する事業者の場合（付表5－3Ⅱ）

上記❸の「1　計算の基礎となる税額」にみなし仕入率を乗じた金額が、控除対象仕入税額となります。計算方法は次のとおりです。

㈨　税率区分ごとに「A」又は「B」欄に記入し、「C」欄に合計額を記入します。

2　2種類以上の事業を営む事業者の場合（付表5－3Ⅲ⑶イ）

㋑　複数事業の原則的な方法

複数の事業区分に該当する場合の原則的な計算方法は次のとおりです。

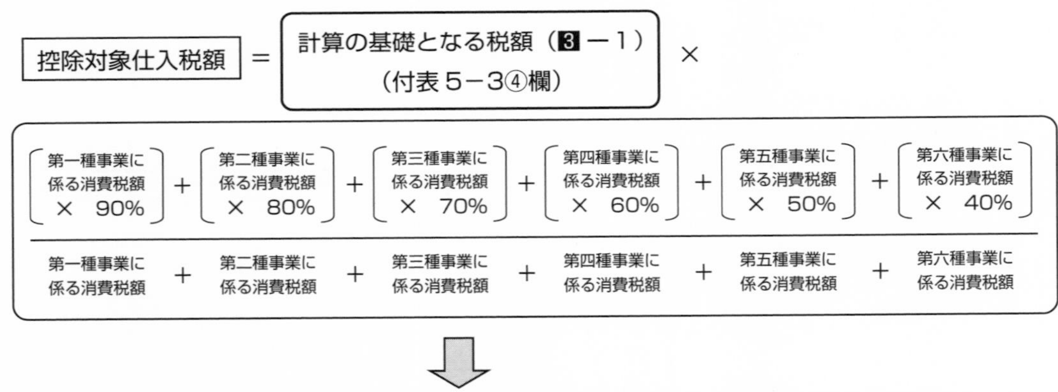

複数事業に該当する場合の原則的な計算方法		付表5－3	
標準税率	計算の基礎となる税額（④欄B）× (⑭×90%＋⑮×80%＋⑯×70%＋⑰×60%＋⑱×50%＋⑲×40%) / ⑬欄	⑳欄「B」	
軽減税率	計算の基礎となる税額（④欄A）× (⑭×90%＋⑮×80%＋⑯×70%＋⑰×60%＋⑱×50%＋⑲×40%) / ⑬欄	⑳欄「A」	
合計	「A」及び「B」の合計額を各欄「C」へ	⑳欄「C」	☞　㊲欄 又は 他との有利選択により㊲欄

㋺　75％ルール①の方法（付表5－3Ⅲ⑶ロ㋺）

２つの事業区分の合計だけで全体の課税売上高の75％以上を占める場合は、

ⅰ　その75％以上を占める２つの事業区分のみなし仕入率を比較します。

ⅱ　その２つのうち高い率の事業区分の課税売上高には高い方のみなし仕入率を適用します。

ⅲ　ⅱの事業区分を除いた課税売上高（残り全部）に、その２つのうち低い率のみなし仕入率を適用します。

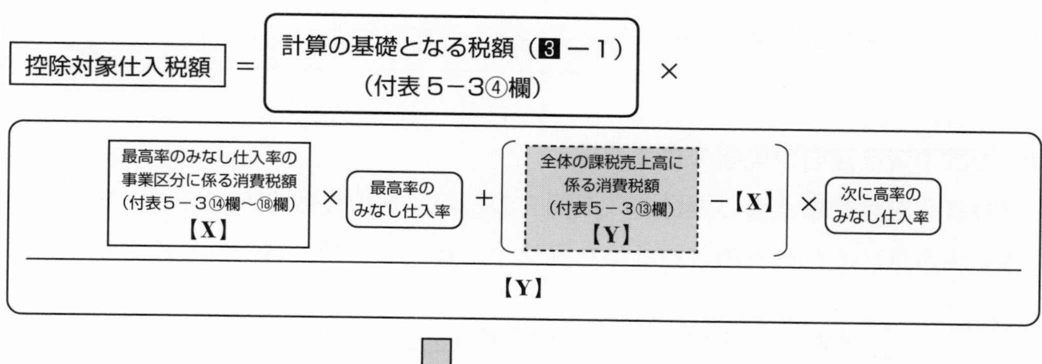

<table>
<tr><td colspan="2">75%ルール（その①）</td><td colspan="2">付表5－3</td></tr>
<tr><td colspan="2">【X】最高率のみなし仕入率の事業区分に係る消費税額（付表5－3⑭欄～⑲欄）
【Y】全体の課税売上高に係る消費税額（付表5－4⑬欄）</td><td colspan="2"></td></tr>
<tr><td>標準税率</td><td>計算の基礎となる税額（④欄B）×（【X】×最高率のみなし仕入率＋［【Y】－【X】］×次に高率のみなし仕入率）／【Y】</td><td>㉒～㊱欄
「B」</td><td rowspan="2"></td></tr>
<tr><td>軽減税率</td><td>計算の基礎となる税額（④欄A）×（【X】×最高率のみなし仕入率＋［【Y】－【X】］×次に高率のみなし仕入率）／【Y】</td><td>㉒～㊱欄
「A」</td></tr>
<tr><td>合計</td><td>「A」及び「B」の合計額を各欄「C」へ</td><td>㉒～㊱欄
「C」</td><td>他との有利選択の結果により
☞　㊲欄へ</td></tr>
</table>

㋩　75％ルール②の方法

２種類以上の事業を営む事業者で、１つの事業区分の課税売上高だけで全体の課税売上高の75％以上を占める場合は、その75％以上を占める事業のみなし仕入率を、全体の課税売上高に対して適用することができます。

控除対象仕入税額 ＝ 計算の基礎となる税額（❸－1）（付表５－３④欄） × 75%以上を占める事業のみなし仕入率

<table>
<tr><th colspan="3">75%ルール（その②）</th><th colspan="2">付表５－３</th></tr>
<tr><td>標準税率</td><td>計算の基礎となる税額（④欄Ｂ） ×</td><td>75%以上を占める事業のみなし仕入率
(90% or 80% or 70% or 60% or 50% or 40%)</td><td>㉑欄
「Ｂ」</td><td rowspan="2"></td></tr>
<tr><td>軽減税率</td><td>計算の基礎となる税額（④欄Ａ） ×</td><td>75%以上を占める事業のみなし仕入率
(90% or 80% or 70% or 60% or 50% or 40%)</td><td>㉑欄
「Ａ」</td></tr>
<tr><td>合計</td><td colspan="2">「Ａ」及び「Ｂ」の合計額を各欄「Ｃ」へ</td><td>㉑欄
「Ｃ」</td><td>他との有利選択の結果により
☞　㊲欄へ</td></tr>
</table>

3　複数事業を営む事業者の有利選択

複数事業を営む事業者の場合で、上記２の㋑から㋩の複数の方法を選択することができる場合は、それぞれの計算結果を見比べて有利な金額を選択することができます。

<table>
<tr><th colspan="2">２種類以上の事業を営む事業者の有利選択</th><th>付表５－３</th></tr>
<tr><td>２㋑</td><td>複数事業の原則的な計算方法</td><td>⑳欄
「Ｃ」</td></tr>
<tr><td>２㋺</td><td>75%ルール①の計算方法</td><td>㉒欄～㊱欄
「Ｃ」</td></tr>
<tr><td>２㋩</td><td>75%ルール②の計算方法</td><td>㉑欄
「Ｃ」</td></tr>
<tr><td colspan="2">選択可能な上記方法のうち有利なものを選択 ⇨</td><td>㊲欄
「Ｃ」へ</td></tr>
</table>

届出などの手続

1　簡易課税制度の選択

簡易課税制度の適用を受けるためには、適用を受けようとする課税期間の初日の前日までに「簡易課税制度選択届出書（第９号様式）」（217頁）を所轄税務署長に提出していることが必要です。

留意事項　簡易課税選択届出書を提出することができないとき

次表のAに掲げる内容に該当する場合で、それぞれBに掲げる事項に該当するときは、選択届出書を提出することができません（第１章4参照）。

	A　次の場合		B　提出しようとする課税期間は		
①	課税事業者を選択【⇨用語9】していて、調整対象固定資産【⇨用語14】を購入した	⇨	調整対象固定資産を購入した課税期間の初日から３年を経過する日の属する課税期間の初日の前日までの期間である	⇨	「簡易課税制度選択届出書」の提出はできない（注）1・2・3
②	「新設法人」【⇨用語10】又は「特定新規設立法人」【⇨用語12】に該当し、調整対象固定資産【⇨用語14】を購入した	⇨	調整対象固定資産を購入した課税期間の初日から３年を経過する日の属する課税期間の初日の前日までの期間である	⇨	
③	「高額特定資産」【⇨用語15】の仕入れ等を行っている	⇨	高額特定資産を購入した課税期間の初日から３年を経過する日の属する課税期間の初日の前日までの期間である	⇨	
④	「自己建設高額特定資産」【⇨用語17】の仕入れ等を行っている【⇨用語18】	⇨	自己建設高額特定資産の建設等に要した仕入れ等の累計額が1,000万円以上となった課税期間の初日から、自己建設高額特定資産の建設等が完了した課税期間の初日以後３年を経過する日の属する課税期間までの各課税期間に該当する	⇨	
⑤	「調整対象自己建設高額特定資産」について消費税法36条１項又は３項の規定の適用を受けた	⇨	Aの規定の適用を受けた課税期間の初日から、調整対象自己建設高額特定資産の建設等が完了した課税期間の初日以後３年を経過する日の属する課税期間までの各課税期間に該当する	⇨	

㊟1　提出しようとする課税期間がＢに該当する場合、「簡易課税制度選択届出書」の提出ができません。

⇨　課税期間Ｂの翌課税期間から適用を受けることはできません（３年縛り）。

㊟2　①から③までについては、「簡易課税制度選択届出書」を提出した後に、届出を行った課税期間中に調整対象固定資産の課税仕入れ等又は高額特定資産の仕入れ等を行うと、原則として、この届出書の提出はなかったものとみなされます。

㊟3　「３年縛り」による手出の制限期間のイメージは、次のとおりです。

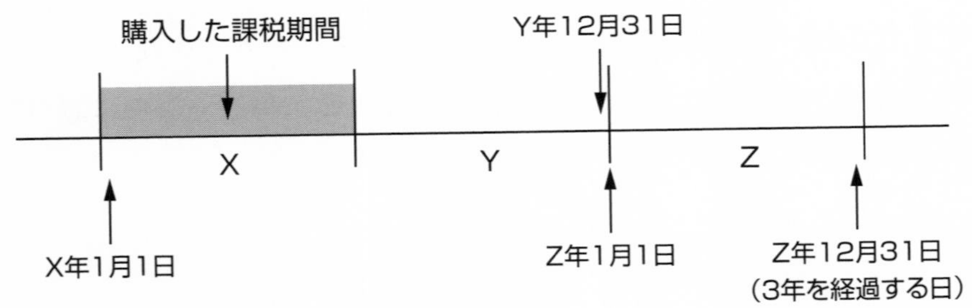

・3年を経過する日 ＝ Z年12月31日
・Z年の初日　　　 ＝ Z年1月1日
・Z年の初日の前日 ＝ Y年12月31日

∴　Yまでの課税期間に提出は不可

⇨　Zの期間に提出可　⇨　簡易課税制度の適用はZ+1年から

2　簡易課税制度の選択の取り止め

簡易課税制度の選択をやめようとする場合は、適用をやめようとする課税期間の初日の前日までに「簡易課税制度選択不適用届出書（第25号様式）」（218頁）を所轄税務署長に提出していることが必要です。

ただし、消費税簡易課税制度の適用を受けた日の属する課税期間の初日から２年を経過する日の属する課税期間の初日以後でなければ、この届出書を提出することはできません（２年縛り）。

簡易課税制度選択届出書（第９号様式）

第９号様式

消費税簡易課税制度選択届出書

収受印

令和　年　月　日 ＿＿＿＿＿税務署長殿	届出者	（フリガナ） 納税地	（〒　－　） （電話番号　－　－　）
		（フリガナ） 氏名又は名称及び代表者氏名	
		法人番号	※個人の方は個人番号の記載は不要です。

下記のとおり、消費税法第37条第１項に規定する簡易課税制度の適用を受けたいので、届出します。

（□　消費税法施行令等の一部を改正する政令（平成30年政令第135号）附則第18条の規定により消費税法第37条第１項に規定する簡易課税制度の適用を受けたいので、届出します。）

①	適用開始課税期間	自　令和　年　月　日　至　令和　年　月　日
②	①の基準期間	自　令和　年　月　日　至　令和　年　月　日
③	②の課税売上高	円

事業内容等	（事業の内容）	（事業区分） 第　種事業

提出要件の確認

次のイ、ロ又はハの場合に該当する（「はい」の場合のみ、イ、ロ又はハの項目を記載してください。）　はい □　いいえ □

イ	消費税法第９条第４項の規定により課税事業者を選択している場合		課税事業者となった日	令和　年　月　日
			課税事業者となった日から２年を経過する日までの間に開始した各課税期間中に調整対象固定資産の課税仕入れ等を行っていない	はい □
ロ	消費税法第12条の２第１項に規定する「新設法人」又は同法第12条の３第１項に規定する「特定新規設立法人」に該当する（該当していた）場合		設立年月日	令和　年　月　日
			基準期間がない事業年度に含まれる各課税期間中に調整対象固定資産の課税仕入れ等を行っていない	はい □
ハ	消費税法第12条の４第１項に規定する「高額特定資産の仕入れ等」を行っている場合（同条第２項の規定の適用を受ける場合） （仕入れ等を行った資産が高額特定資産に該当する場合はAの欄を、自己建設高額特定資産に該当する場合は、Bの欄をそれぞれ記載してください。）	A	仕入れ等を行った課税期間の初日	令和　年　月　日
		A	この届出による①の「適用開始課税期間」は、高額特定資産の仕入れ等を行った課税期間の初日から、同日以後３年を経過する日の属する課税期間までの各課税期間に該当しない	はい □
		B	仕入れ等を行った課税期間の初日	平成 令和　年　月　日
		B	建設等が完了した課税期間の初日	令和　年　月　日
		B	この届出による①の「適用開始課税期間」は、自己建設高額特定資産の建設等に要した仕入れ等に係る支払対価の額の累計額が１千万円以上となった課税期間の初日から、自己建設高額特定資産の建設等が完了した課税期間の初日以後３年を経過する日の属する課税期間までの各課税期間に該当しない	はい □

※　消費税法第12条の４第２項の規定による場合は、ハの項目を次のとおり記載してください。
1「自己建設高額特定資産」を「調整対象自己建設高額資産」と読み替える。
2「仕入れ等を行った」は、「消費税法第36条第１項又は第３項の規定の適用を受けた」と、「自己建設高額特定資産の建設等に要した仕入れ等に係る支払対価の額の累計額が１千万円以上となった」は、「調整対象自己建設高額資産について消費税法第36条第１項又は第３項の規定の適用を受けた」と読み替える。

※　この届出書を提出した課税期間が、上記イ、ロ又はハに記載の各課税期間である場合、この届出書提出後、届出を行った課税期間中に調整対象固定資産の課税仕入れ等又は高額特定資産の仕入れ等を行うと、原則としてこの届出書の提出はなかったものとみなされます。詳しくは、裏面をご確認ください。

参考事項	
税理士署名	（電話番号　－　－　）

※税務署処理欄						
整理番号		部門番号				
届出年月日	年　月　日	入力処理	年　月　日	台帳整理	年　月　日	
通信日付印 年　月　日	確認	番号確認				

注意　１．裏面の記載要領等に留意の上、記載してください。
　　　２．税務署処理欄は、記載しないでください。

簡易課税制度選択不適用届出書（第25号様式）

第25号様式

消費税簡易課税制度選択不適用届出書

収受印

令和　年　月　日	届出者	（フリガナ）	
		納税地	（〒　－　） （電話番号　－　－　）
		（フリガナ）	
		氏名又は名称及び代表者氏名	
＿＿＿＿税務署長殿		法人番号	※ 個人の方は個人番号の記載は不要です。

下記のとおり、簡易課税制度をやめたいので、消費税法第37条第５項の規定により届出します。

①	この届出の適用開始課税期間	自　平成／令和　年　月　日　至　平成／令和　年　月　日
②	①の基準期間	自　平成／令和　年　月　日　至　平成／令和　年　月　日
③	②の課税売上高	円
簡易課税制度の適用開始日		平成／令和　年　月　日
事業を廃止した場合の廃止した日		平成／令和　年　月　日
		個人番号 ※ 事業を廃止した場合には記載してください。
参考事項		
税理士署名		（電話番号　－　－　）

※税務署処理欄	整理番号		部門番号				
	届出年月日	年　月　日	入力処理	年　月　日	台帳整理	年　月　日	
	通信日付印 年　月　日	確認	番号確認		身元確認	□ 済 □ 未済	確認書類　個人番号カード／通知カード・運転免許証 その他（　）

注意　１．裏面の記載要領等に留意の上、記載してください。
　　　２．税務署処理欄は、記載しないでください。

第7章

国境を越えた役務の提供
～特定課税仕入れ～

はじめに

課税仕入れのうち「特定仕入れ」【⇨用語53】（法４①）に該当する役務の提供（特定課税仕入れ【⇨用語54】）を国外事業者から受けた場合は、役務の提供を行った国外事業者ではなく、その役務の提供を受けた事業者に消費税の申告・納税義務が課せられます。

これを**リバースチャージ方式課税**（以下「リバースチャージ」）といいます。

役務の提供を受けて、その対価を支払う事業者に消費税を課すという、一見風変わりなこのリバースチャージという課税方式は、支払対価から税を天引きするという徴税システムであり、源泉徴収とイメージ的に近いものといえます。

このリバースチャージは、国際電子商取引など、国境を越えて行われる役務の提供に対する消費課税として平成27年10月１日から改正法が適用されています。ただ、そうするとデジタルによるソフトウエア、音楽、画像などを海外のサイトを通じて購入している者に広くリバースチャージにより課税されるのではないかという疑問が生じますが、上に記したように、リバースチャージの対象者は「対価を支払う事業者」であるということがポイントとなります。つまり、一般消費者は対象から外れ、しかも一定の事業者の一定の取引にしかこのリバースチャージは適用になりません。

以下、そのあらましをフローチャートから見ていくことにします。

Ｉ．国境を越えた役務提供の課税関係

国境を越えた役務提供を受けたことによりリバースチャージの対象となるのは、次の役務提供を受けた場合です。

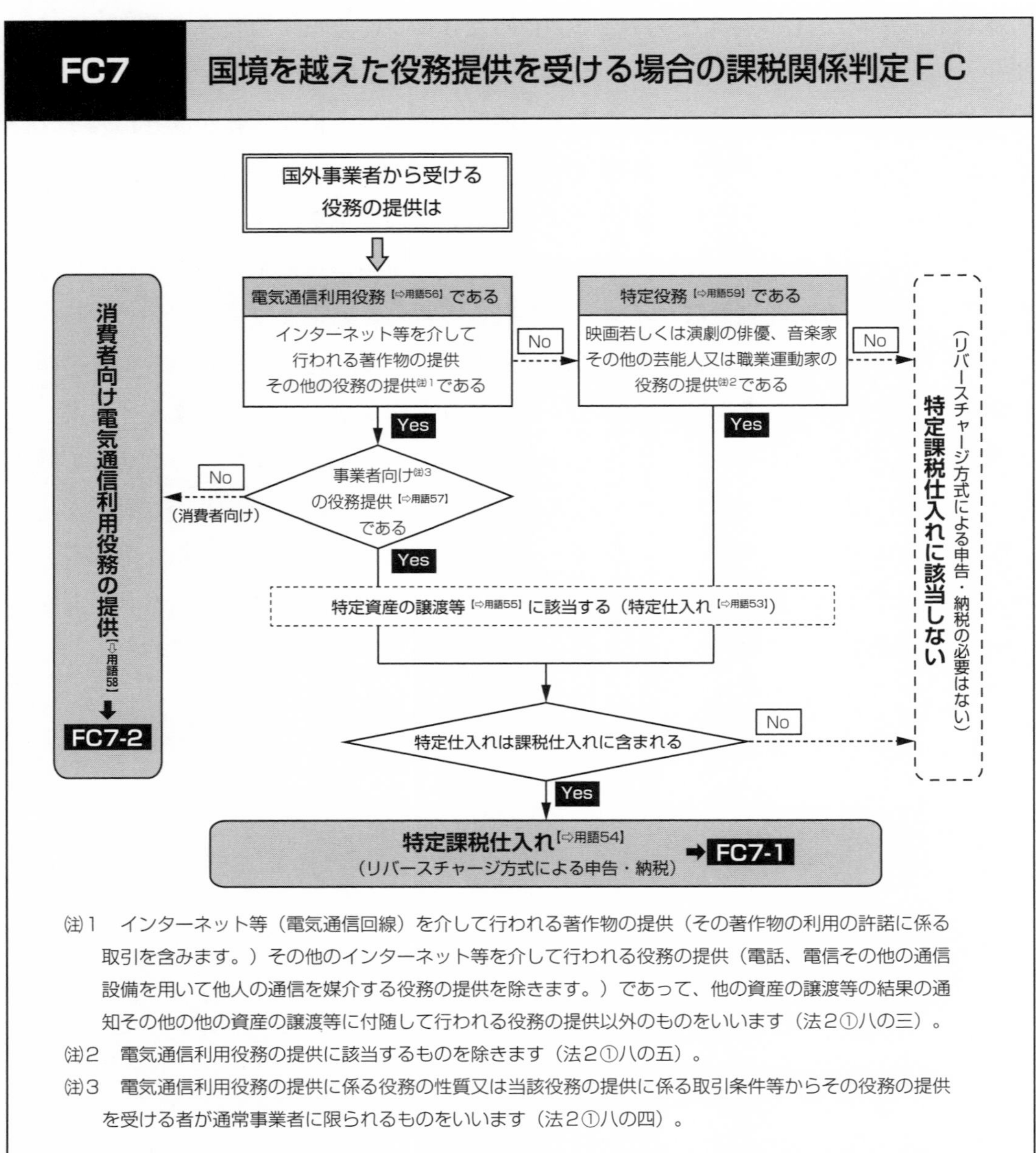

(注)1　インターネット等（電気通信回線）を介して行われる著作物の提供（その著作物の利用の許諾に係る取引を含みます。）その他のインターネット等を介して行われる役務の提供（電話、電信その他の通信設備を用いて他人の通信を媒介する役務の提供を除きます。）であって、他の資産の譲渡等の結果の通知その他の他の資産の譲渡等に付随して行われる役務の提供以外のものをいいます（法2①八の三）。

(注)2　電気通信利用役務の提供に該当するものを除きます（法2①八の五）。

(注)3　電気通信利用役務の提供に係る役務の性質又は当該役務の提供に係る取引条件等からその役務の提供を受ける者が通常事業者に限られるものをいいます（法2①八の四）。

1 「特定課税仕入れ」とリバースチャージ方式 ～申告・納付が必要な場合とは？～

国外事業者から受ける役務提供が特定課税仕入れに該当したとしても、必ずしもリバースチャージ方式により申告・納付しなければならないということではありません。

リバースチャージによる申告・納税が必要となるのは、次に該当する場合です。

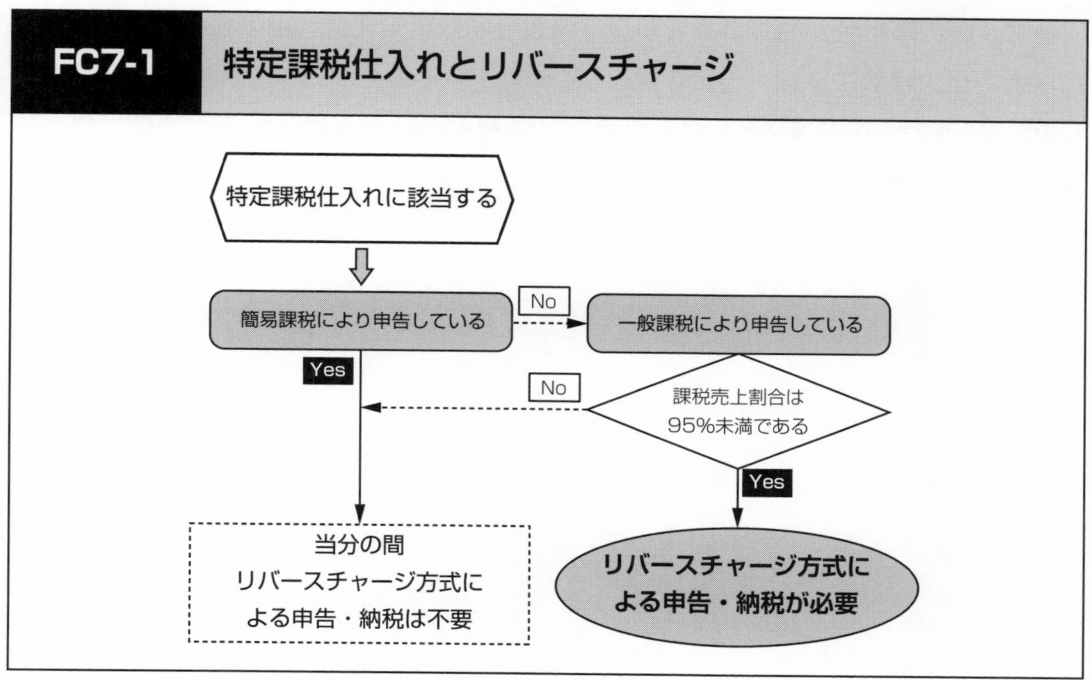

2 「消費者向け電気通信利用役務の提供」の課税関係（国外事業者申告納税方式）

「消費者向け電気通信利用役務の提供」【⇨用語58】（基通５－８－４注書）については、その役務提供を行った国外事業者が申告・納税を行うことになります（国外事業者申告納税方式）。

他方、国内事業者が国外事業者から「消費者向け電気通信利用役務の提供」を受けた場合の仕入税額控除は、当分の間、「登録国外事業者」【⇨用語60】（申請により国税庁長官の登録を受けた国外事業者）から受けた「消費者向け電気通信利用役務の提供」についてのみ認められます。

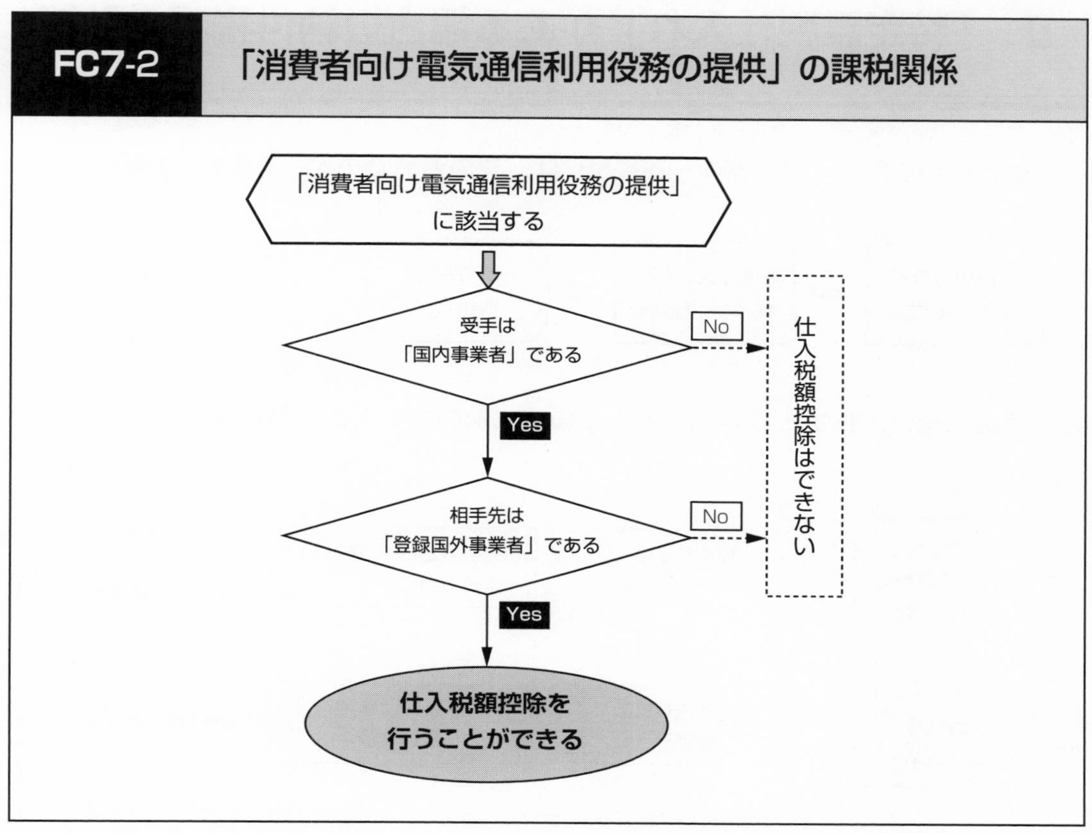
FC7-2
「消費者向け電気通信利用役務の提供」の課税関係
「消費者向け電気通信利用役務の提供」
に該当する
受手は
「国内事業者」である
No
Yes
相手先は
「登録国外事業者」である
No
Yes
仕入税額控除はできない
仕入税額控除を
行うことができる

Ⅱ.「特定課税仕入れ」がある場合の納付税額の計算

⑴　納付税額の計算の基本形（一般課税）は、次のとおりです（第６章Ⅰ参照）。

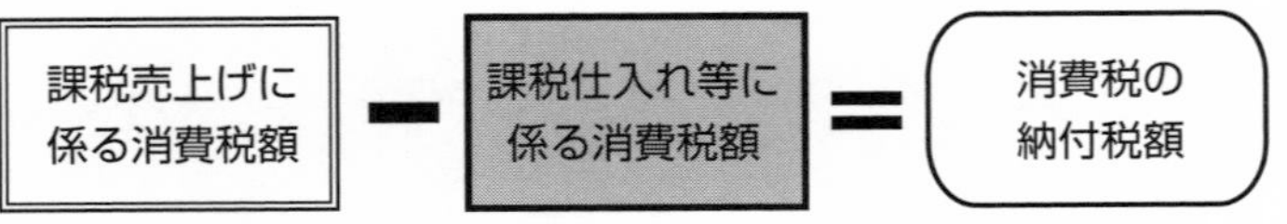

⑵　特定課税仕入れがある場合には、この基本形の中で次の計算が加わります。

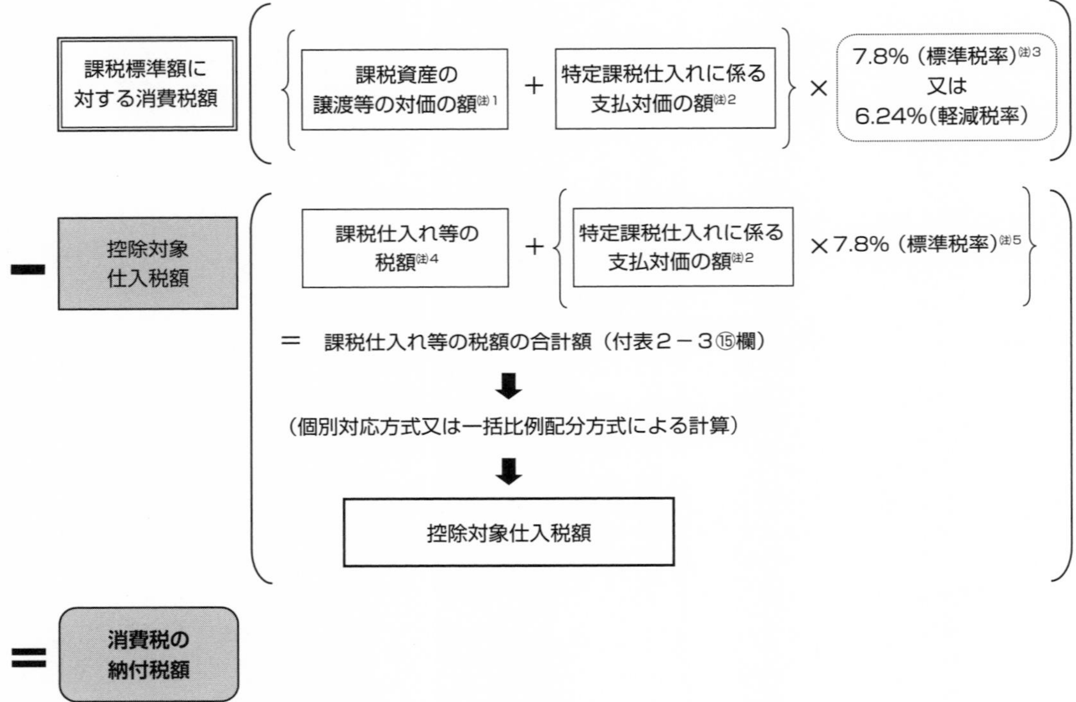

(注)1　税抜価額の合計額です。

(注)2　特定課税仕入れに係る支払対価の額に消費税等は含まれていないので、税抜にする必要はなく、支払対価の額に7.8%を乗じて計算します。

(注)3　特定課税仕入れに係る支払対価の額には標準税率（7.8%）を適用します。

(注)4　課税仕入れに係る消費税額、課税貨物に係る消費税額及び課税から免税事業者になる（又は免税から課税事業者になった）場合の消費税額の調整額が含まれます（付表２－３⑩、⑬、⑭欄）。

(注)5　付表２－３⑫欄に記載します。

⑶　申告書の付表等では、次の欄を使って計算します。

課税標準額に対する消費税額

記載整理する申告書・付表			
付表1－3 （162頁）	付表2－3 （163頁）	第2表 （161頁）	第1表 （160頁）
課税標準額			
課税資産の譲渡等の対価の額 ①－1欄	→	⑦欄	
特定課税仕入れに係る支払対価の額 ①－2欄	→	⑩欄	
（合計額）	→	（合計額）	
課税標準額 ①欄	→	①欄 →	①欄
課税標準額に対する消費税額			
②欄	→	⑪欄 →	②欄

－　控除対象仕入税額

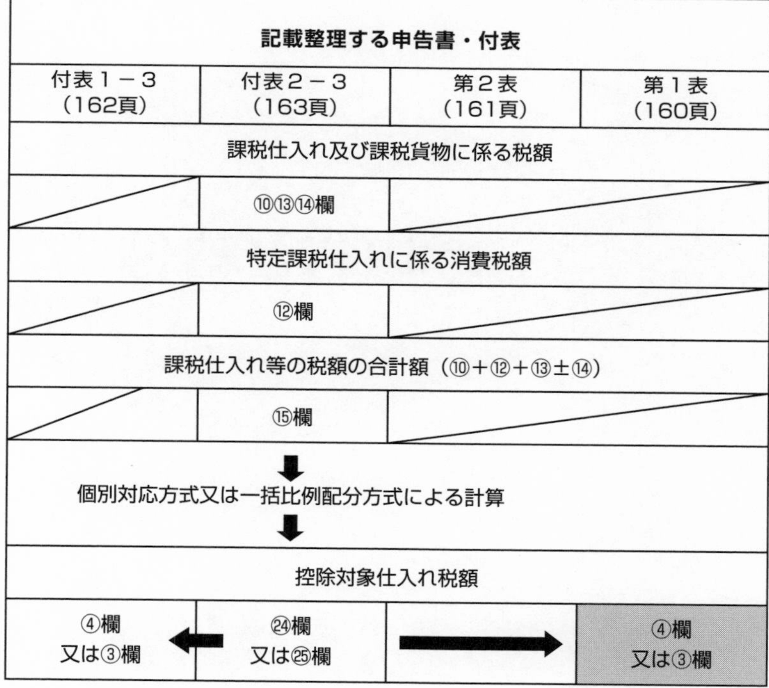

記載整理する申告書・付表			
付表1－3 （162頁）	付表2－3 （163頁）	第2表 （161頁）	第1表 （160頁）
課税仕入れ及び課税貨物に係る税額			
	⑩⑬⑭欄		
特定課税仕入れに係る消費税額			
	⑫欄		
課税仕入れ等の税額の合計額（⑩＋⑫＋⑬±⑭）			
	⑮欄		
↓ 個別対応方式又は一括比例配分方式による計算 ↓			
控除対象仕入れ税額			
④欄 又は③欄 ←	㉔欄 又は㉕欄	→	④欄 又は③欄

＝　消費税の納付税額

第8章

申告と納付

はじめに

課税事業者は、その課税期間が終了すると、その末日の翌日から２か月以内に消費税及び地方消費税の確定申告書を提出しなければならず、その同じ期限までに（納付額がある場合は）消費税及び地方消費税を納付しなければなりません。

本章では、この申告と納付について取り上げます。

Ⅰ．確定申告

1　個人事業者の確定申告及び納付期限

個人事業者の確定申告及び納付の期限は次のFCのとおりです。

FC8-1　個人事業者の確定申告及び納付期限判定ＦＣ

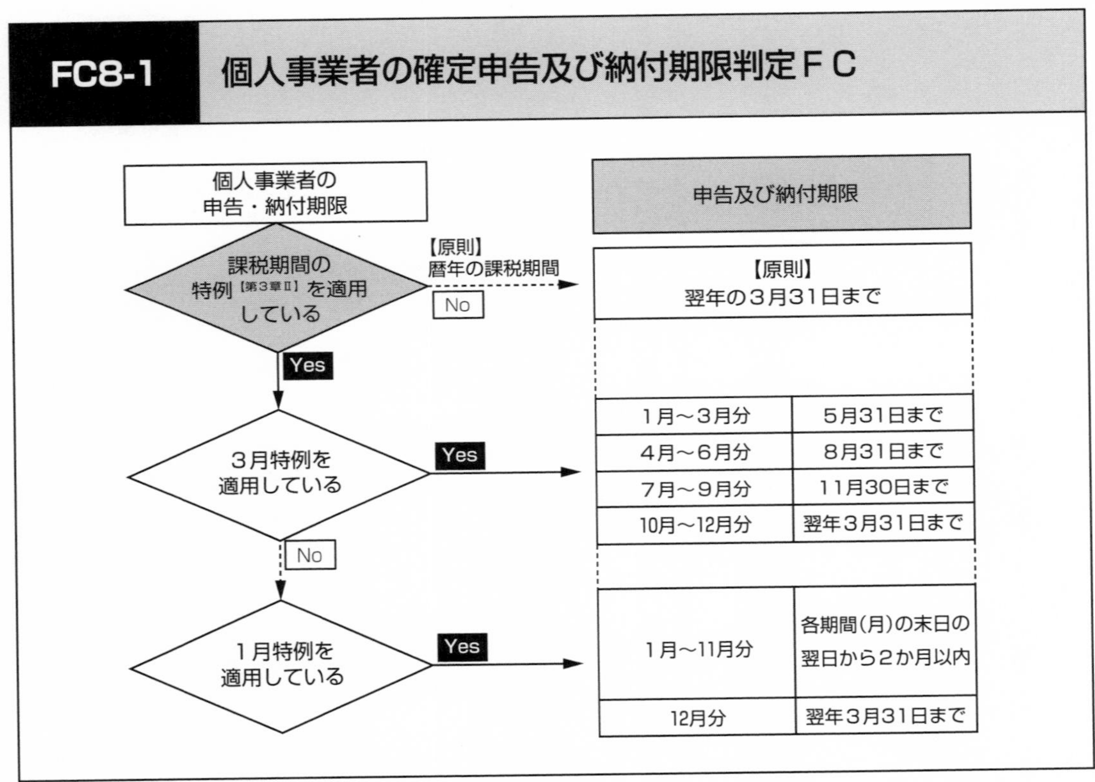

留意事項　相続があった場合の被相続人の申告・納付

相続があった場合の被相続人の確定申告及び納付の期限は、相続の開始があったことを知った日の翌日から４か月以内です。

2　法人の確定申告及び納付期限

法人の確定申告及び納付の期限は次のFCのとおりです。

㈲　清算法人を除きます。

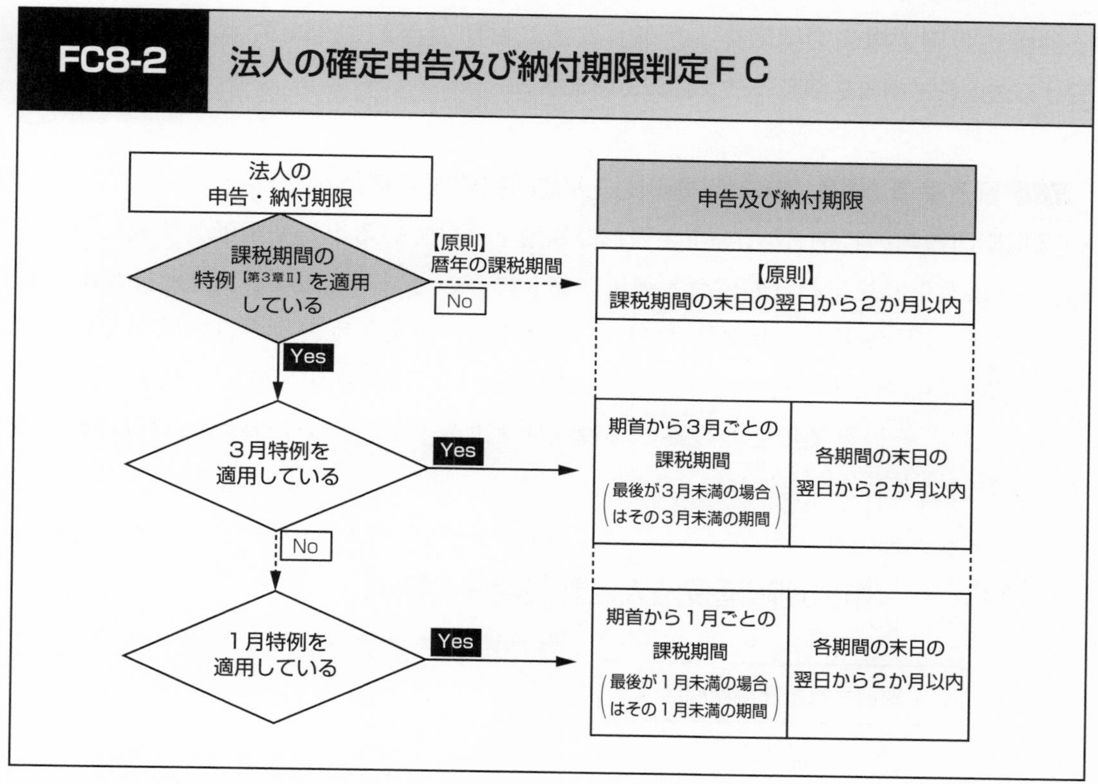

3　法人の申告期限の延長

「法人税の申告期限の延長の特例」の適用を受ける法人の場合は、消費税についても、「消費税申告期限延長届出書（第28－⒁号様式）」（243頁）を提出した場合には、その提出をした日の属する事業年度以後の各事業年度終了の日の属する課税期間に係る消費税の確定申告の期限を１月延長することができます（以下、この特例の適用を受ける法人を「申告期限延長法人」といいます。）。

留意事項　申告期限延長法人と課税期間の特例

課税期間短縮の特例（第３章Ⅱ参照）の適用を受けている申告期限延長法人については、「各事業年度終了の日の属する課税期間」について、申告期限が１月延長されます。

例えば、３月特例の適用を受けている場合でも、事業年度終了の日の属さない課税期間（第１から第３四半期までの各期間）については、申告期限は延長されません。

要するに、その事業年度の最終の課税期間（事業年度終了の日の属する課税期間）のみ、１月延長されます（法45の２①）。

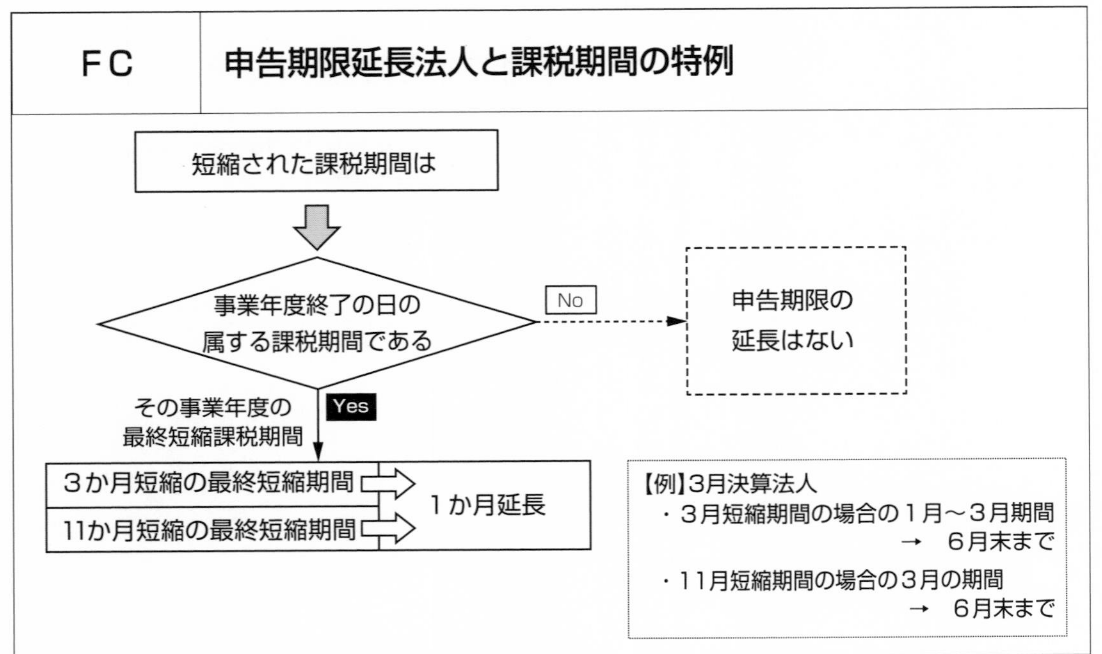

■■■ 留意事項 ■■■　連結親法人又はその連結子法人と申告期限の延長

「法人税の申告期限の延長の特例」の適用を受ける連結親法人又はその連結子法人が「消費税申告期限延長届出書」を提出した場合には、その提出をした日の属する連結事業年度（その連結事業年度終了の日の翌日から45日以内に提出した場合のその連結事業年度を含みます。）以後の各連結事業年度終了の日の属する課税期間に係る消費税の確定申告の期限を１月延長されます。

■■■ 留意事項 ■■■　申告期限延長法人の中間申告の期限

① 原則

申告期限延長法人の「中間申告」の期限については、次の②の年11回中間申告を行う場合を除き、申告期限の延長はありません（本章「Ⅱ　中間申告」2 FC8-3－表2－3参照）。

② 年11回中間申告を行う場合

年11回中間申告を行う場合の中間申告の期限については、第１回目及び第２回目の中間申告対象期間の中間申告についてのみ、その期限が１月延長されます。

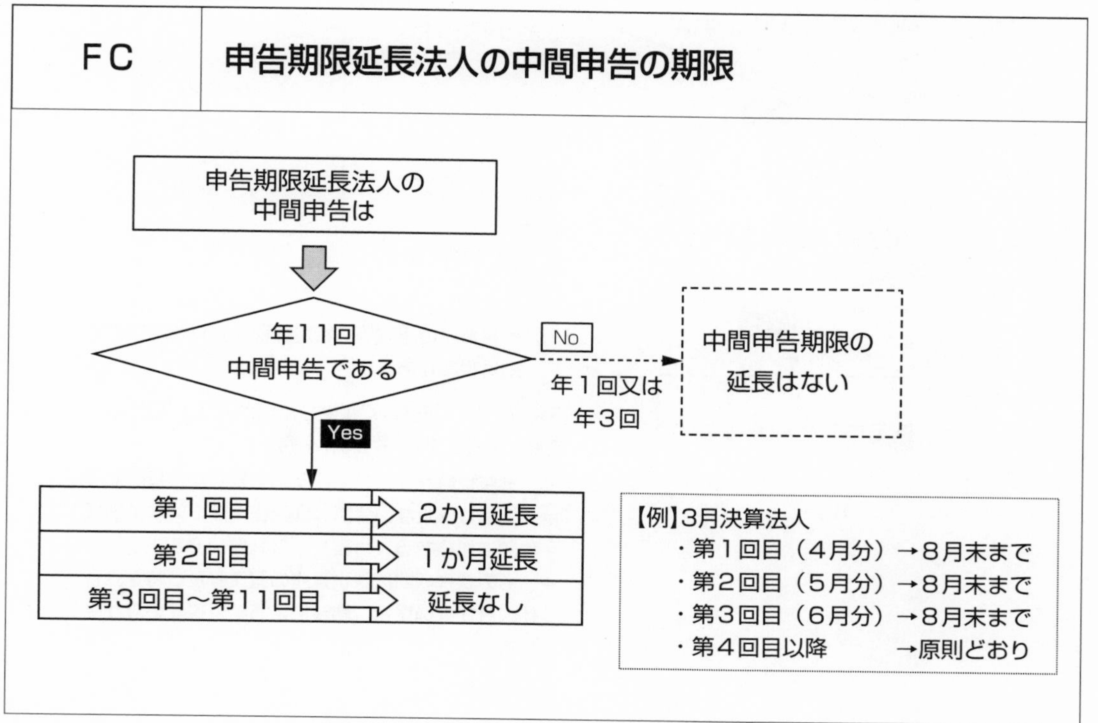

4　確定申告をする必要がない場合（個人事業者及び法人）

国内における課税資産の譲渡等【⇨用語７】（免税売上げ（第４章及び第５章参照）を除きます(注)）及び特定課税仕入れ【⇨用語54】がなく、かつ、納付する消費税額がない課税期間については、確定申告をする必要はありません（法45①ただし書）。

(注)　輸出免税など、消費税が免除される取引がある場合は、確定申告書の提出が必要となります。

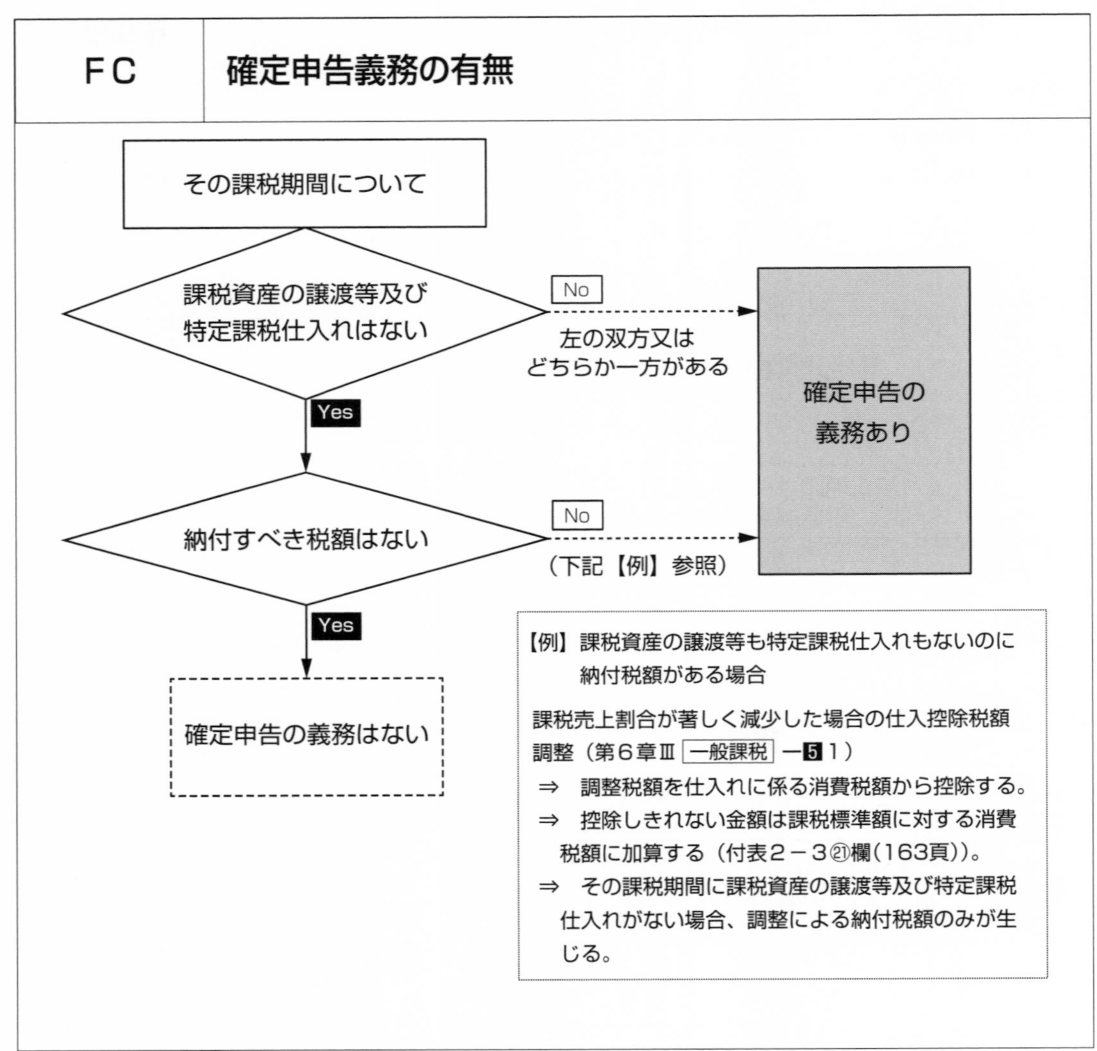

FC
確定申告義務の有無
その課税期間について
課税資産の譲渡等及び
特定課税仕入れはない
No
左の双方又は
どちらか一方がある
確定申告の
義務あり
Yes
納付すべき税額はない
No
（下記【例】参照）
Yes
確定申告の義務はない
【例】課税資産の譲渡等も特定課税仕入れもないのに
納付税額がある場合
課税売上割合が著しく減少した場合の仕入控除税額
調整（第６章Ⅲ 一般課税 －5 1）
⇒　調整税額を仕入れに係る消費税額から控除する。
⇒　控除しきれない金額は課税標準額に対する消費
税額に加算する（付表２－３㉑欄(163頁)）。
⇒　その課税期間に課税資産の譲渡等及び特定課税
仕入れがない場合、調整による納付税額のみが生
じる。

留意事項　消費税の免税事業者と還付申告

消費税の免税事業者の場合は、当然のことながら確定申告を行う必要はありません。

なお、仮に設備投資などで消費税の還付を受けることができる場合であっても、課税事業者の選択【⇨用語9】をしなければ、確定申告を行って消費税の還付を受けることはできないことになります。

Ⅱ．中間申告

1　中間申告とは（実務としての中間申告）

中間申告は、次の「前年実績による中間申告」が原則です。

つまり、適時に税務署から「消費税及び地方消費税の中間申告書（第26号様式）」（241頁）及び「納付書」が送られてきます（開業１年目又は設立１期目を除きます。）。

そこには、後述3により中間納付税額の計算がなされて印字され、その前提として後述2による申告の要否判断が課税当局で済まされていることになります。

それを前提に、前年実績による中間納付額が高い場合（仮決算を行えば納税額が少なくなる場合）などに、仮決算に基づく中間申告を行えば、納税額が有利になります。

1　前年実績による中間申告（法42）

上記のとおり「消費税及び地方消費税の中間申告書」及び「納付書」が所轄の税務署から送付されますので、必要事項を記入の上、税務署に中間申告書を提出するとともに、消費税及び地方消費税を納付することになります。

2　仮決算に基づく中間申告（法43）

当期の課税取引が減少しているような場合などには、上記１の方法に代えて、各中間申告対象期間（FC8-3 表１）を一課税期間とみなして仮決算を行い、これに基づいて計算した消費税額及び地方消費税額により中間申告・納付ができます。

なお、年３回又は年11回の中間申告対象期間については、対象期間ごとに1の前年実績か２の仮決算かを使い分けする併用も認められています（基通15－１－２）。

■■■ 留意事項 ■■■　仮決算による中間申告の様式

仮決算に基づき中間申告をする場合には、確定申告書の様式によって作成した申告書を提出することになります。

■■■ 留意事項 ■■■　簡易課税選択の場合の中間申告

簡易課税を選択している事業者は、仮決算による中間申告も簡易課税を適用することになります（基通15－１－３）。

■■■ 留意事項 ■■■　仮決算による計算の結果がマイナスとなった場合

仮決算を行って計算した結果がマイナスとなった場合でも、還付を受けることはできません（マイナスとなった場合は、中間申告税額は「0」になります。）（基通15－１－５）。

■■■ 留意事項 ■■■　仮決算による中間申告の提出期限

仮決算による中間申告書は、提出期限を過ぎて提出することはできません。

この場合は、「１　前年実績による中間申告」の税務署から送付された「消費税及び地方消費税の中間申告書」の内容が確定することになります（基通15－１－６）。

■■■ 留意事項 ■■■　中間申告額の確定申告による精算

中間申告により納めた税額は、確定申告書（一般用及び簡易用共に第１表⑩欄（160頁又は164頁））において清算（一般用及び簡易用共に「差引税額」⑨欄から控除）して納付税額（⑪欄）を算出します。

2　中間申告が必要な場合

直前の課税期間の確定消費税額（地方消費税を除いた金額です。）に応じ、中間申告が必要となります。中間申告が必要であるか否か、必要であるとして年何回の中間申告を行うべきかについての判断は、次のＦＣのとおり行います。

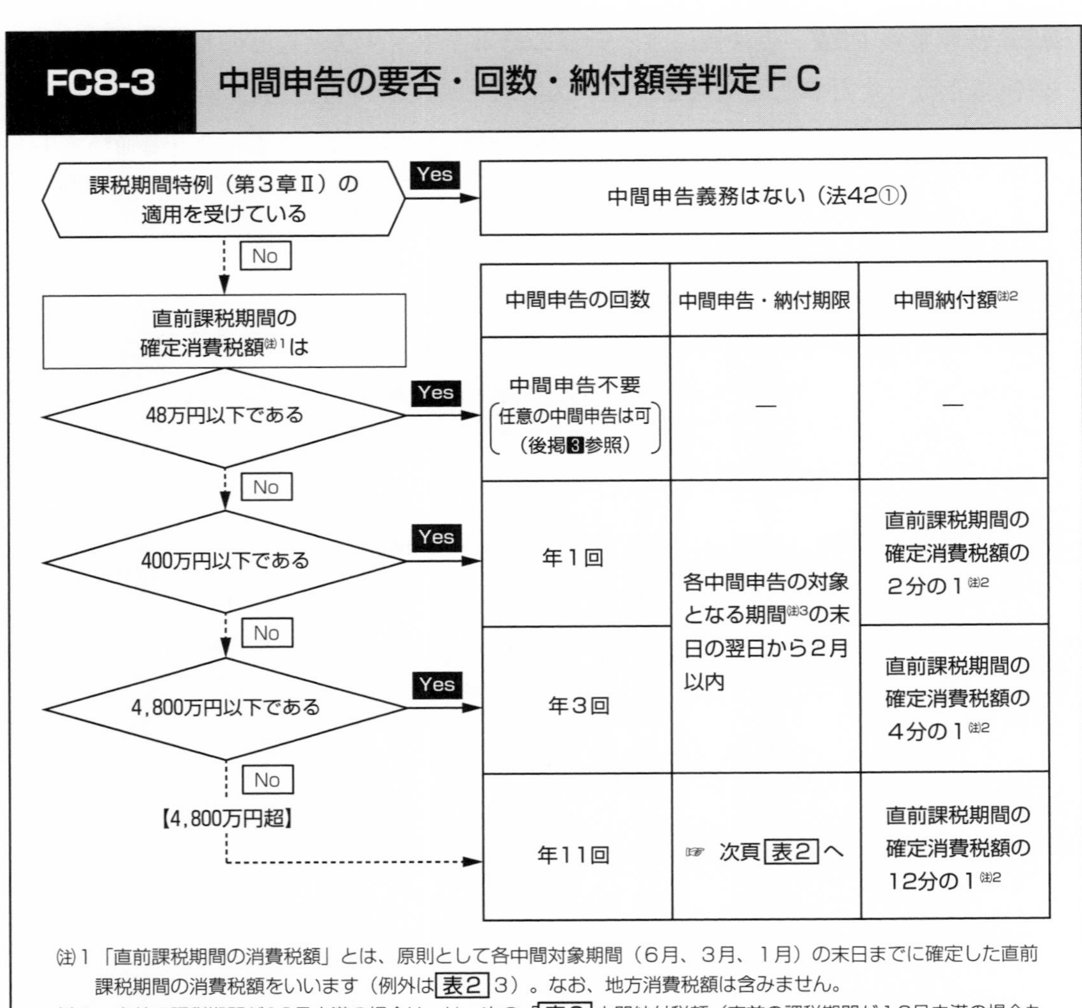

(注)１「直前課税期間の消費税額」とは、原則として各中間対象期間（６月、３月、１月）の末日までに確定した直前課税期間の消費税額をいいます（例外は 表２ ３）。なお、地方消費税額は含みません。

(注)２　直前の課税期間が12月未満の場合は、は、次の「表２ 中間納付税額（直前の課税期間が１２月未満の場合も対応）と期限」を参照。

(注)３「中間申告の対象となる期間」とは、次の 表１ のとおりです。

表1　中間申告の対象となる期間

	期　　　間	申告回数
6月中間申告対象期間	課税期間開始の日以後６月の課税期間	年１回
3月中間申告対象期間	課税期間開始の日以後３月ごとに区分された期間	年３回
1月中間申告対象期間	課税期間開始の日以後１月ごとに区分された期間	年11回

表2　中間納付税額（直前の課税期間が12月未満の場合も対応）と期限

<table>
<tr><th colspan="2"></th><th>中間納付税額</th><th>中間申告納付期限</th></tr>
<tr><td colspan="2">1　年１回中間申告</td><td>直前課税期間の確定消費税額 / 直前の課税期間の月数 ×6</td><td rowspan="2">各中間申告の対象となる期間の末日の翌日から２月以内</td></tr>
<tr><td colspan="2">2　年３回中間申告</td><td>直前課税期間の確定消費税額 / 直前の課税期間の月数 ×3</td></tr>
<tr><td rowspan="4">3 年11回中間申告</td><td>①
個人事業者の１月、２月分</td><td rowspan="2">課税期間開始の日から３月を経過した日（Xday）の前日までに確定した直前課税期間の消費税額 / 直前の課税期間の月数 ×1</td><td rowspan="2">Xdayから２月以内(注)1・2</td></tr>
<tr><td>②
申告期限延長法人の期首の１月、２月分</td></tr>
<tr><td>③
②以外の法人の期首の１月分</td><td>課税期間開始の日から２月を経過した日（Yday）の前日までに確定した直前課税期間の消費税額 / 直前の課税期間の月数 ×1</td><td>Ydayから２月以内</td></tr>
<tr><td>④
①～③以外</td><td>１月ごとに区分した各中間申告対象期間（①～③を除く）の末日（Zday）までに確定した直前課税期間の消費税額 / 直前の課税期間の月数 ×1</td><td>Zdayの翌日から２月以内</td></tr>
</table>

(注)1　個人事業者の１月分、２月分の中間申告納付期限は、いずれも５月末日までとなります。なお、３月分も表2 3④により５月末日までとなります。

2　中間期限延長法人の場合は、例えば３月決算法人の場合、１回目（４月分）、２回目（５月分）の中間申告納付期限は、いずれも８月末日までとなります。なお、３回目（６月分）も表2 3④により８月末日までとなります。

3　任意の中間申告

中間申告が必要でない事業者（直前の課税期間の確定消費税額（地方消費税額を含まない年税額）が48万円以下の事業者（中間申告義務のない事業者））であっても、任意に中間申告書（年１回）を提出する旨を記載した届出書（「任意の中間申告書を提出する旨の届出書（第26－⑵号様式）」（245頁））を納税地の所轄税務署長に提出した場合には、当該届出書を提出した日以後にその末日が最初に到来する６月中間申告対象期間（FC8-3の表１・表２参照）から自主的に中間申告・納付することができます（法42⑧）。

なお、中間納付税額は、直前の課税期間の確定消費税額の２分の１の額となります（中間納付税額と併せて地方消費税の中間納付税額も納付することとなります。）。

留意事項　仮決算による任意の中間申告

任意の中間申告制度を適用する場合であっても、仮決算を行って計算した消費税額及び地方消費税額により中間申告・納付することができます。

なお、仮決算を行って計算した結果がマイナスとなった場合でも還付を受けることはできません（マイナスとなった場合は、中間申告税額は「0」になります。）。

中間申告書の様式

消費税及び地方消費税の中間申告書　第26号様式

第26号様式

消費税及び地方消費税の中間申告書

（税務署提出用）

納税地	（電話番号　　－　　－　　）
（フリガナ）	
名　称 又は屋号	
個人番号 又は 法人番号	↓個人番号の記載に当たっては、左端を空欄とし、ここから記載してください。
（フリガナ）	
代表者氏名 又は氏名	
税理士 署　名	（電話番号　　－　　－　　）

税務署受付印

令和　年　月　日

税務署長殿

平成 令和　年　月　日 ／ 平成 令和　年　月　日　課税期間分の中間申告書

税務署処理欄	通信日付印	確認	番号確認
	年　月　日		
確認書類	個人番号カード／通知カード 運転免許証 その他（　　）	身元確認	□済 □未済

この申告書が修正申告である場合の		百万　千　円
消費税	この申告前の税額	00
	この申告により増加する税額	00
地方消費税	この申告前の税額	00
	この申告により増加する税額	00
消費税及び地方消費税の合計納付税額		00

整理番号		
消費税	前課税期間	自 平成 令和　年　月　日 至 平成 令和　年　月　日
	修正・更正・決定の年月日	平成 令和　年　月　日
	前課税期間の消費税額	百万　千　円　00
	中間申告対象期間	自 平成 令和　年　月　日 至 平成 令和　年　月　日
	月数換算	前課税期間の消費税額 × ――
	納付すべき消費税額	百万　千　円　00
地方消費税	納付すべき地方消費税額	00
	消費税及び地方消費税の合計納付税額	00

（注）平成28年1月1日以後に開始する課税期間分の中間申告書から、個人番号又は法人番号を記載する必要があります。

消費税及び地方消費税の中間申告書（任意用）　第26号様式

㊎

第26号様式

消費税及び地方消費税の中間申告書

（税務署提出用）

納税地	（電話番号　　－　　－　　）
（フリガナ）	
名　称 又は屋号	
個人番号 又は 法人番号	↓個人番号の記載に当たっては、左端を空欄とし、ここから記載してください。
（フリガナ）	
代表者氏名 又は氏名	
税理士 署　名	（電話番号　　－　　－　　）

税務署受付印

令和　年　月　日

税務署長殿

平成 令和　年　月　日 ／ 平成 令和　年　月　日　課税期間分の中間申告書

税務署処理欄	通信日付印	確認	番号確認
	年　月　日		
確認書類	個人番号カード／通知カード 運転免許証 その他（　　）	身元確認	□済 □未済

この申告書が修正申告である場合の		百万　千　円
消費税	この申告前の税額	00
	この申告により増加する税額	00
地方消費税	この申告前の税額	00
	この申告により増加する税額	00
消費税及び地方消費税の合計納付税額		00

整理番号		
消費税	前課税期間	自 平成 令和　年　月　日 至 平成 令和　年　月　日
	修正・更正・決定の年月日	平成 令和　年　月　日
	前課税期間の消費税額	百万　千　円　00
	中間申告対象期間	自 平成 令和　年　月　日 至 平成 令和　年　月　日
	月数換算	前課税期間の消費税額 × ――
	納付すべき消費税額	百万　千　円　00
地方消費税	納付すべき地方消費税額	00
	消費税及び地方消費税の合計納付税額	00

（注）平成28年1月1日以後に開始する課税期間分の中間申告書から、個人番号又は法人番号を記載する必要があります。

届出などの手続

法人の申告期限を延長する場合（事業年度終了の日の属する課税期間についての延長）	
必要書類	「消費税申告期限延長届出書」　第28－⒁号様式 法人税の申告期限の延長の特例の適用を受ける法人が、消費税の確定申告の期限を延長しようとする場合に提出します（法45の２①）。 ㈱１　国、地方公共団体に準ずる法人の申告期限の特例の適用を受けている法人はこの特例の適用を受けることはできません。 ㈱２　この特例が認められた場合には、延長された期間について利子税を納付する必要があります。
提出時期	特例の適用を受けようとする事業年度終了又は連結事業年度の日の属する課税期間の末日まで 消費税の確定申告の期限の延長特例の適用を受けようとする事業年度終了の日の属する課税期間の末日までに、納税地の所轄税務署長に１通（調査課所管法人にあっては２通）提出します。 ㈱　「法人税の申告期限の延長の特例」の適用を受ける連結親法人又はその連結子法人が届出書を提出した場合も、その提出をした日の属する連結事業年度（その連結事業年度終了の日の翌日から45日以内に提出した場合のその連結事業年度を含みます。）以後の各連結事業年度終了の日の属する課税期間に係る消費税の確定申告の期限は1か月延長されます。

㈱　なお、申告期限の延長特例の適用をやめる場合は、そのやめようとする事業年度又は連結事業年度終了の日の属する課税期間の末日までに、「消費税申告期限延長不適用届出書」（第28－⒂号様式）を提出します。

消費税申告期限延長届出書　第28－⒁号様式

第28-(14)号様式

消費税申告期限延長届出書

収受印

令和　年　月　日 ＿＿＿＿税務署長殿	届出者	(フリガナ)	
		納税地	(〒　－　) (電話番号　－　－　)
		(フリガナ)	
		名称及び代表者氏名	
		法人番号	

下記のとおり、消費税法第45条の２ 第１項 に規定する消費税申告書の提出期限の特例の適用を受けたいので、届出します。

事業年度	自　月　日　至　月　日	
適用開始課税期間	自 令和　年　月　日　至 令和　年　月　日	
適用要件等の確認	法人税法第75条の２に規定する申請書の提出有無	有・無
	国、地方公共団体に準ずる法人の申告期限の特例の適用を受けていない	□はい
参考事項		
税理士署名	(電話番号　－　－　)	

※税務署処理欄	整理番号		部門番号		番号確認		通信日付印 年　月　日	確認	
	届出年月日	年　月　日	入力処理	年　月　日			台帳整理	年　月　日	

注意　１．裏面の記載要領等に留意の上、記載してください。
　　　２．税務署処理欄は、記載しないでください。

任意の中間申告書を提出する場合	
必要書類	任意の中間申告書を提出する旨の届出書　第26－⑵号様式
	直前の課税期間の確定消費税額（地方消費税を含まない年税額）が48万円以下であることにより、その６月中間申告対象期間につき６月中間申告書の提出を要しない事業者が、任意に６月中間申告書を提出しようとする場合に提出します。
提出時期	任意に６月中間申告書を提出しようとする６月中間申告対象期間の末日まで
	消費税の確定申告の期限の延長特例の適用を受けようとする事業年度（通算法人の場合にあっては、その提出をした日が事業年度終了の日の翌日から45日以内である場合のその事業年度を含みます。）終了の日の属する課税期間の末日までに、納税地の所轄税務署長に１通（調査課所管法人にあっては２通）提出します。

任意の中間申告書を提出する旨の届出書　第26－(2)号様式

第26-(2)号様式

任意の中間申告書を提出する旨の届出書

収受印

令和　年　月　日	届出者	(フリガナ)	
		納税地	(〒　－　) (電話番号　－　－　)
		(フリガナ)	
		名称（屋号）	
		法人番号	※ 個人の方は個人番号の記載は不要です。
		(フリガナ)	
		氏名 (法人の場合)代表者氏名	
		(フリガナ)	
＿＿＿＿税務署長殿		(法人の場合) 代表者住所	(電話番号　－　－　)

下記のとおり、中間申告書の提出を要しない中間申告対象期間につき、六月中間申告書を提出したいので、消費税法第42条第８項の規定により届出します。

①	適用開始中間申告対象期間	自 平成/令和　年　月　日	至 平成/令和　年　月　日
②	①の中間申告対象期間を含む課税期間	自 平成/令和　年　月　日	至 平成/令和　年　月　日
③	②の直前の課税期間	自 平成/令和　年　月　日 至 平成/令和　年　月　日	④ ③の課税期間における確定消費税額　　円
⑤	月数按分 （④×６／③の月数）	円	

参考事項		税理士署名	(電話番号　－　－　)

※税務署処理欄	整理番号		部門番号		番号確認		通信日付印 年　月　日	確認	
	届出年月日	年　月　日	入力処理	年　月　日	台帳整理	年　月　日			

注意　1．裏面の記載要領等に留意の上、記載してください。
　　　2．税務署処理欄は、記載しないでください。

任意の中間申告書の提出を取りやめる場合	
必要書類	任意の中間申告書を提出することの取りやめ届出書　第26－⑶号様式
	６月中間申告書の提出を要しない６月中間対象期間につき任意に６月中間申告書を提出することをやめようとする場合に提出します。
提出時期	任意に６月中間申告書を提出することをやめようとする６月中間申告対象期間の末日まで
	この届出書の効力は、提出した日以後その末日が最初に到来する６月中間申告対象期間以後の６月中間申告対象期間について生じます。 したがって、任意に６月中間申告書を提出することをやめようとする６月中間申告対象期間の末日までに、この届出書を提出する必要があります。

任意の中間申告書を提出することの取りやめ届出書　第26-(3)号様式

第26-(3)号様式

任意の中間申告書を提出することの取りやめ届出書

収受印

令和　年　月　日 ＿＿＿＿税務署長殿	届出者	(フリガナ)	
		納税地	(〒　－　) (電話番号　－　－　)
		(フリガナ)	
		名称（屋号）	
		法人番号	※ 個人の方は個人番号の記載は不要です。
		(フリガナ)	
		氏名 (法人の場合) 代表者氏名	
		(フリガナ)	
		(法人の場合) 代表者住所	(電話番号　－　－　)

下記のとおり、消費税法第42条第８項の規定の適用を受けることを取りやめたいので、消費税法第42条第９項の規定により届出します。

①	この届出の適用開始中間申告対象期間	自 平成・令和　年　月　日　至 平成・令和　年　月　日
②	①の中間申告対象期間を含む課税期間	自 平成・令和　年　月　日　至 平成・令和　年　月　日
③	任意の中間申告書を提出する旨の届出書の提出日	平成・令和　年　年　日
④	③の届出書により適用を受けることとした最初の中間申告対象期間	自 平成・令和　年　月　日　至 平成・令和　年　月　日

事業を廃止した日	令和　年　月　日	
	個人番号 ※ 事業を廃止した場合には記載してください。	

参考事項		税理士署名	(電話番号　－　－　)

※税務署処理欄	整理番号		部門番号			
	届出年月日	年　月　日	入力処理	年　月　日	台帳整理	年　月　日
	通信日付印 年　月　日	確認	番号確認	身元確認 □ 済 □ 未済	確認書類	個人番号カード／通知カード・運転免許証 その他（　）

注意　1．裏面の記載要領等に留意の上、記載してください。
　　　2．税務署処理欄は、記載しないでください。

第9章

インボイス方式の導入

はじめに

現在は、一般課税[⇨用語44]により、仕入税額控除を行うためには、帳簿と区分記載請求書等（第６章Ⅲ「届出などの手続」一般課税参照）を保存することが要件になっていますが（区分記載請求書等保存方式)、令和５年10月１日からは、帳簿と共に「適格請求書」[⇨用語61]（以下「インボイス」といいます。）を保存することが要件となります(適格請求書保存方式、以下「インボイス方式」といいます)。

インボイス制度は、令和５年10月１日から導入されることになっており、同日に「適格請求書発行事業者」[⇨用語62]（インボイスを発行できる事業者をいいます。）の登録をするためには、令和５年３月31日までにその申請を行う必要があります。

このように、インボイス制度の実施に向けて既に準備は進められており、その制度を理解して、登録するかどうかの検討を行う必要があります。

そこで本章では、インボイス制度のあらましと手続きについて、取り上げることにします。

Ⅰ．インボイス方式の概要

1　インボイス方式導入によって何が変わるのか？

インボイス方式導入による変更のポイントは、次のとおりです。

①	仕入税額控除の対象となるのはインボイスの保存がある課税仕入れに限られる。
②	インボイスには「登録番号」と複数税率の明細が記載されていなければならない(注)。 (注)　請求書等に通常記載される事項に加えて「登録番号」と複数税率の明細の記載が必要になります。
③	「登録番号」は、あらかじめ税務署長の登録を受けた「適格請求書発行事業者」しか表示できない。
④	「適格請求書発行事業者」になるには課税事業者でなければならない。

留意事項　「適格請求書」（インボイス）とは

次の事項が記載された請求書、納品書等これらに類するものをいいます。

①　適格請求書発行事業者の氏名又は名称及び登録番号

②　取引年月日

③　取引内容（軽減税率の対象品目である旨）

④　税率ごとに区分して合計した対価の額（税抜き又は税込み）及び適用税率

⑤　税率ごとに区分した消費税額等

⑥　書類の交付を受ける事業者の氏名又は名称

■■■ 留意事項 ■■■　課税事業者の選択

このインボイス方式は、令和５年10月１日から始まりますが、すでに「適格請求書発行事業者」の登録手続きは始まっており㈲、現在、免税事業者の方も、登録して課税事業者になるのか、登録しないのか、検討が必要であるといえます。

㈲　令和５年10月１日から登録を受けようとする場合は、原則として、令和５年３月31日までに登録申請をする必要があります。

2　従来の制度からの変更点

これまでの制度（「区分記載請求書等保存方式」）とどのような点が変更になるのか、その対比表は次のとおりです（太字箇所が主な変更点）。

適格請求書等保存方式（新制度）		区分記載請求書等保存方式（現制度）	
①	**適格請求書発行事業者**の氏名又は名称及び**登録番号**（下図Ⓐ）	①	請求書発行者の氏名又は名称
②	取引年月日	②	取引年月日
③	取引内容（軽減税率の対象品目である旨）	③	取引内容（軽減税率の対象品目である旨）
④	税率ごとに区分して合計した対価の額**（税抜き又は税込み）及び適用税率**（下図Ⓑ）	④	税率ごとに区分して合計した税込対価の額
⑤	**税率ごとに区分した消費税額等**（下図Ⓒ）		
⑥	書類の交付を受ける事業者の氏名又は名称	⑤	請求書受領者の氏名又は名称

インボイスのイメージ

請　求　書

株式会社ＡＢＣ商事　御中

Ⓐ　ＸＹＺ株式会社
登録番号　T0123456…

７月分　130,400円

日付	品　　名	数量	金　額
X.7.1	製菓用食器Ａ	2	2,000円
X.7.2	バター　※	4	3,000円
X.7.2	製菓用小麦粉 25 kg　※	2	6,000円
⋮	⋮	⋮	⋮

Ⓑ 合計　120,000円
８％対象　80,000円
10％対象　40,000円

Ⓒ 消費税　10,400円
消費税　6,400円
消費税　4,000円

※　軽減税率対象

■■■ 留意事項 ■■■　適格簡易請求書

不特定多数の者に対して販売等を行う事業者（例えば、小売業、飲食店業、タクシー業等）の取引については、次の適格簡易請求書を交付することが認められます。

適格簡易請求書		適格請求書	
①	**適格請求書発行事業者**の氏名又は名称及び**登録番号**（下図α）	①	**適格請求書発行事業者**の氏名又は名称及び**登録番号**（上図Ⓐ）
②	取引年月日	②	取引年月日
③	取引内容（軽減税率の対象品目である旨）	③	取引内容（軽減税率の対象品目である旨）
④	税率ごとに区分して合計した対価の額（**税抜き又は税込み**）	④	税率ごとに区分して合計した対価の額（**税抜き又は税込み**）**及び適用税率**（上図Ⓑ）
⑤	**税率ごとに区分した消費税額等又は適用税率**（イメージ図のβ）	⑤	**税率ごとに区分した消費税額等**（上図Ⓒ）
		⑥	書類の交付を受ける事業者の氏名又は名称

※　それぞれ⑤欄の「消費税等」の額の端数処理については、本章Ⅱ１を参照。

適格簡易請求書のイメージ

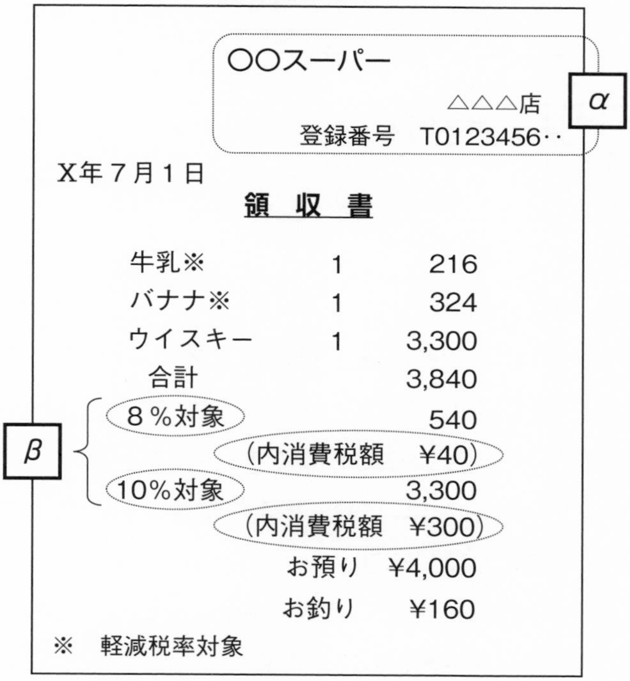

〇〇スーパー
△△△店
登録番号　T0123456・・　α

X年７月１日

領　収　書

牛乳※	1	216
バナナ※	1	324
ウイスキー	1	3,300
合計		3,840
８％対象		540
		（内消費税額　¥40）
10％対象		3,300
		（内消費税額　¥300）
	お預り	¥4,000
	お釣り	¥160

β（８％対象・10％対象）

※　軽減税率対象

■■■ 留意事項 ■■■　請求システムなどの整備

インボイス方式が導入されると、適格請求書発行事業者になる事業者は、上記インボイスに対応した請求書等発行システムの整備又は導入が必要となります。

3　免税事業者への影響について

これまで、免税事業者の方には益税が発生しているとの指摘がありましたが、インボイス方式の導入により、免税事業者の場合、そのままでは逆に利益を圧縮するケースも考えられます。そのため、今後は、課税事業者を選択して登録事業者になる(注)ことも検討する必要があります。

次のシミュレーションで見てみます。

(注)　免税事業者は、経過措置により、登録を受けることで課税事業者になります。

シミュレーション

【甲商品】	仕入金額	仕入税額	売上金額	売上税額	納税額	利益	税負担
①　課税事業者Ｘ社	700	70	1,000	100	30	300	0
②　免税事業者Ｙ社	仕入金額		売上金額		納税額	利益	税負担
－Ⓐ　インボイス導入前	770		1,100		0	330	＋30
－Ⓑ　インボイス導入後	770		1,000		0	230	▲70

【シミュレーションの取引内容】

770円（税込）で仕入れた甲商品を、課税事業者（X社）も、免税事業者（Y社）も、これまで1,100円で販売していたケースについて、インボイス導入後の免税事業者の取引をシミュレーションしたものです（上表②－Ⓑ)。

なお、このシミュレーションは、免税事業者である以上売上げに「消費税」を上乗せしないことを前提としています。

(注)　仕入れに係る消費税額等の額を「仕入消費税」、売上げにかかる消費税等の額を「売上消費税」などと、簡略表記しています。

① 課税事業者Ｘ社について

税抜経理である場合には、税抜700円の甲商品を仕入れて税抜1,000円で販売すれば、利益は300円です。

消費税は、仕入れたときの仮払の70円（仮払消費税）を、売上げの時に本体価格（1,000円）と別に受領している仮受の100円（仮受消費税）から差し引きし、残った30円を納税することになります。

Point ☞ 売先である課税事業者Ｚ社について――

前頁の表には記載していませんが、仮にX社の売先Ｚ社が課税事業者（簡易課税非適用）であるとすれば、インボイス導入前においてはＸ社から課税仕入れを行い、Ｘ社から転嫁された100円は仕入税額控除をするので、損益に影響は出ません。令和５年10月１日以降もＺ社は仕入税額控除を前提として従前と同じ利益を確保することを求めるでしょう。つまり、インボイスの交付を求めてきます。

この場合、Ｘ社は課税事業者なので、登録事業者になることで解決します。

②－Ⓐ インボイス導入前の免税事業者Ｙ社について

Ｙ社については、これまでは税込770円で仕入れた甲商品を1,100円で販売した場合、利益は330円発生し、免税事業者なので課税事業者のように30円の納税は発生せず、その30円は利益となっています（益税）。

Point ☞ 売先である課税事業者Ｚ社について――

Ｙ社にとっても売先である課税事業者Ｚ社（簡易課税非適用）は、インボイス導入前は、免税事業者から課税仕入れを行った場合でも、購入代金の税込価格について税抜処理を行い、仮払消費税100円として仕入税額控除を行い、結果として免税事業者からの仕入れでも、Ｘ社との取引の場合と同様に、仕入れに含まれる消費税を控除し、損益に影響が出ない処理を行うことができていました。

②－Ⓑ　インボイス導入後の免税事業者Ｙ社について

インボイス導入後、免税事業者Ｙ社は、これまでのように甲商品に1,100円の値付けをできるかどうかがカギになります。

Point ☞ 売先である課税事業者Ｚ社について――

売先である課税事業者Ｚ社（簡易課税非適用）は、インボイス導入前と同じように課税仕入れを行い、Ｙ社から転嫁された100円を仕入税額控除して、損益に影響が出ないよう、従前と同じ利益を確保することを求めるでしょう。

ところがＹ社は免税事業者なので、登録事業者になれません。

そうすると、インボイスを発行できないＹ社に対し、Ｚ社は従前と同じ利益確保のために、税抜価格1,000円での取引を求めることが予想されます。

仮に、この要求に応える場合、上記シミュレーション②－Ⓑのように、Ｙ社も甲商品の仕入には消費税を負担しており、しかもＹ社は免税事業者のため仕入税額控除ができず、結果として仕入れにかかった消費税額（70円）をコストとして抱える（利益を圧縮する）ことになります。

この場合の解決策としては、Ｙ社が課税事業者を選択し、登録事業者になることです。

仮に、Ｙ社が免税事業者のままでこれまでの販売価格1,100円を維持し、A社のような課税事業者である同業他社がいる場合には、税額控除の点で太刀打ちできない状況にもなりかねません。

しかしながら、Ｙ社としても、従来の利益確保のために、仕入れのコストである消費税70円は価格に転嫁したいと考えるでしょう。

Point ☞ Ｚ社が簡易課税を適用している場合――

仮に前出のＺ社が簡易課税制度を選択している場合は、Ｚ社は課税売上高から納付する消費税額を計算します（第６章Ⅲ 簡易課税 参照）。したがって、Ｚ社にとって適格請求書等の保存は仕入税額控除の要件とならないため、このようなシーンでは、Ｚ社にとって適格請求書等は特に必要のないものとなります。

Point☞　売先のほとんどが消費者の場合――

売先が消費者など、消費税とは関係のない顧客である場合、たとえば街のケーキ屋さんなどのケースでは、購入者はインボイスを求めて仕入税額控除を行おうとする者ではありません。

したがって、これまでどおりの販売価格を維持することは可能だと考えられます。

オンリーワンの味などの商品価値や技術を持つ事業者の場合も、これまでどおりの価格設定でインボイス導入後も免税事業者のままでいるという選択肢はあり得るでしょう。

ただし、交際費で購入しようとする会社などの業務用消費者からは、インボイスを求められることは想定されます。

Ⅱ．インボイス（適格請求書）の留意点

※　以下Ⅱ～Ⅳは、「適格請求書等保存方式の概要－インボイス制度の理解のために－」（国税庁、令和３年７月）を参考にしています。

1　「税率ごとに区分した消費税額等」の端数処理～インボイス単位での端数処理

インボイスの記載事項である「税率ごとに区分した消費税額等」に１円未満の端数が生じる場合には、１のインボイスごとに１回の端数処理を行います。

したがって、「税率ごとに区分して合計した対価の額」に税率を乗じるなどして、計算することとなります（次図左の例）。

個々の商品ごとの消費税額の算出を行い、その商品ごとに端数処理を行って、その積算額を「税率ごとに区分した消費税額等」とすることは認められないとされています（次図右の例）。

〔認められる端数処理〕

請求書

○○㈱ 御中　　○年11月30日
㈱△△
請求金額（税込）60,197円　　（T123…）
※は軽減税率対象

取引年月日	品名	数量	単価	税抜金額	消費税額
11/2	トマト　※	83	167	13,861	－
11/2	ピーマン ※	197	67	13,199	－
11/15	花	57	77	4,389	－
11/15	肥料	57	417	23,769	－
8％対象計				27,060	端数処理→2,164
10%対象計				28,158	端数処理→2,815

〔認められない端数処理〕

請求書

○○㈱ 御中　　○年11月30日
㈱△△
請求金額（税込）60,195円　　（T123…）
※は軽減税率対象

取引年月日	品名	数量	単価	税抜金額	消費税額
11/2	トマト　※	83	167	13,861	行ごとに端数処理→1,108
11/2	ピーマン ※	197	67	13,199	行ごとに端数処理→1,055
11/15	花	57	77	4,389	行ごとに端数処理→438
11/15	肥料	57	417	23,769	行ごとに端数処理→2,376
8％対象計				27,060	合算→2,163
10%対象計				28,158	合算→2,814

留意事項　端数処理の方法

端数処理は、「切上げ」、「切捨て」、「四捨五入」など任意の方法で行うこととなります。

2　取引先コードによる記載

「適格請求書発行事業者の氏名又は名称及び登録番号」については、次の①②の両

方を満たす「取引先コード」などの記載があれば、「適格請求書発行事業者の氏名又は名称及び登録番号」の記載があるものとして取り扱われます。

① 登録番号と紐付けて管理されている取引先コード表などを相手方と共有している。
② 買手においても取引先コード表などから登録番号が確認できる。

3　仕入明細等による対応

インボイス方式においても、区分記載請求書等保存方式（現制度）と同様に、買手が作成する一定の事項が記載された仕入明細書等を保存することでも仕入税額控除を受けることができます。

この場合のポイントは、次のとおりです。

① 記載する登録番号は課税仕入れの相手方（売手）のものであること。
② 課税仕入れの相手方（売手）の確認を受けたものに限られること。

4　複数の書類による対応

インボイス方式においては、複数の書類がインボイスの記載事項を関連付けて補完し合い、伝票等組織全体で記載事項を満たしていると認められる場合は、これら複数の書類を合わせて一の適格請求書（インボイス）とすることが可能とされています。

例えば、商品の明細、金額など（軽減税率対象商品の表示などを含む。）の記載がある個々の納品伝票を「納品書番号」などで関連付けて一枚の請求書に集約し、そこに「適格請求書発行事業者の氏名又は名称及び登録番号」、「税率ごとに区分して合計した対価の額（税抜き又は税込み）及び適用税率」及び「税率ごとに区分した消費税額等」が記載された場合のその請求書は、一のインボイスとすることが可能となります。

5　電子インボイス

インボイスは、書面での交付に代えて、次のように電子データ（電磁的記録）で提供することが認められます（電子インボイス）。

なお、電子インボイスの記録事項は、書面によるインボイスと同じです。

・オンラインシステムを介して受発注を行っている場合のそのシステムを介した連絡　・電子メール送信　・インターネット上のサイトを通じた提供
・記録媒体での提供

Ⅲ．売手（インボイス発行事業者）の留意点

インボイスの発行事業者には、原則として次のような義務が課されています。

○　適格請求書（インボイス）の交付

○　適格返還請求書の交付

○　修正した適格請求書の交付

○　写しの保存

1　適格請求書（インボイス）の交付

取引の相手方（課税事業者）の求めに応じて、インボイス又は簡易インボイスを交付しなければなりません。

ただし、インボイスを交付することが困難な次の取引は、交付義務が免除されます。

交付義務が免除される取引
①　公共機関である船舶、バス又は鉄道による旅客の輸送（３万円未満のものに限ります。） ②　出荷者等が卸売市場において行う生鮮食料品等の譲渡（出荷者から委託を受けた受託者が卸売の業務として行うものに限ります。） ③　生産者が農業協同組合、漁業協同組合又は森林組合等に委託して行う農林水産物の譲渡（無条件委託方式かつ共同計算方式により生産者を特定せずに行うものに限ります。） ④　自動販売機、自動サービス機により行われる課税資産の譲渡等（３万円未満のものに限ります。） ⑤　郵便切手を対価とする郵便サービス（郵便ポストに差し出されたものに限ります。）

2　適格返還請求書の交付

返品や値引きなど（売上対価の返還等）をした場合は、適格返還請求書を交付しなければなりません。

⑴　適格返還請求書の記載事項

適格返還請求書の記載事項には、返品伝票などに次の各項目の記載が必要です。

適格返還請求書の記載事項
①　適格請求書発行事業者の氏名又は名称及び登録番号
②　対価の返還等を行う年月日
③　対価の返還等の基となった取引を行った年月日（次の⑵を参照）
④　対価の返還等の取引内容（軽減税率の対象品目である旨）
⑤　税率ごとに区分して合計した対価の返還等の金額（税抜き又は税込み）
⑥　対価の返還等の金額に係る消費税額等又は適用税率

⑵　対価の返還等の基となった取引を行った年月日等

①　対価の返還等の基となった取引を行った年月日

対価の返還等の処理を合理的な方法により継続して行っているのであれば、「前月末日」や「最終販売年月日」をその取引を行った年月日として記載することも可能とされています。

②　「○月分」など一定期間の記載

対価の返還等の基となった取引を行った年月日は、「○月分」などの課税期間の範囲内で一定の期間の記載も可能とされています。

⑶　適格請求書と適格返還請求書の合体交付

例えば、前月分の売上値引きを今月の売上げから差し引いて請求する場合、今月分の適格請求書と前月分の適格返還請求書を交付する必要がありますが、それぞれに必要な記載事項を記載して１枚の請求書で交付することも可能とされています。

３　修正した適格請求書の交付

交付したインボイス、簡易インボイス又は適格返還請求書に誤りがあった場合には、修正したインボイス等を交付する必要があります。

交付方法としては、①修正点を含めて全ての事項を記載した書類の再交付、又は②当初に交付したインボイス等との関連性を明らかにした上で、修正箇所のみを明示した書類を交付する方法などが考えられます。

４　インボイス等の写しの保存

交付したインボイス、簡易インボイス又は適格返還請求書の写しについては、交付した日の属する課税期間の末日の翌日から２か月を経過した日から７年間保存する必要があります。

Ⅳ．買手の留意点～仕入税額控除について

インボイス方式の導入により、買手は以下のことに注意が必要です。

1　仕入税額控除の要件（帳簿及び適格請求書等の保存）

一定の事項を記載した帳簿及び適格請求書などの請求書等の保存が仕入税額控除の要件となります。

2　免税事業者や消費者からの課税仕入れ（原則仕入税額控除不可）

免税事業者や消費者など（免税事業者等）、適格請求書発行事業者以外の者から行った課税仕入れは、原則として仕入税額控除を行うことができません。

なお、 導入後６年間は、免税事業者等から行った課税仕入れについても、仕入税額相当額の一定割合を仕入税額として控除できる経過措置が設けられています。

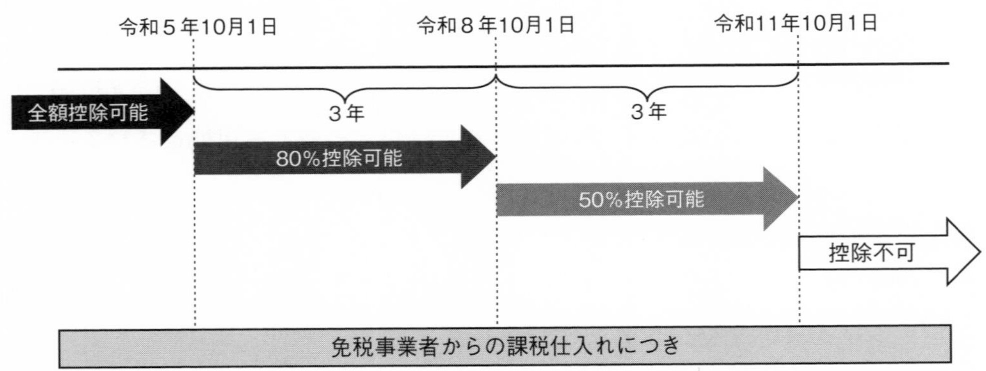

> ※　この経過措置の適用を受けるためには、次のことが必要となります。
> ①　免税事業者等から受領する区分記載請求書と同様の事項が記載された請求書等の保存
> ②　この経過措置の適用を受ける旨(80％控除・50％控除の特例を受ける課税仕入れである旨）を記載した帳簿の保存

3　保存が必要となる請求書等の範囲

仕入税額控除の要件として保存が必要となる請求書等は、①売手が交付する適格請求書（インボイス）又は適格簡易請求書（簡易インボイス）、②買手が作成する仕入明

細書等（適格請求書の記載事項が記載されており、相手方の確認を受けたものに限ります。）などです。

4　帳簿のみの保存で仕入税額控除が認められる場合

適格請求書の交付義務が免除される取引（前記Ⅲの１に掲げる表「交付義務が免除される取引」の①④⑤に掲げる取引）など、適格請求書などの請求書等の交付を受けることが困難な取引は、帳簿のみの保存で仕入税額控除が認められます。

5　簡易課税制度を選択している場合

簡易課税制度を選択している場合は、課税売上高から控除税額を計算することから、適格請求書などの請求書等の保存は、仕入税額控除の要件となりません（第６章Ⅰ 簡易課税 留意事項『簡易課税の場合の仕入税額控除の要件』参照）。

Ⅴ．適格請求書発行事業者になる場合の留意点

適格請求書発行事業者になった場合には、次の点に留意する必要があります。

1　免税事業者が経過措置により登録事業者になった場合の効力の発生時期

令和５年10月１日から令和11年９月30日までの日の属する課税期間中に登録を受ける場合には、消費税課税事業者選択届出書を提出しなくても、登録申請書を提出すれば登録を受けることができるように措置されていますが、免税事業者がある上記課税期間中のある時期に登録を受けた場合には、登録事業者＝課税事業者となるのは、登録日からになります。

例えば、個人の免税事業者が令和５年３月31日までに登録申請書を提出し、令和５年10月１日に登録を受けた場合には、令和５年10月１日から課税事業者になります（令和５年の課税期間（第３章）は、令和５年10月１日から同年12月31日までの取引が納付税額計算の対象となります。）。

2　適格請求書発行事業者と基準期間の課税売上高

適格請求書発行事業者になると、基準期間の課税売上高が1,000万円以下となっても、登録の効力が失われない限り、申告が必要となります。

適格請求書発行事業者であることは、即ち課税事業者ということです。

適格請求書発行事業者　＝　課税事業者

3　請求システム、伝票などの事前準備

適格請求書には登録番号が含まれるなど、前掲Ⅰの「❷　従来の制度からの変更点」で述べたとおり、一定の記載事項の記載が必要となります。

したがって、

①　現在使用している請求書等の様式の改定

②　取引先への登録番号の通知

③　レジスター、伝票システム等のインボイス対応

など、それぞれの実態に応じた準備が必要となります。

4　登録申請手続

適格請求書発行事業者になるには、適格請求書発行事業者の登録申請手続が必要です。その手続方法等については、次項「届出などの手続」の「1　適格請求書発行事業者の登録申請手続」を参照してください。

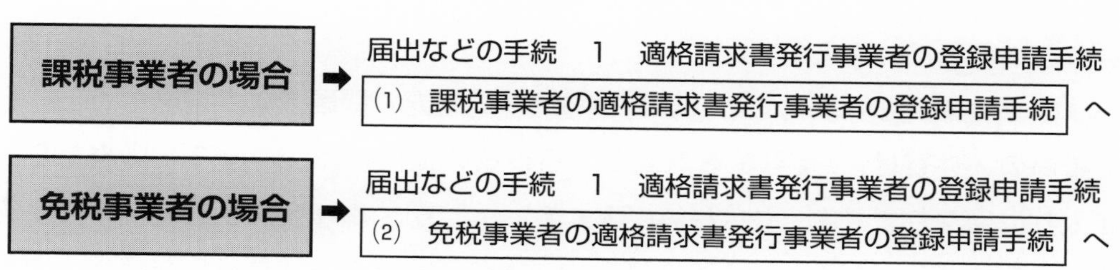

課税事業者の場合
届出などの手続　1　適格請求書発行事業者の登録申請手続
(1)　課税事業者の適格請求書発行事業者の登録申請手続　へ
免税事業者の場合
届出などの手続　1　適格請求書発行事業者の登録申請手続
(2)　免税事業者の適格請求書発行事業者の登録申請手続　へ

なお、適格請求書発行事業者の登録を取りやめる時の手続については、次項「届出などの手続」の「2」を、免税事業者が経過措置により適格請求書発行事業者になった場合の簡易課税制度については、「届出などの手続」の「3」を、それぞれ参照してください。

Ⅵ. インボイス制度の目的と今後の対応

1　インボイス制度の目的とは

インボイス制度は、現在の複数税率（標準税率と軽減税率（第６章「Ⅱ　課税売上げに係る税額の計算　❷参照））を前提に「売手が、買手に対し正確な適用税率や消費税額等を伝えるための手段」であると説明されています。

ただ、インボイス制度の導入に当たっては、次のような背景があったことも忘れてはならない事実だと考えます。

一つは、従業員を外注化する、いわゆる「一人親方」問題です。

従業員の人件費は、「給与等を対価とする役務の提供」（法２①十二）に当たり、課税仕入れにはなりません（仕入税額控除できない。）が、これを外注先にして外注費の支払いにすれば、もともと仕入税額控除の対象外であった人件費を控除できるようになる、という租税回避的事例が少なからず見受けられたことです。

これは、社会保険料の負担なども合わせ、両者にとってメリットのあるスキームだとされました。

もう一つは、免税事業者の益税問題です。

本章Ⅰ❸のシミュレーションでも見たように、免税事業者には益税が発生している、との指摘もありました。

そもそも、零細な事業者に対する「免税事業者制度」を設ける以上は、益税が発生することも織り込み済みであったはずですが、一つ目の問題と絡んで、ある取引を課税仕入れの対象とするならば（課税取引の連鎖にあるならば）それに対応する売上げは課税でなければならない、という「適正化」が図られたとみることもできます。

このようなことを前提に、次の「２　今後の対応について」を検討する必要もあるのではないかと考えます。

2　今後の対応について　～　取引条件の見直しと登録事業者への逍遥

後掲の「〔参考〕 免税事業者及びその取引先のインボイス制度への対応に関するQ＆A」（令和４年１月19日財務省ほか、以下本項において「Q＆A」といいます。）の「Q７　仕入先である免税事業者との取引について、インボイス制度の実施を契機として取引条件を見直すことを検討していますが、独占禁止法などの上ではどのような行為が問題となりますか。」（以下「Q７」といいます。）でも取り上げられているように、免税事業者に対する取引条件の見直し又は登録事業者になることの逍遥が令和５年10月１日の実施を前に問題になると考えます。

⑴　登録事業者になることの逍遥

Q７中「以下に記載する行為類型」の「6　登録事業者となるような慫慂等」において明らかにされているように、「課税事業者が、インボイスに対応するために、取引先の免税事業者に対し、課税事業者になるよう要請すること……（略）……自体は、独占禁止法上問題となるものではありません。」とされています。

問題は、優越的立場に乗じた一方的な行為に対し警鐘を鳴らしているわけです。

そうであれば、「免税事業者と十分に協議を行っ」た上での逍遥は問題がないことになります。

①　そうすると、免税事業者である仕入先との交渉は、本章Ｉ❸のシミュレーションを前提にすると、次のような図式で捉えられることも考えられます。

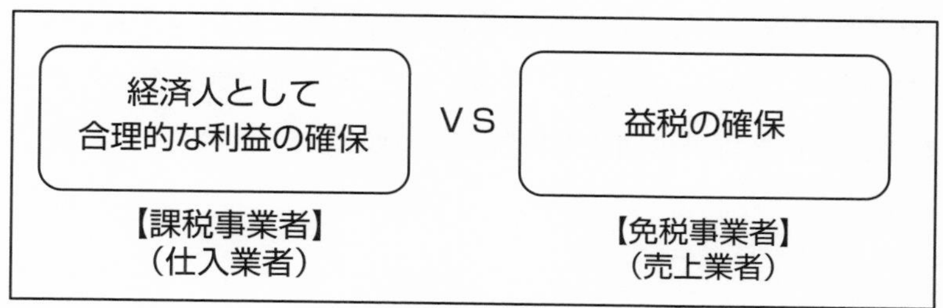

もっとも、一方では、免税事業者がコストとして負担する仕入れに係った消費税分をどう転嫁するか、という問題が発生します。

②　そこで、課税仕入れと課税売上げの連鎖の中に組み込まれる免税事業者には登録をしてもらう（課税事業者になってもらう。）という解決策が浮上し、事務負担の増加など事業者によっては大きな問題はあるにしても、「適正課税」の観点から円滑

に移行されるべきだ、という考え方も成り立つと考えます。

③　そのようなことを前提に上記Ｑ７は、しかしながら優越的立場による一方的行為には警鐘を鳴らしているとみることができます。

⑵　取引条件の見直し

問題は、上記⑴がうまく行かない場合です。

この場合は、取引条件の設定が問題となります。

本章Ⅰ❸のシミュレーションを例に取れば、免税事業者であるＹ社が課税事業者（簡易課税非適用）のＺ社に商品を売る際に、コストとして負担している70円の消費税分を価格に上乗せすることをＺ社が合意するかどうかです。

この点も、Ｑ＆Ａでは、優越的立場による一方的行為などに警鐘を鳴らしていますが、合理的経済人としてのＺ社の判断も「十分に協議」が行われた上であれば、致し方ないところではないかとも考えられますがいかがでしょうか。

⑶　免税事業者が登録事業者（課税事業者）になった場合の簡易課税制度の利用

以上の結果、免税事業者が登録事業者を選択するに至った場合には、納税額の計算方法は一般課税と簡易課税ではどちらが有利なのかをシミュレーションし（第６章Ⅰ参照)、事業内容にもよりますが、簡易課税制度を有効に活用することを検討すべきでしょう。

その際の手続は、登録日から同時に簡易課税制度の適用を受けることができる経過措置が設けられていますので、登録事業者を選択するに当たっては、忘れてはならない検討事項となります（本章「届出等の手続」の「３　免税事業者が経過措置により適格請求書発行事業者になった場合の簡易課税制度」参照)。

〔参考〕免税事業者及びその取引先のインボイス制度への対応に関するＱ＆Ａ（抜粋）〔令和４年１月９日　財務省・公正取引委員会・経済産業省・中小企業庁・国道交通省（改正：令和４年３月８日）より〕

Ｑ７　仕入先である免税事業者との取引について、インボイス制度の実施を契機として取引条件を見直すことを検討していますが、独占禁止法などの上ではどのような行為が問題となりますか。

Ａ　事業者がどのような条件で取引するかについては、基本的に、取引当事者間の自主的な判断に委ねられるものですが、免税事業者等の小規模事業者は、売上先の事業者との間で取引条件について情報量や交渉力の面で格差があり、取引条件が一方的に不利になりやすい場合も想定されます。

自己の取引上の地位が相手方に優越している一方の当事者が、取引の相手方に対し、その地位を利用して、正常な商慣習に照らして不当に不利益を与えることは、優越的地位の濫用として、独占禁止法上問題となるおそれがあります。

仕入先である免税事業者との取引について、インボイス制度の実施を契機として取引条件を見直すことそれ自体が、直ちに問題となるものではありませんが、見直しに当たっては、「優越的地位の濫用」に該当する行為を行わないよう注意が必要です。

以下では、インボイス制度の実施を契機として、免税事業者と取引を行う事業者がその取引条件を見直す場合に、優越的地位の濫用として問題となるおそれがある行為であるかについて、行為類型ごとにその考え方を示します（注１）。

また、以下に記載する行為類型のうち、下請法の規制の対象となるもの（注２）についいては、その考え方を明らかにします。下請法と独占禁止法のいずれも適用可能な行為については、通常、下請法が適用されます。なお、以下に記載する行為類型のうち、建設業を営む者が業として請け負う建設工事の請負契約については、下請法ではなく、建設業法が適用されますので、建設業法の規制の対象となる場合についても、その考え方を明らかにします。

（注１）以下において、独占禁止法上問題となるのは、行為者の地位が相手方に優越していること、また、免税事業者が今後の取引に与える影響等を懸念して、行為者による要請等を受け入れざるを得ないことが前提となります。

（注２）事業者（買手）と免税事業者である仕入先との取引が、下請法にいう親事業者と下請事業者の取引に該当する場合であって、下請法第２条第１項から第４項までに規定する①製造委託、②修理委託、③情報成果物作成委託、④役務提供委託に該当する場合には、下請法の規制の対象となります。

（参考１～４）　省略

1　取引対価の引下げ

取引上優越した地位にある事業者（買手）が、インボイス制度の実施後の免税事業者との取引において、仕入税額控除ができないことを理由に、免税事業者に対して取引価格の引下げを要請し、取引価格の再交渉において、仕入税額控除が制限される分(注3)について、免税事業者の仕入れや諸経費の支払いに係る消費税の負担をも考慮した上で、双方納得の上で取引価格を設定すれば、結果的に取引価格が引き下げられたとしても、独占禁止法上問題となるものではありません。

しかし、再交渉が形式的なものにすぎず、仕入側の事業者（買手）の都合のみで著しく低い価格を設定し、免税事業者が負担していた消費税額も払えないような価格を設定した場合には、優越的地位の濫用として、独占禁止法上問題となります。

また、取引上優越した地位にある事業者（買手）からの要請に応じて仕入先が免税事業者から課税事業者となった場合であって、その際、仕入先が納税義務を負うこととなる消費税分を勘案した取引価格の交渉が形式的なものにすぎず、著しく低い取引価格を設定した場合についても同様です。

（注３）免税事業者からの課税仕入れについては、インボイス制度の実施後３年間は、仕入税額相当額の８割、その後の３年間は同５割の控除ができることとされています。

なお、下請法の規制の対象となる場合で、事業者（買手）が免税事業者である仕入先に対して、仕入先の責めに帰すべき理由がないのに、発注時に定めた下請代金の額を減じた場合には、下請法第４条第１項第３号で禁止されている下請代金の減額として問題となります。この場合において、仕入先が免税事業者であることは、仕入先の責めに帰すべき理由には当たりません。

また、下請法の規制の対象となる場合で、事業者（買手）が免税事業者である仕入先に対して、給付の内容と同種又は類似の内容の給付に対して通常支払われる対価に比べて、免税事業者が負担していた消費税額も払えないような下請代金など、著しく低い下請代金の額を不当に定めた場合には、下請法第４条第１項第５号で禁止されている買いたたきとして問題となります。

下請法の規制の対象となる場合で、事業者（買手）からの要請に応じて仕入先が免税事業者から課税事業者となった場合であって、給付の内容と同種又は類似の内容の給付に対して通常支払われる対価に比べて著しく低い下請代金の額を不当に定めた場合についても、同様です。

なお、建設業法の規制の対象となる場合で、元請負人（建設工事の下請契約における注文者で建設業者であるもの。以下同じ。）が、自己の取引上の地位を不当に利用して免税事業者である下請負人（建設工事の下請契約における請負人。以下同じ。）と合意することなく、下請代金の額を一方的に減額して、免税事業者が負担していた消費税額も払えないような代金による下請契約を締結した場合や、免税事業者である下請負人に対して、契約後に、取り決めた下請代金の額を一方的に減額した場合等により、下請代金の額がその工事を施工するために通常必要と認められる原価に満たない金額となる場合には、建設業法第19条の3の「不当に低い請負代金の禁止」の規定に違反する行為として問題となります。

2　商品・役務の成果物の受領拒否、返品

取引上の地位が相手方に優越している事業者（買手）が、仕入先から商品を購入する契約をした後において、仕入先が免税事業者であることを理由に、商品の受領を拒否することは、優越的地位の濫用として問題となります。

また、同様に、当該仕入先から受領した商品を返品することは、どのような場合に、どのような条件で返品するかについて、当該仕入先との間で明確になっておらず、当該仕入先にあらかじめ計算できない不利益を与えることとなる場合、その他正当な理由がないのに、当該仕入先から受領した商品を返品する場合には、優越的地位の濫用として問題となります。

なお、下請法の規制の対象となる場合で、事業者（買手）が免税事業者である仕入先に対して、仕入先の責めに帰すべき理由がないのに、給付の受領を拒む場合又は仕入先に給付に係る物を引き取らせる場合には、下請法第４条第１項第１号又は第４号で禁止されている受領拒否又は返品として問題となります。この場合において、仕入先が免税事業者であることは、仕入先の責めに帰すべき理由には当たりません。

3　協賛金等の負担の要請等

取引上優越した地位にある事業者（買手）が、インボイス制度の実施を契機として、免税事業者である仕入先に対し、取引価格の据置きを受け入れるが、その代わりに、取引の相手方に別途、協賛金、販売促進費等の名目での金銭の負担を要請することは、当該協賛金等の負担額及びその算出根拠等について、当該仕入先との間で明確になっておらず、当該仕入先にあらかじめ計算できない不利益を与えることとなる場合や、当該仕入先が得る直接の利益等を勘案して合理的であると認められる範囲を超えた負担となり、当該仕入先に不利益を与えることとなる場合には、優越的地位の濫用として問題となります。

その他、取引価格の据置きを受け入れる代わりに、正当な理由がないのに、発注内容に含まれていない役務の提供その他経済上の利益の無償提供を要請することは、優越的地位の濫用として問題となります。

なお、下請法の規制の対象となる場合で、事業者（買手）が免税事業者である仕入先に対して、自己のために金銭、役務その他の経済上の利益を提供させることによって、仕入先の利益を不当に害する場合には、下請法第４条第２項第３号で禁止されている不当な経済上の利益の提供要請として問題となります。

４　購入・利用強制

取引上優越した地位にある事業者（買手）が、インボイス制度の実施を契機として、免税事業者である仕入先に対し、取引価格の据置きを受け入れるが、その代わりに、当該取引に係る商品・役務以外の商品・役務の購入を要請することは、当該仕入先が、それが事業遂行上必要としない商品・役務であり、又はその購入を希望していないときであったとしても、優越的地位の濫用として問題となります。

なお、下請法の規制の対象となる場合で、事業者（買手）が免税事業者である仕入先に対して、給付の内容を均質にし、又はその改善を図るため必要がある場合その他正当な理由がある場合を除き、自己の指定する物を強制して購入させ、又は役務を強制して利用させる場合には、下請法第４条第１項第６号で禁止されている購入・利用強制として問題となります。

また、建設業法の規制の対象となる場合で、元請負人が、免税事業者である下請負人と下請契約を締結した後に、自己の取引上の地位を不当に利用して、当該下請負人に使用資材若しくは機械器具又はこれらの購入先を指定し、これらを当該下請負人に購入させて、その利益を害すると認められた場合には、建設業法第19条の４の「不当な使用資材等の購入強制の禁止」の規定に違反する行為として問題となります。

５　取引の停止

事業者がどの事業者と取引するかは基本的に自由ですが、例えば、取引上の地位が相手方に優越している事業者（買手）が、インボイス制度の実施を契機として、免税事業者である仕入先に対して、一方的に、免税事業者が負担していた消費税額も払えないような価格など著しく低い取引価格を設定し、不当に不利益を与えることとなる場合であって、これに応じない相手方との取引を停止した場合には、独占禁止法上問題となるおそれがあります。

６　登録事業者となるような慫慂等

課税事業者が、インボイスに対応するために、取引先の免税事業者に対し、課税事業者になるよう要請することがあります。このような要請を行うこと自体は、独占禁止法上問題となるものではありません。

しかし、課税事業者になるよう要請することにとどまらず、課税事業者にならなければ、取引価格を引き下げるとか、それにも応じなければ取引を打ち切ることにするなどと一方的に通告することは、独占禁止法上又は下請法上、問題となるおそれがあります。例えば、免税事業者が取引価格の維持を求めたにもかかわらず、取引価格を引き下げる理由を書面、電子メール等で免税事業者に回答することなく、取引価格を引き下げる場合は、これに該当します。また、免税事業者が、当該要請に応じて課税事業者となるに際し、例えば、消費税の適正な転嫁分の取引価格への反映の必要性について、価格の交渉の場において明示的に協議することなく、従来どおりに取引価格を据え置く場合についても同様です（上記１、５等参照）。

したがって、取引先の免税事業者との間で、取引価格等について再交渉する場合には、免税事業者と十分に協議を行っていただき、仕入側の事業者の都合のみで低い価格を設定する等しないよう、注意する必要があります。

以上

届出などの手続

1　適格請求書発行事業者の登録申請手続

適格請求書発行事業者の登録における手続きの概要は、次のとおりです。

(1)　課税事業者の適格請求書発行事業者の登録申請手続

課税事業者が適格請求書発行事業者になるための手続	
必要書類	適格請求書発行事業者の登録申請書（国内事業者用）　第１－(1)号様式 国外事業者は「適格請求書発行事業者の登録申請書（国外事業者用）第１－(2)号様式」を使って申請します。 なお、申請書はe-Taxでも提出することができます。 e-Taxの利用については、国税庁ホームページ「インボイス制度特設サイト」の「申請手続」を参照してください。
提出時期	(1)　令和５年10月１日から登録を受けようとする場合 令和５年10月１日から適格請求書発行事業者の登録を受けるためには、原則として令和５年３月31日※までに提出する必要があります。 ※　「特定期間」【⇨用語４】の判定により課税事業者となる場合は、令和５年６月30日までに提出する必要があります。 (2)　(1)以外の場合 課税事業者は、課税期間の途中であっても、登録申請書を提出し、登録を受けることができますが、登録申請書を提出し登録を受けた場合、登録の効力は登録日から生じます。
登録の効力～登録日	登録の効力は、通知の日にかかわらず、適格請求書発行事業者登録簿に登載された日（以下「登録日」といいます。）から生じます。 令和５年10月１日より前に登録の通知を受けた場合であっても、登録日は令和５年10月１日であり、登録の効力は登録日である令和５年10月１日から生じることとされています。

<table>
<tr><td rowspan="4">提出先</td><td>(1)　書面の場合</td></tr>
<tr><td>納税地を管轄する「インボイス登録センター」に提出します。
各国税局（国税事務所）では、「インボイス登録センター」を設置しており、インボイス制度に関する申請書の入力や電話照会等の事務について集約処理を行っています。</td></tr>
<tr><td>(2)　e-Taxの場合</td></tr>
<tr><td>e-Taxで行う場合は、次のソフトを使って、問答形式で申請データを作成・送信することができるようになっています。
・パソコンで利用可能な「e-Taxソフト（WEB版）」
・スマートフォン等で利用可能な「e-Taxソフト（SP版）」※
※　「e-Taxソフト（SP版）」は個人事業者向けのソフトです。
なお、e-Taxの利用には、電子証明書（マイナンバーカード等）の取得などの事前準備が必要となります（税理士による代理送信の場合には、事業者の電子証明書は不要です）。</td></tr>
<tr><td rowspan="4">登録の通知</td><td>(1)　書面の場合</td></tr>
<tr><td>登録番号、登録日等が記載された登録通知書が書面で送付されます。</td></tr>
<tr><td>(2)　e-Taxの場合</td></tr>
<tr><td>登録番号、登録日等が記載された登録通知書がデータで送付されます。</td></tr>
</table>

適格請求書発行事業者の登録申請書（国内事業者用）　第１－⑴号様式

第１－(1)号様式

国内事業者用

適格請求書発行事業者の登録申請書

収受印　【１／２】

令和　年　月　日 ＿＿＿＿税務署長殿	申請者	（フリガナ） 住所又は居所 （法人の場合） 本店又は 主たる事務所 の所在地	（〒　－　） ◎（法人の場合のみ公表されます） （電話番号　－　－　）
		（フリガナ） 納税地	（〒　－　） （電話番号　－　－　）
		（フリガナ） 氏名又は名称	◎
		（フリガナ） （法人の場合） 代表者氏名	
		法人番号	

この申請書に記載した次の事項（◎印欄）は、適格請求書発行事業者登録簿に登載されるとともに、国税庁ホームページで公表されます。
1　申請者の氏名又は名称
2　法人（人格のない社団等を除く。）にあっては、本店又は主たる事務所の所在地
なお、上記１及び２のほか、登録番号及び登録年月日が公表されます。
また、常用漢字等を使用して公表しますので、申請書に記載した文字と公表される文字とが異なる場合があります。

下記のとおり、適格請求書発行事業者としての登録を受けたいので、所得税法等の一部を改正する法律（平成28年法律第15号）第５条の規定による改正後の消費税法第57条の２第２項の規定により申請します。
※　当該申請書は、所得税法等の一部を改正する法律（平成28年法律第15号）附則第44条第１項の規定により令和５年９月30日以前に提出するものです。

令和５年３月31日（特定期間の判定により課税事業者となる場合は令和５年６月30日）までにこの申請書を提出した場合は、原則として令和５年10月１日に登録されます。

事業者区分	この申請書を提出する時点において、該当する事業者の区分に応じ、□にレ印を付してください。 □ 課税事業者　□ 免税事業者 ※　次葉「登録要件の確認」欄を記載してください。また、免税事業者に該当する場合には、次葉「免税事業者の確認」欄も記載してください（詳しくは記載要領等をご確認ください。）。
令和５年３月31日（特定期間の判定により課税事業者となる場合は令和５年６月30日）までにこの申請書を提出することができなかったことにつき困難な事情がある場合は、その困難な事情	
税理士署名	（電話番号　－　－　）

※税務署処理欄									
整理番号		部門番号		申請年月日	年　月　日	通信日付印 年　月　日		確認	
入力処理	年　月　日	番号確認		身元確認	□ 済 □ 未済	確認書類	個人番号カード／通知カード・運転免許証 その他（　）		
登録番号	T								

注意　1　記載要領等に留意の上、記載してください。
2　税務署処理欄は、記載しないでください。
3　この申請書を提出するときは、「適格請求書発行事業者の登録申請書（次葉）」を併せて提出してください。

この申請書は、令和三年十月一日から令和五年九月三十日までの間に提出する場合に使用します。

適格請求書発行事業者の登録申請書（国内事業者用）　第１－⑴号様式　次葉

第１－(1)号様式次葉

国内事業者用

適格請求書発行事業者の登録申請書（次葉）

【２／２】

氏名又は名称	

この申請書は、令和三年十月一日から令和五年九月三十日までの間に提出する場合に使用します。

免税事業者の確認

該当する事業者の区分に応じ、□にレ印を付し記載してください。

□　令和５年10月１日から令和11年９月30日までの日の属する課税期間中に登録を受け、所得税法等の一部を改正する法律（平成28年法律第15号）附則第44条第４項の規定の適用を受けようとする事業者
※　登録開始日から納税義務の免除の規定の適用を受けないこととなります。

個人番号			
事業内容等	生年月日（個人）又は設立年月日（法人）	1明治・2大正・3昭和・4平成・5令和　年　月　日	法人のみ記載：事業年度　自　月　日　至　月　日
			資本金　円
	事業内容		登録希望日（令和５年10月１日を希望する場合、記載不要）　令和　年　月　日

□　消費税課税事業者（選択）届出書を提出し、納税義務の免除の規定の適用を受けないこととなる課税期間の初日から登録を受けようとする事業者

課税期間の初日
※　令和５年10月１日から令和６年３月31日までの間のいずれかの日
令和　年　月　日

登録要件の確認

課税事業者です。 ※　この申請書を提出する時点において、免税事業者であっても、「免税事業者の確認」欄のいずれかの事業者に該当する場合は、「はい」を選択してください。	□ はい　□ いいえ
納税管理人を定める必要のない事業者です。 （「いいえ」の場合は、次の質問にも答えてください。）	□ はい　□ いいえ
納税管理人を定めなければならない場合（国税通則法第117条第１項） 【個人事業者】　国内に住所及び居所（事務所及び事業所を除く。）を有せず、又は有しないこととなる場合 【法人】　国内に本店又は主たる事務所を有しない法人で、国内にその事務所及び事業所を有せず、又は有しないこととなる場合	
納税管理人の届出をしています。 「はい」の場合は、消費税納税管理人届出書の提出日を記載してください。 消費税納税管理人届出書　（提出日：令和　年　月　日）	□ はい　□ いいえ
消費税法に違反して罰金以上の刑に処せられたことはありません。 （「いいえ」の場合は、次の質問にも答えてください。）	□ はい　□ いいえ
その執行を終わり、又は執行を受けることがなくなった日から２年を経過しています。	□ はい　□ いいえ

参考事項

⑵　免税事業者の適格請求書発行事業者の登録申請手続

①　免税事業者が令和５年10月１日に登録を受けるため、令和５年３月31日までに登録申請書を提出し、令和５年10月１日に登録を受けた場合には、登録の効力は登録日から生じることとなり、経過措置により、同日から課税事業者になります。

②　令和５年10月１日から令和11年９月30日までの課税期間中に登録を受けた場合は、登録日から効力が生じ、課税事業者となることができます。課税事業者選択を提出して課税事業者を選択する必要はありません（経過措置）。

なお、令和５年10月１日から登録を受けるためには、原則として、令和５年３月31日までに、下表の「必要書類」欄に掲げる書類を提出する必要があります（下表の「提出時期」欄の⑴参照）。

免税事業者が適格請求書発行事業者になるための手続	
必要書類	適格請求書発行事業者の登録申請書（国内事業者用）　第１－⑴号様式
	国外事業者は「適格請求書発行事業者の登録申請書（国外事業者用）第１－⑵号様式」を使って申請します。 なお、申請書はe-Taxでも提出することができます。 e-Taxの利用については、国税庁ホームページ「インボイス制度特設サイト」の「申請手続」を参照してください。
提出時期	⑴　令和５年10月１日から登録を受けようとする場合
	令和５年10月１日から適格請求書発行事業者の登録を受けるためには、原則として令和５年３月31日※までに提出する必要があります。 ※　「特定期間」【⇨用語４】の判定により課税事業者となる場合は、令和５年６月30日までに提出する必要があります。
	⑵　⑴以外で、令和５年10月１日から令和11年９月30日までの課税期間中に登録を受ける場合
	任意の時期に提出できます。
登録の効力～登録日	登録の効力は、通知の日にかかわらず、適格請求書発行事業者登録簿に登載された日（以下「登録日」といいます。）から生じます。 ⑴　令和５年10月１日より前に登録の通知を受けた場合であっても、登録日は令和５年10月１日であり、登録の効力は登録日である令和５年

	10月１日から生じることとされています（経過措置により、同日から課税事業者となります。）。 ⑵　また、免税事業者が令和５年10月１日から令和11年９月30日までの日の属する課税期間中に登録を受けることとなった場合には、登録日から課税事業者となる経過措置が設けられています（28年改正法附則44④、インボイス通達５－１）。したがって、この経過措置の適用を受けることとなる場合は、登録日から課税事業者となり、登録を受けるに当たり、課税選択届出書を提出する必要はないこととされています。 ⑶　なお、この経過措置の適用を受けて適格請求書発行事業者の登録を受けた場合、基準期間の課税売上高にかかわらず、消費税の申告が必要となります。
提出先	⑴　書面の場合
	「１　課税事業者の適格請求書発行事業者の登録申請手続」と同じです。
	⑵　e-Taxの場合
	同上
登録の通知	⑴　書面の場合
	登録番号、登録日等が記載された登録通知書が書面で送付されます。
	⑵　e-Taxの場合
	登録番号、登録日等が記載された登録通知書がデータで送付されます。

留意事項　登録により課税事業者となった後、免税事業者に戻るには

イ　経過措置の適用を受ける登録日の属する課税期間が令和５年10月１日を含む場合は、いわゆる「２年縛り」の適用はないこととされています(注)。

　したがって、登録日（令和５年10月１日）の属する課税期間の翌課税期間から免税事業者に戻りたい場合は、例えば、個人事業者については、令和５年12月31日までに「消費税課税事業者選択不適用届出書」を提出すれば、令和６年１月１日以降の課税期間は免税事業者に戻ることができることになります。

(注)　いわゆる２年縛りは、「消費税課税事業者選択届出書」の提出の効果として定められていますが（法９⑥）、免税事業者が経過措置の適用を受けて登録事業者になる場合は、「消費税課税事業者選択届出書」を提出していないからであると考えられます。

仮に、提出する必要はないのに、あえて「課税事業者選択届出書」を提出してしまうと、２年縛りの効果が発生するとも解釈されます。

ロ　経過措置の適用を受ける登録日の属する課税期間が令和５年10月１日を含まない場合は、登録日の属する課税期間の翌課税期間から登録日以後２年を経過する日の属する課税期間までの各課税期間については免税事業者となることはできないこととされています（28年改正法附則44⑤）。

(3)　新規設立法人等の登録申請手続

新たに設立された法人については、①新設法人【⇨用語10】及び特定新規設立法人【⇨用語12】は設立１期目から課税事業者となり、②新規設立法人【⇨用語11】は免税事業者からスタートします。

それぞれの法人の登録申請手続は次のとおりです。

①　新設法人及び特定新規設立法人（課税事業者）

設立後、その課税期間の末日までに、事業を開始した日の属する課税期間の初日から登録を受けようとする旨を記載した登録申請書を提出し、税務署長により適格請求書発行事業者登録簿への登載が行われたときは、その課税期間の初日に登録を受けたものとみなされます。

②　新規設立法人（免税事業者）

設立後、その課税期間の末日までに、課税事業者選択届出書と登録申請書を併せて提出し、税務署長により適格請求書発行事業者登録簿への登載が行われたときは、その課税期間の初日に登録を受けたものとみなされます。

2　適格請求書発行事業者の登録の取りやめ

適格請求書発行事業者の登録の取りやめるための手続は、次のとおりです。

適格請求書発行事業者の登録の取りやめるための手続	
必要書類	適格請求書発行事業者の登録の取消しを求める旨の届出書　第３号様式
登録の効力～登録日	原則として、登録取消届出書の提出があった日の属する課税期間の翌課税期間の初日に登録の効力が失われることとなります（新法57の２⑩一）。 ただし、登録取消届出書を、その提出のあった日の属する課税期間の末日から起算して30日前の日から、その課税期間の末日までの間に提出した場合は、その提出があった日の属する課税期間の翌々課税期間の初日に登録の効力が失われることとなります。
提出先	納税地を所轄する税務署長

FC	適格請求書発行事業者の登録の取りやめの手続き

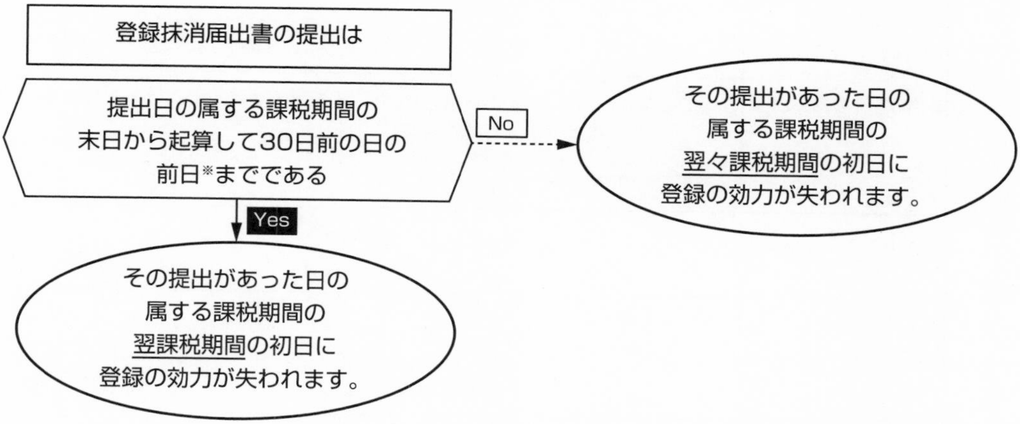

登録抹消届出書の提出は

提出日の属する課税期間の末日から起算して30日前の日の前日※までである

No → その提出があった日の属する課税期間の翌々課税期間の初日に登録の効力が失われます。

Yes → その提出があった日の属する課税期間の翌課税期間の初日に登録の効力が失われます。

※　例えば、３月末決算法人の場合、３月31日から起算して30日前の日（３月２日）の前日は３月１日です。

この場合、X年３月１日までに登録抹消届出書を提出すれば、翌課税期間（X年４月１日以降）から登録の効力が失われます。

適格請求書発行事業者の登録の取消しを求める旨の届出書　第３号様式

第３号様式

適格請求書発行事業者の登録の取消しを求める旨の届出書

収受印

令和　年　月　日 ＿＿＿＿＿　税務署長殿	届出者	（フリガナ）	
		納税地	（〒　－　） （電話番号　－　－　）
		（フリガナ）	
		氏名又は名称及び代表者氏名	
		法人番号	※　個人の方は個人番号の記載は不要です。
		登録番号	T

下記のとおり、適格請求書発行事業者の登録の取消しを求めますので、消費税法第57条の２第10項第１号の規定により届出します。

登録の効力を失う日	令和　年　月　日
	※ 登録の効力を失う日は、届出書を提出した日の属する課税期間の翌課税期間の初日となります。 ただし、この届出書を提出した日の属する課税期間の末日から起算して30日前の日から当該課税期間の末日までの間に提出した場合は、翌々課税期間の初日となります。 登録の効力を失った旨及びその年月日は、国税庁ホームページで公表されます。
適格請求書発行事業者の登録を受けた日	令和　年　月　日
参考事項	
税理士署名	（電話番号　－　－　）

※税務署処理欄	整理番号		部門番号		通信日付印 年　月　日	確認
	届出年月日	年　月　日	入力処理	年　月　日	番号確認	

注意　１　記載要領等に留意の上、記載してください。
　　　２　税務署処理欄は、記載しないでください。

3　免税事業者が経過措置により適格請求書発行事業者になった場合の簡易課税制度

上記１のとおり、免税事業者が令和５年10月１日から令和11年９月30日までの日の属する課税期間中に登録を受けることとなった場合には、登録日（令和５年10月１日より前に登録の通知を受けた場合であっても、登録の効力は登録日から生じます。）から課税事業者となる経過措置が設けられています。

この経過措置の適用を受ける事業者が、登録日の属する課税期間中にその課税期間から簡易課税制度の適用を受ける旨を記載した「消費税簡易課税制度選択届出書」（第６章Ⅲ 簡易課税 参照）を提出すれば、その課税期間から、簡易課税制度の適用を受けることができます。

> 例えば、免税事業者である個人事業者が令和５年10月１日から登録を受けた場合では、令和５年12月31日までに「消費税簡易課税制度選択届出書」を提出すれば、令和５年10月１日から同年12月31日までの資産の譲渡等について行う令和５年分の消費税確定申告は、簡易課税制度の適用を受けることができます。

第Ⅱ部

用語解説

用語１　課税期間（法19）

「**課税期間**」は、原則的には、次の事業者の区分に応じて、次の期間となります（法19①一、二）。

詳細は第４章参照。

区　分	課　税　期　間
個人事業者	１月１日から12月31日の期間
法人	事業年度

㈲「課税期間」の用語は、「課税」の文字が含まれているので、納税義務のある課税期間のことのようにイメージしがちですが、その期間に課税が発生するかどうかは別問題です。

例えば、個人事業者が年末に事業を開始した場合でも、課税期間はその年の１月１日から12月31日となり事業開始前の期間も課税期間に含まれます。また、基準期間[⇨用語２]の課税売上高が1,000万円以下である場合、「その課税期間中に国内において行つた課税資産の譲渡等及び特定課税仕入れにつき、消費税を納める義務を免除する」（法９①）と規定されていることからも明らかなように、課税期間とは、単なる期間の定義に過ぎないのです。

用語２　基準期間（法２①十四）

「**基準期間**」とは、個人事業者についてはその年の前々年をいい、法人についてはその事業年度の前々事業年度をいいます。

ただし、前々事業年度が１年未満である法人については、その事業年度開始の日の２年前の日の前日から同日以後１年を経過する日までの間に開始した各事業年度を合わせた期間となります。

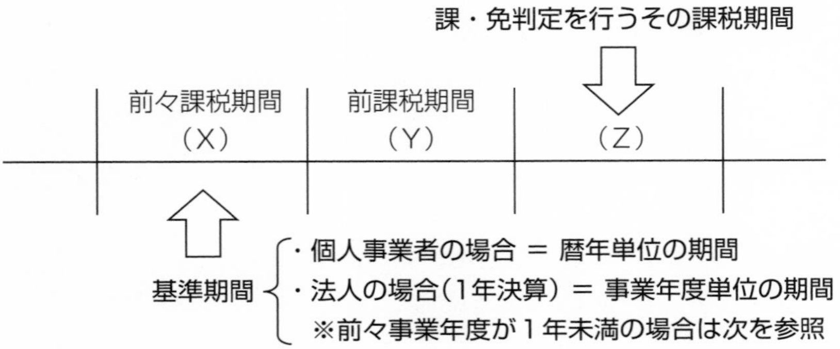

課・免判定を行うその課税期間

前々課税期間（X）	前課税期間（Y）	（Z）

基準期間
・個人事業者の場合 ＝ 暦年単位の期間
・法人の場合（1年決算）＝ 事業年度単位の期間
※前々事業年度が１年未満の場合は次を参照

①　前々事業年度が１年未満である法人の場合

前々事業年度が１年未満である法人については、その事業年度開始の日の２年前の日の前日から同日以後１年を経過する日までの間に開始した各事業年度を合わせた期間が、基準期間となります（法２①十四かっこ書き）。

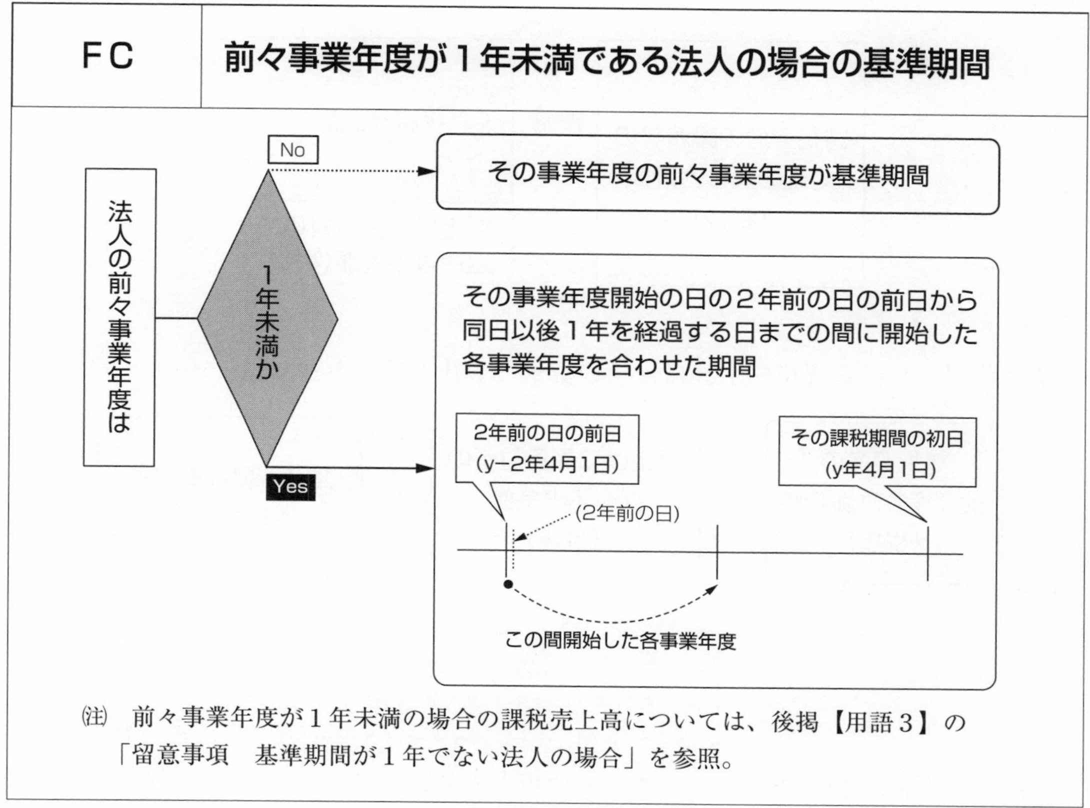

㈱　前々事業年度が１年未満の場合の課税売上高については、後掲【用語３】の「留意事項　基準期間が１年でない法人の場合」を参照。

②　前々年の中途から開業した個人の場合

この場合でも、基準期間（課税期間）は暦年の１年です（基通１－４－９）。

㈱　事業を行っていた期間が１年未満の場合の課税売上高については、後掲【用語３】の「留意事項　年の中途で開業した個人事業者の場合」を参照。

用語3　基準期間における課税売上高（法9②）

「**基準期間における課税売上高**」とは、基準期間中の課税資産の譲渡等【⇨用語7】の対価の額（税抜）の合計額から売上げに係る対価の返還等（返品又は値引き若しくは割戻し）の金額（税抜）の合計額を控除した残額をいいます（法9②、28①）。

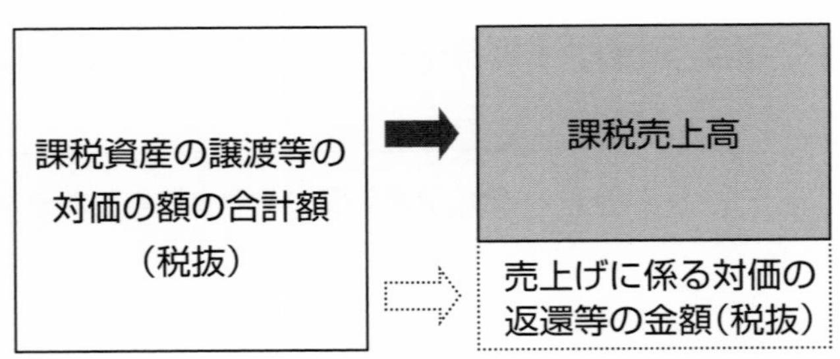

基準期間における課税売上高は、次の算式で算出します（法9②）。

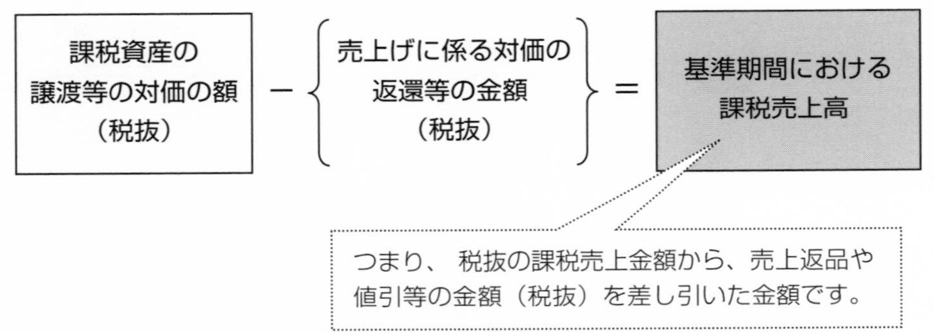

㈱　課税売上高を算出する基準期間が免税事業者である場合は、上記算式で課税売上高を税抜にする必要はありません（基通1－4－5）。

■■■ 留意事項 ■■■　基準期間が1年でない法人の場合

基準期間が1年でない法人の場合は、基準期間の課税売上高をその月数を基準に年換算した金額が、基準期間における課税売上高になります（法9②二）。

$$\text{基準期間が1年でない法人の基準期間における課税売上高} = \frac{\text{基準期間における課税売上高}}{\text{その基準期間の月数}} \times 12$$

■■■ 留意事項 ■■■　年の中途で開業した個人事業者の場合

個人が新たに事業を開始した場合における最初の課税期間の開始の日は、その事業を開始した日がいつであるかにかかわらず、その年の１月１日となり、当該基準期間において事業を行っていた期間が１年に満たないときであっても、その課税売上高が「基準期間における課税売上高」になります（基通１－４－９、３－１－１）。

用語４　特定期間（法９の２④）

「**特定期間**」とは、次の事業者の区分に応じて、それぞれに定める期間をいいます（法９の２④）。

区　分	課　税　期　間
①　個人事業者	その年の前年１月１日から６月30日までの期間
②　法人（③を除く）	前事業年度開始の日以後６月の期間
③　法人 （前事業年度が短期事業年度の法人）	前々事業年度の開始の日以後６月の期間

１　個人事業者の特定期間

個人事業者の場合は、前年上半期が特定期間となります。

２　法人の特定期間

法人の場合、一般的には前事業年度の上半期が特定期間となりますが、次頁の「F　C　法人の特定期間」でさらに詳細に説明します。

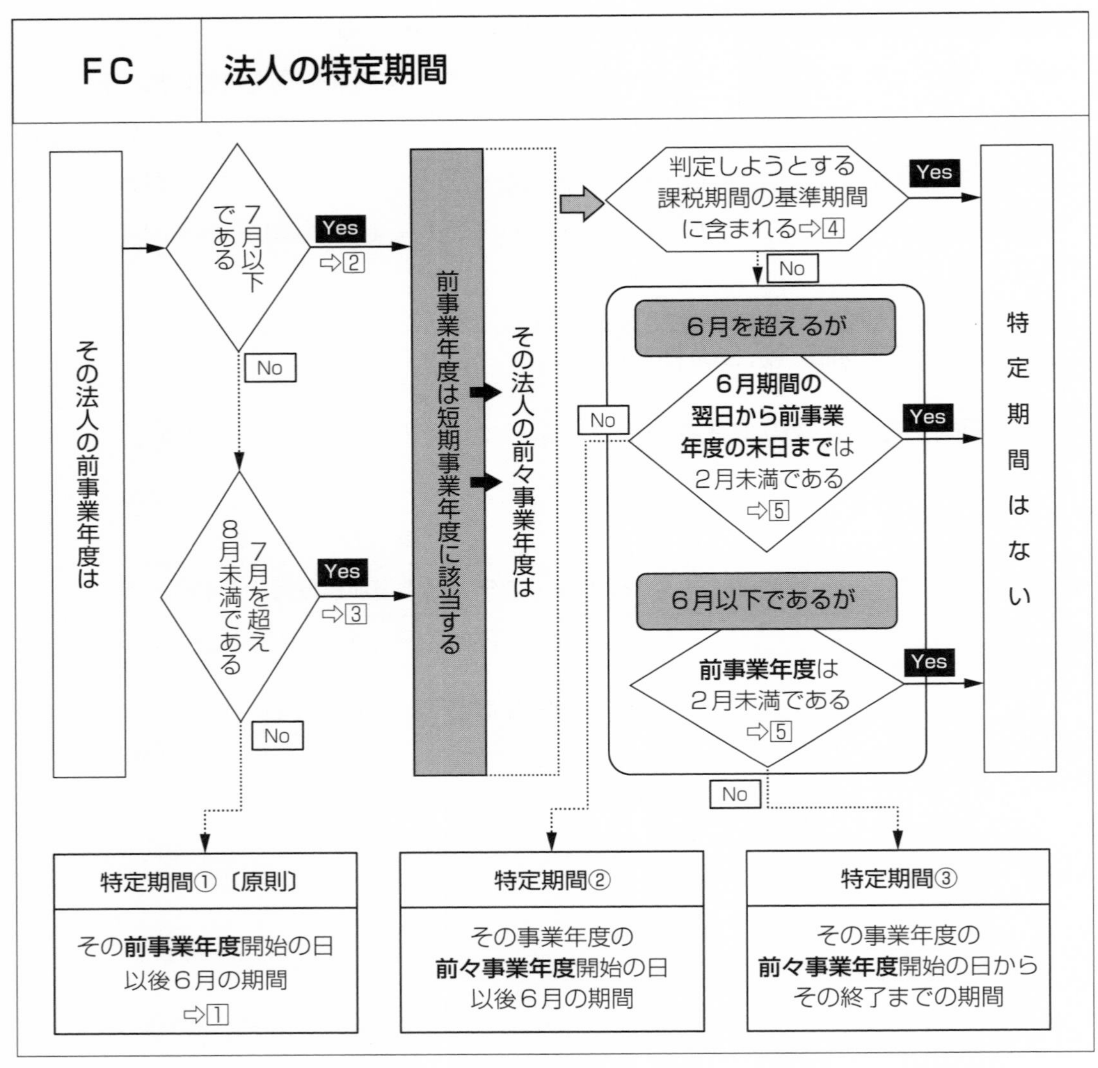
FC
法人の特定期間
その法人の前事業年度は
7月以下である
Yes
⇨2
No
7月を超え8月未満である
Yes
⇨3
No
前事業年度は短期事業年度に該当する
その法人の前々事業年度は
判定しようとする課税期間の基準期間に含まれる⇨4
Yes
No
6月を超えるが
6月期間の翌日から前事業年度の末日までは2月未満である
⇨5
Yes
No
6月以下であるが
前事業年度は2月未満である
⇨5
Yes
No
特定期間はない
特定期間①〔原則〕
その前事業年度開始の日以後6月の期間
⇨1
特定期間②
その事業年度の前々事業年度開始の日以後6月の期間
特定期間③
その事業年度の前々事業年度開始の日からその終了までの期間

上のＦＣの見方ですが、特定期間は、原則として前事業年度開始の日以後６月の期間をいいます（後述1参照）。

多くの場合はこの取扱いで十分なのですが、通常はあまりない短期の事業年度や決算期の変更などが行われることなどに備えて（と思われます）、前事業年度が７か月以下である場合（後述2参照）や７月を超えて８月未満である場合（後述3参照）は、その前事業年度を「短期事業年度」とし、この「短期事業年度」と認定される場合には、前々事業年度を特定期間に取れるかどうかを次に判定することになります。

そして、この場合に、前々事業年度の次に来る事業年度（前事業年度）までの期間に特定期間の課税売上高等の計算のために確保されるべき「２月」の期間を満たしているか否かで、特定期間②若しくは特定期間③、又は特定期間なしと判定する流れ（[5]参照）になります（[4]の場合は、本来の基準期間に含まれて判定されます。）。

[1] 「前事業年度」の６月の期間の特例

特定期間は、次の[2]又は[3]の場合を除き、原則として、前事業年度開始の日以後の６月の期間（上記ＦＣの「特定期間①」）です。

なお、ここにおける「６月の期間」の末日が、次表の(1)・(2)に該当する場合は、それぞれの日までの期間が当該６月の期間とみなされます（令20の６①）。

(1)　６月の期間の末日がその月の末日でない場合		
原則	⇒ 「その前月の末日」	前事業年度開始の日から「その前月の末日」までの期間とされます。
	【例】４月10日設立の場合、６月期間の末日は10月９日となりますが、この特例により９月30日が末日となります。	
例外	６月期間の末日後に決算日を変更した場合 ⇒ 「変更前の６月期間の末日」	前事業年度開始の日から「変更前の６月期間の末日」までの期間とされます。
(2)　決算期末が月末ではない場合で６月期間の末日が決算期末日の応当日でない場合		
原則	⇒ 「６月の期間の末日の直前の応当日」	前事業年度開始の日から「６月の期間の末日の直前の応当日」までの期間とされます。
	【例】25日決算法人の場合で６月期間の末日がその応当日（25日）でない場合、直近月の応当日（前月の25日）が末日の扱いになります。 例えば、25日決算法人が４月15日に設立された場合の６月の期間の末日は10月14日ですが、９月25日をその末日とすることになります。	
例外	６月期間の末日後に決算日を変更した場合 ⇒ 「変更前の６月期間の末日」	前事業年度開始の日から「変更前の６月期間の末日」までの期間とされます。

[2] 「前事業年度」が７月以下の場合

その事業年度の前事業年度が７月以下の場合は「短期事業年度」に該当します。

そして「短期事業年度」に該当した場合の特定期間は、原則として前々事業年度開始の日以後６月の期間（「特定期間②」）となります（令20の５①一）。

ただし、次の[4]又は[5]に該当するときは、特定期間はないものとされます（令20の５②）。

なお、「前々事業年度」が６月以下である場合を除き、「前々事業年度」の「６月の期間」の末日が、次表の⑴、⑵に該当するときには、それぞれの日までの期間が当該６月の期間とみなされます（令20の６②）。

⑴　６月の期間の末日がその月の末日でない場合		
原則	⇒「その前月の末日」	前事業年度開始の日から「その前月の末日」までの期間とされます。
	【例】４月10日設立の場合、６月期間の末日は10月９日となりますが、この特例により９月30日が末日となります。	
例外	６月期間の末日後に決算日を変更した場合 ⇒「変更前の６月期間の末日」	前事業年度開始の日から「変更前の６月期間の末日」までの期間とされます。
⑵　決算期末が月末ではない場合で６月期間の末日が決算期末日の応当日でない場合		
原則	⇒「６月の期間の末日の直前の応当日」	前事業年度開始の日から「６月の期間の末日の直前の応当日」までの期間とされます。
	【例】25日決算法人の場合で６月期間の末日がその応当日（25日）でない場合、直近月の応当日（前月の25日）が末日の扱いになります。 例えば、25日決算法人が４月15日に設立された場合の６月の期間の末日は10月14日ですが、９月25日をその末日とすることになります。	
例外	６月期間の末日後に決算日を変更した場合 ⇒「変更前の６月期間の末日」	前事業年度開始の日から「変更前の６月期間の末日」までの期間とされます。

③「前事業年度」が７月を超え８月未満の場合

その事業年度の前事業年度が７月を超え８月未満の場合は「短期事業年度」に該当します。

そして「短期事業年度」に該当した場合の特定期間は、原則として前々事業年度開始の日以後６月の期間（「特定期間②」）となります（令20の５①二）。

ただし、次の④又は⑤に該当するときは、特定期間はないものとされます（令20の５②）。

なお、「前々事業年度」が６月以下である場合を除き、「前々事業年度」の「６月の期間」の末日が、次表の⑴、⑵に該当するときには、それぞれの日までの期間が当該６月の期間とみなされます（令20の６②）。

<table>
<tr><th colspan="3">(1)　６月の期間の末日がその月の末日でない場合</th></tr>
<tr><td rowspan="2">原則</td><td>⇒　「その前月の末日」</td><td>前事業年度開始の日から「その前月の末日」までの期間とされます。</td></tr>
<tr><td colspan="2">【例】４月10日設立の場合、６月期間の末日は10月９日となりますが、この特例により９月30日が末日となります。</td></tr>
<tr><td>例外</td><td>６月期間の末日後に決算日を変更した場合
⇒　「変更前の６月期間の末日」</td><td>前事業年度開始の日から「変更前の６月期間の末日」までの期間とされます。</td></tr>
<tr><th colspan="3">(2)　決算期末が月末ではない場合で６月期間の末日が決算期末日の応当日でない場合</th></tr>
<tr><td rowspan="2">原則</td><td>⇒　「６月の期間の末日の直前の応当日」</td><td>前事業年度開始の日から「６月の期間の末日の直前の応当日」までの期間とされます。</td></tr>
<tr><td colspan="2">【例】25日決算法人の場合で６月期間の末日がその応当日（25日）でない場合、直近月の応当日（前月の25日）が末日の扱いになります。
　例えば、25日決算法人が４月15日に設立された場合の６月の期間の末日は10月14日ですが、９月25日をその末日とすることになります。</td></tr>
<tr><td>例外</td><td>６月期間の末日後に決算日を変更した場合
⇒　「変更前の６月期間の末日」</td><td>前事業年度開始の日から「変更前の６月期間の末日」までの期間とされます。</td></tr>
</table>

④　法人の「前々事業年度」が判定しようとする課税期間の基準期間に含まれる場合

この場合は、基準期間があるため、原則どおり、その基準期間における課税売上高により課・免判定を行うことになります（令20の５②一）。

⑤　「前々事業年度」が６月超又は６月以下であっても「前々事業年度」の終了後２月間の期間が確保されない場合

前記②及び③に該当する場合は、前事業年度は「短期事業年度」に該当し、原則として、前々事業年度開始の日以後６月の期間（上記ＦＣの「特定期間②」）又は６月以下の前々事業年度（上記ＦＣの「特定期間③」）をそれぞれ特定期間としますが、その「特定期間②」又は「特定期間③」の課税売上高等の計算のための「２月」の期間が確保できない場合は、結局のところ特定期間はないものとされます（令20の５②二、三）。

留意事項　法人の「特定期間③」が６月以下となる場合

法人の特定期間が６月以下となる場合（上記ＦＣの「特定期間③」の場合）であって

も、その期間の売上高（又は給与等の額）を６月分に換算する必要はないこととされます。

用語５　特定期間における課税売上高又は給与等支払額（法９の２②、③）

１「特定期間における課税売上高」とは

特定期間中の課税資産の譲渡等の対価の額（税抜）の合計額から売上げに係る対価の返還等の金額（税抜）の合計額を控除した残額となります（法９の２②）。

２「特定期間における給与等支払額」とは

(1)　支払明細書に記載すべき給与等の金額

法人が特定期間中に支払った所得税法231条１項に規定する支払明細書に記載すべき給与等の金額に相当するものの合計額となります（法９の２③）。

(2)　給与等に該当する金額

給与等の金額には、所得税の課税対象とされる給与、賞与等が該当し、所得税が非課税とされる通勤手当、旅費等は該当しません。

また、次の点に留意が必要です（規則11の２、基通１－５－23）。

①　未払額　⇒　含まれません。
②　退職手当　⇒　含まれません。
③　経済的利益　⇒　無償又は低額の賃料による社宅・寮等の貸与などによる経済的利益の供与で給与所得とされるものは含まれることとなります。

留意事項　課税売上高又は給与等支払額のいずれかが1,000万円超である場合

特定期間による納税義務者の判定については、課税売上高と給与等支払額のいずれで判定するかは納税義務者の選択によることとされています。

したがって、どちらか一方が1,000万円を超える場合であっても他方の金額が1,000万円以下であるときは、納税者の判断（選択）で免税事業者とすることができます。

用語6　資産の譲渡等（法2①八）

「**資産の譲渡等**」とは、事業として対価を得て行われる資産の譲渡及び貸付け並びに役務の提供（代物弁済による資産の譲渡その他対価を得て行われる資産の譲渡若しくは貸付け又は役務の提供に類する行為として政令で定めるものを含みます。）をいいます。

⇨　**第4章**参照

資産の譲渡	事業として対価を得て行われるこれらの行為をいいます。
資産の貸付け	
役務の提供	

用語7　課税資産の譲渡等（法2①九）＝　課税売上げ

「**課税資産の譲渡等**」とは、資産の譲渡等【⇨用語6】のうち、消費税法第6条第1項の規定により消費税を課さないこととされるもの（非課税資産の譲渡等【⇨用語8】）以外のものをいいます。

「資産の譲渡等」と、「課税資産の譲渡等」及び「非課税資産の譲渡等」のイメージ（課税売りげ、免税売上げ及び非課税売上げ）は、次のとおりです。

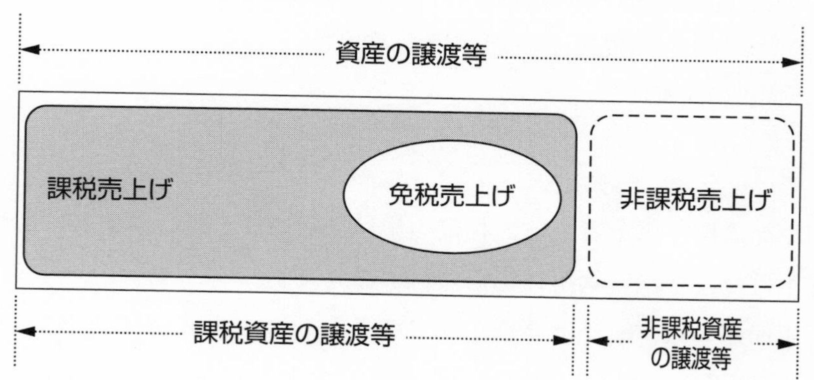

※　課税売上げ　＝　課税資産の譲渡等

※　非課税売上げ　＝　非課税資産の譲渡等

※　免税売上げとは、本来は課税資産の譲渡等に該当するのですが、一定の要件を満たすことで課税が免除される売上げです。

⇨　**第4章**参照

用語８　非課税資産の譲渡等（法６）＝　非課税売上げ

「**非課税資産の譲渡等**」とは、国内において行われる資産の譲渡等のうち、消費税法第６条第１項の規定により消費税を課さないこととされるものをいいます。

具体的には、法別表二に掲げられた次表の13項目の資産の譲渡等です。

	非課税売上げ（非課税資産の譲渡等の対価）
1	土地の譲渡代金及び賃料
2	有価証券、支払い手段の譲渡代金
3	利子、保証料、保険料など
4	郵便切手類の譲渡代金、収入印紙の譲渡代金、地方公共団体の証紙の譲渡代金 商品券、プリペイドカードなど（物品切手）の譲渡代金
5	国、地方公共団体の行政手数料など 外為業務に係る料金
6	社会保険医療費など
7	介護福祉サービス又は第１種・第２種社会福祉事業の料金
8	助産費用
9	埋葬料、火葬料
10	一定の身体障害者用物品の譲渡代金、リース料など
11	一定の学校における授業料、入学・入園検定料
12	教科用図書の譲渡代金
13	住宅の賃料

医療機関や介護関連事業者など、特定の業種を除いて一般の事業者に関係する重要な非課税売上げは、上図の網掛けした項目になります。

なお、費用面からは、網掛け部分だけでなく「５」の項目（行政手数料、外為費用など）の支払いが発生した場合には課税仕入れの対象とならないので注意が必要です。

⇨　第４章参照

用語９　課税業者の選択（法９④、規11①）

免税事業者であっても、「消費税課税事業者選択届出書」（第１号様式）を所轄税務署長に提出した場合には、課税事業者になることができます。

その効力の発生時期は、次のとおりです。

原　則……　「消費税課税事業者選択届出書」を提出した課税期間の翌課税期間から、課税事業者になることができます。

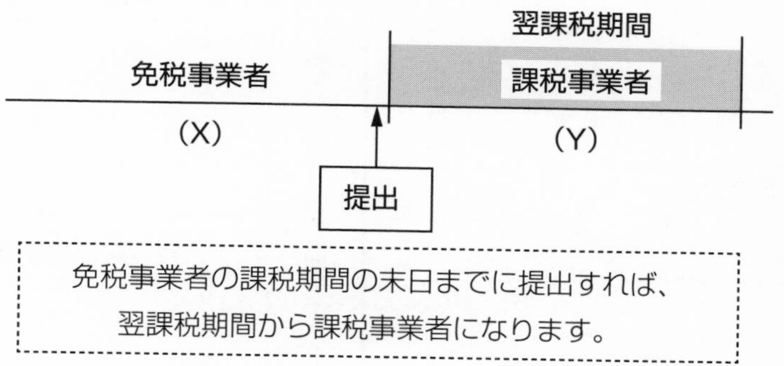

特　例……　個人事業者又は法人のいずれの場合も、事業を開始する場合には前課税期間は存在しないことから、事業開始の年又は事業年度中に「消費税課税事業者選択届出書」を提出すれば、その事業を開始した年又は事業年度から課税事業者になることができます（法９④、令20）。

FC	個人事業者が事業を開始した場合の特例

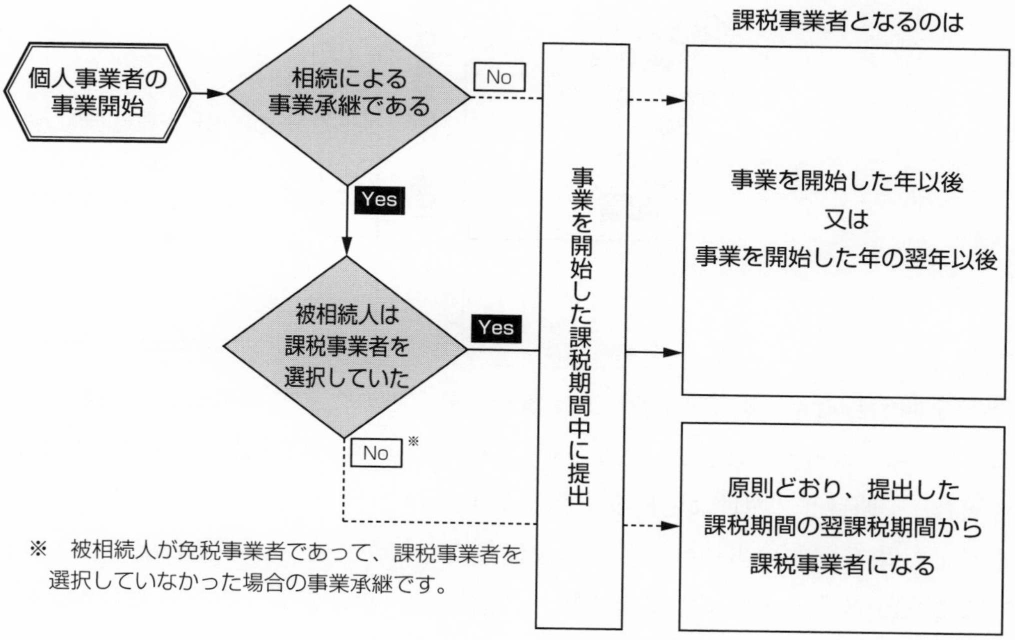

個人事業者の事業開始

相続による事業承継である

No

Yes

被相続人は課税事業者を選択していた

Yes

No※

事業を開始した課税期間中に提出

課税事業者となるのは

事業を開始した年以後
又は
事業を開始した年の翌年以後

原則どおり、提出した課税期間の翌課税期間から課税事業者になる

※　被相続人が免税事業者であって、課税事業者を選択していなかった場合の事業承継です。

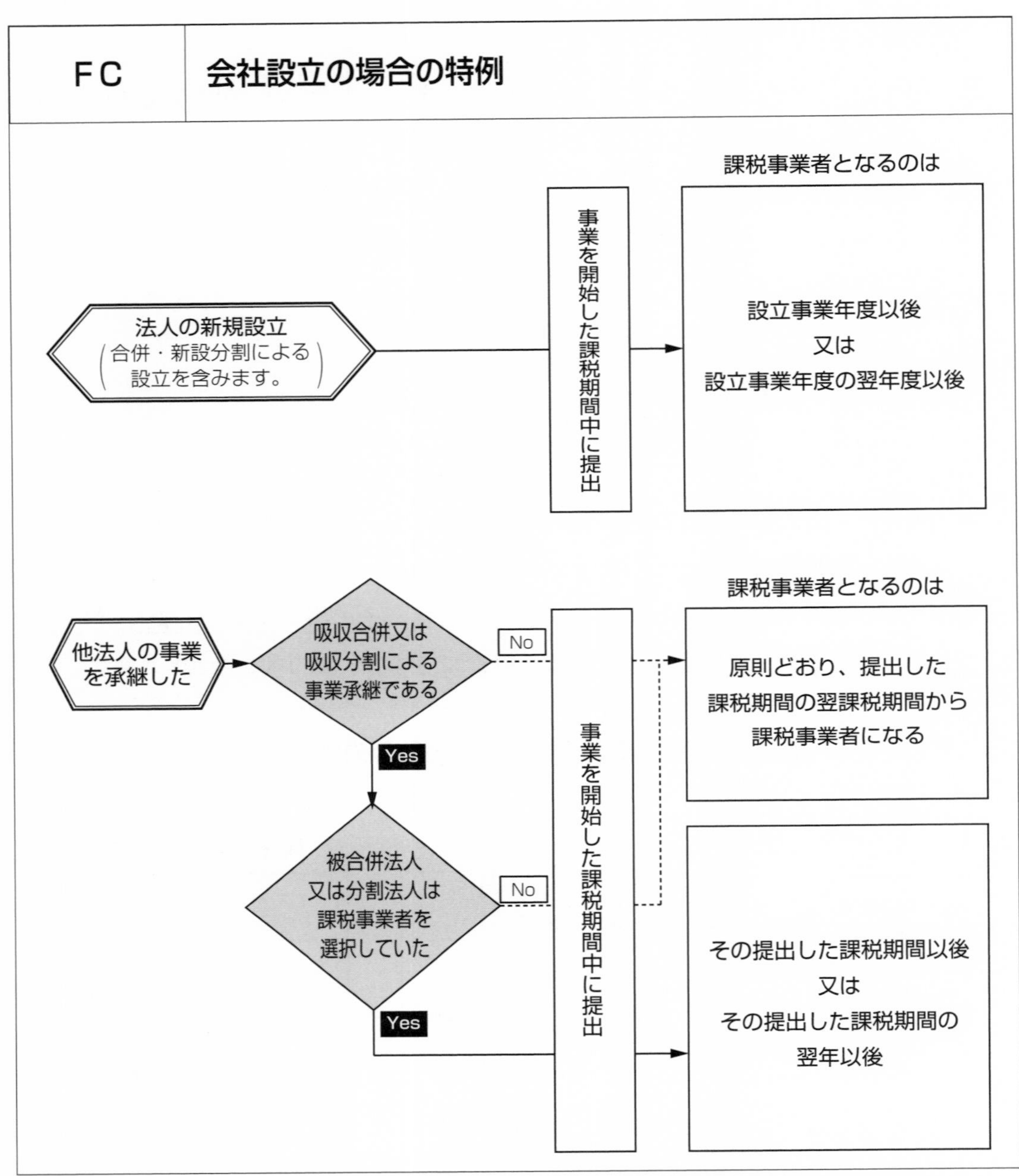
FC
会社設立の場合の特例
課税事業者となるのは
法人の新規設立
（合併・新設分割による設立を含みます。）
事業を開始した課税期間中に提出
設立事業年度以後
又は
設立事業年度の翌年度以後
課税事業者となるのは
他法人の事業を承継した
吸収合併又は吸収分割による事業承継である
No
Yes
被合併法人又は分割法人は課税事業者を選択していた
No
Yes
事業を開始した課税期間中に提出
原則どおり、提出した課税期間の翌課税期間から課税事業者になる
その提出した課税期間以後
又は
その提出した課税期間の翌年以後

事業を開始した年（個人事業者）又は新たに設立された会社の場合、基準期間（基本的には前々年又は前々事業年度）は存在しないので、原則的には２年間又は（１年決算法人の場合）１期目と２期目は免税事業者となります。

しかし、事業開始の当初は、多額の設備投資などが先行し、多額の課税仕入れが発生することが多く、課税事業者を選択して消費税の還付を受けるケースも多くみられます。

用語10　新設法人（法12の2①）

◆◆制度解説 —— 新設法人の場合の納税義務の免除の特例（法12の2①、令25①）

消費税法上の「新設法人」（法12の2①）に該当する場合は、その基準期間がない事業年度（一般的には設立2期まで）は、課税事業者となります。

※ 「消費税の新設法人に該当する旨の届出書」

「新設法人」とは、その事業年度の基準期間がない法人（社会福祉事業を行うことを目的として設立された社会福祉法人を除きます。）のうち、その事業年度「開始の日」における資本金の額又は出資の金額が1,000万円以上である法人をいいます。

○新設法人

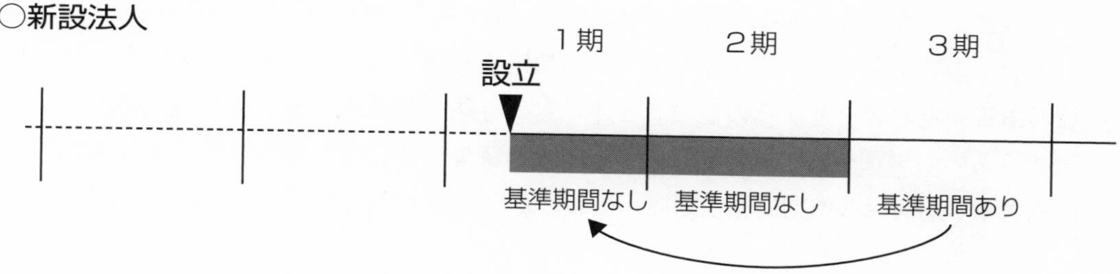

■■■留意事項■■■　調整対象固定資産を取得した場合の課税事業者3年縛り等

「新設法人」についても、その基準期間がない事業年度に含まれる各課税期間（一般的には設立2期目まで）中に調整対象固定資産又は高額特定資産の課税仕入れを行い、一般課税によって税額控除を行った場合には、その調整対象固定資産の課税仕入れを行った日の属する課税期間の初日から原則として3年間は、免税事業者となることも、簡易課税制度による申告を行うことも制限されるので、注意が必要です（FC1-3・FC1-4-1参照）。

用語11　新規設立法人（法12の3①）

「新規設立法人」とは、その事業年度の基準期間がない法人のうち、その事業年度開始の日における資本金の額又は出資の金額が1,000万円未満である法人（社会福祉事業を行うことを目的として設立された社会福祉法人を除きます。）をいいます。つまり、「新設法人」【⇨用語10】に該当しない法人と言い換えることができます。

用語12　特定新規設立法人（法12の3①）

「**特定新規設立法人**」とは、新規設立法人【⇨用語11】のうち、その事業年度開始の日における資本金の額又は出資の金額が1,000万円未満である法人（社会福祉事業を行うことを目的として設立された社会福祉法人を除きます。）で、次の①、②のいずれにも該当するものをいいます。

①	その基準期間がない事業年度開始の日において、「他の者及び他の者と関係のある一定の者」※1によりその新規設立法人の株式等（同法人の自己株式等を除きます。）の50%超を直接又は「間接に保有される場合」※2など、「他の者及び他の者と関係のある一定の者」によりその新設法人が支配される一定の場合（**特定要件**）に該当すること。
②	上記①の特定要件に該当するかどうかの判定の基礎となった「他の者及び他の者と関係のある一定の者」及びその他の者と「一定の特殊な関係にある法人」（特殊関係法人）※3のうちのいずれかの者（判定対象者）のその新規設立法人のその事業年度の基準期間に相当する期間（基準期間相当期間）における課税売上高が５億円を超えていること。

※１　「他の者」及び「他の者と関係のある一定の者」とは

(1)　「他の者」とは、その新規設立法人の株式等（同法人の自己株式等を除きます。）の50%超を保有する者をいいます。

(2)　「他の者と関係のある一定の者」とは、次の者をいいます。

①　「他の者」の親族等（令25の２①二イ、②）

イ　「他の者」の親族

ロ　「他の者」と内縁関係にある者

ハ　「他の者」（個人の場合に限ります。）の使用人

ニ　イからハ以外の者であっても、「他の者」（個人の場合に限ります。）の資金援助等で生計を維持している者

ホ　イからニの者と生計を一にするこれらの者の親族

②　「他の者」（他の者が個人である場合には、上記①の親族等を含みます。以下②・③において同じ。）に完全支配されている法人（令25の２①二ロ）

③　「他の者」と②の法人に完全支配されている法人（令25の２①二ハ）

④　「他の者」と②及び③の法人に完全支配されている法人（令25の２①二ニ）

※２　「他の者により株式等の50％超を間接に保有される場合」とは、上記※１の(1)及び(2)①ないし④の者らによって新規設立法人の株式等の50％超を保有される場合をいいます。

※３　「一定の特殊な関係にある法人」（特殊関係法人）とは、上記※１の(2)ロないしニの法人（その「他の者」が新規設立法人の株式等を有する場合に限ります。）のうち、非支配特殊関係法人[⇨用語13]以外の法人をいいます（令25の３①）。

■■■ 留意事項 ■■■　特定新規設立法人に該当するかどうかの判定手順

まず、①「特定要件」に該当するかどうかを判定し、次に、②特定要件に該当した「他の者」及び「特殊関係法人」に該当する者の基準期間相当期間における課税売上高が５億円を超えるかどうかを判定する、という手順を踏みます（下記ＦＣ参照）。

○特定新規設立法人の判定

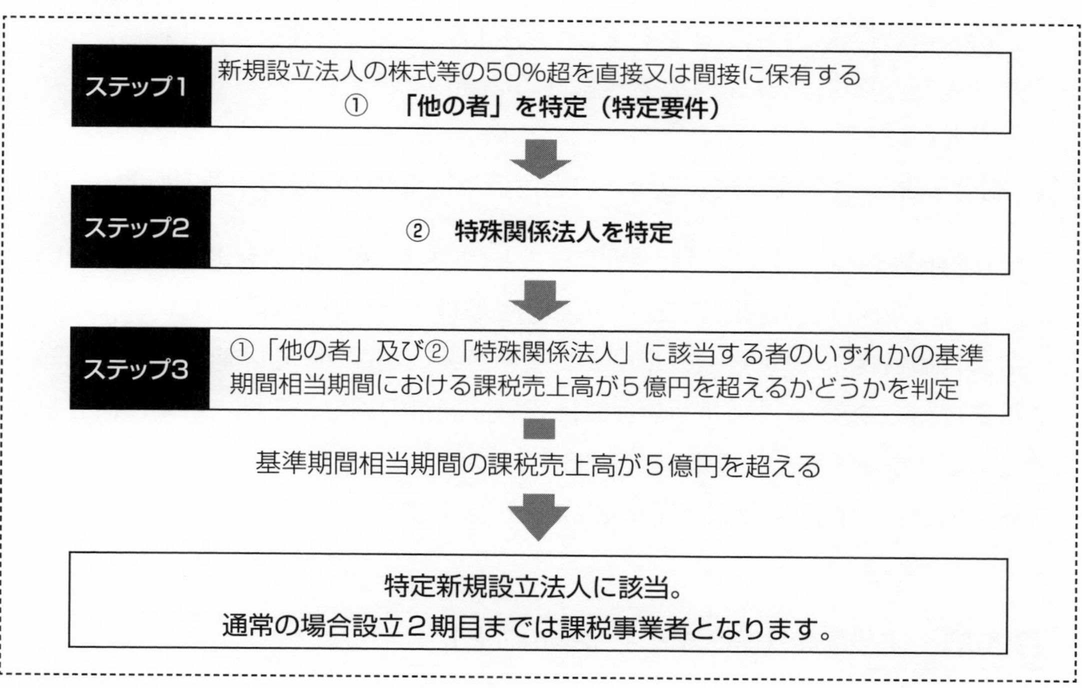

◆◆制度解説 ――この制度を一言で

新設法人に該当しない場合（新規設立法人）であっても、「５億円超の課税売上高を有する事業者が直接又は間接に支配する法人（親族、関連会社等を含めた資本の持分比率が50%超の会社)」*については「特定新規設立法人」として、その基準期間がない事業年度は免税事業者とはされません(法12の3①)。

＊「社会保障・税一体改革大綱」(平成24年2月17日)

◆◆制度解説 —— グループ企業における「特定新規設立法人」の納税義務の判定

以前から事業部制をとる規模の大きな会社が分社化し、子会社制(資本金1,000万円未満の子会社)にして税負担を軽減する事例や、一部の企業で子法人の設立と解散を繰り返すことにより、消費税を免れるような租税回避が行われていたことから、そのスキーム潰し等を目的として5億円超の課税売上高を有する事業者が、直接又は間接に支配する法人(特定新規設立法人)を対象に免税事業者となることができないとする制度改正が行われました(H26.4.1以降設立する法人から適用)。

どのような規模の会社が子会社を設立した際に設立子会社が設立1期目から課税事業者を義務付けられるのかを理解する必要があります。

◆◆制度解説 —— 特定新規設立法人の場合の納税義務の免除の特例の概要

「特定新規設立法人」は、「新規設立法人」の中で一定の要件を満たすものをいいます。この「特定新規設立法人」に該当すれば、その基準期間のない事業年度に含まれる各課税期間(一般的には設立2期目まで)については納税義務が免除されません。つまり、「特定新規設立法人」は通常の場合、原則として、設立2期目まで課税事業者とされます(法12の3①)。

※　手続⇨「消費税の特定新規設立法人に該当する旨の届出書」

用語13　非支配特殊関係法人(令25の3②)

「**非支配特殊関係法人**」とは、「他の者」(新規設立法人の株式等を有する者に限ります。)と生計を一にしない「他の者」の親族等(【用語12】の※1・(2)・①)が直接又は間接に完全支配する法人をいいます。

◎◎参 考—— グループ法人税制との違い

(1) 法人税のグループ法人税制においては、グループの最上層の者と最下層の者について必ずしも直接的な株式等の保有を要件としていません。

一方、消費税では、特定要件においては法人の場合と同様に他の者と新規設立法人との間接的な支配関係も含まれる取扱いとなっていますが、「特殊関係法人」の特定においては、『「他の者」が新規設立法人の株式等を有する場合に限る』とされているため、直接的な株式等の保有を要件としています。

(注) このことは、孫会社から子会社までの課税売上高の把握より、その上の親会社の経理状況までを把握することが容易でないケースがあることを想定して規定されたものとも考えられます。

(2) 例えば、A社がB社を100％支配し、B社がC社を100％支配している場合には、法人税ではA社とB社の関係もB社とC社関係もいずれも直接完全支配関係（法令4の2②前段）となる以上、A社とC社の関係もみなし直接支配関係とされます（法令4の2②後段）。

しかし、特殊関係法人の判定においては、A社（「他の者」の判断対象）がB社を完全支配していたとしても、A社は新規設立法人C社の株主等ではないため、5億円の判定にあたってはA社はC社にとって「他の者」には該当しないこととなります。

■■■留意事項■■■ 「他の者」と親族等で完全支配する会社に注意

1 新規設立会社（X社）の議決権等の50％超を支配する「他の者」（A）について、その親族等（B）と共に完全支配する会社（Y社）があるときは、たとえAの出資割合が僅かでも、親族等（【用語12】の※1・(2)・①）のBと共に完全支配するY社があるので、Y社は特殊関係法人に該当します（その基準期間相当期間の課税売上高が問題となります。）。

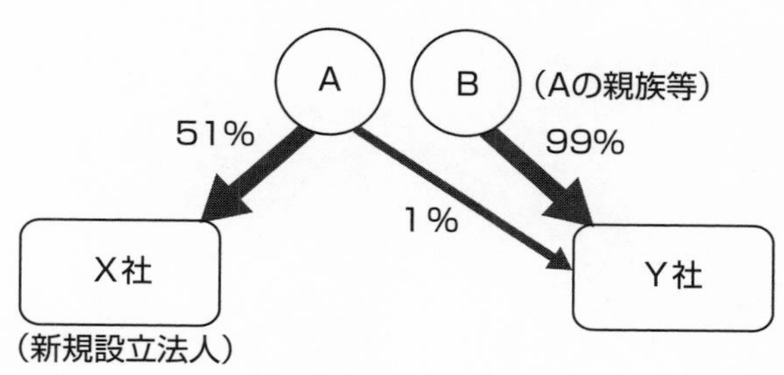

2　また、Ｘ社の議決権等をＡとその親族等のＢで合わせて50％超保有する場合（【用語12】の※２）、Ａ及びＢは「他の者」に該当します。

例えば、ＡがＸ社の50％、Ｂが同社の１％を保有する場合、50％超の判定は、Ａを「他の者」とすることも、Ｂを「他の者」とすることも可能です。

つまり、「他の者」及び「親族等」の組み合わせにおける50％超の保有要件（令25の２①二イ）は、50％超の議決権等の保有割合に関係なく双方合わせて50％超であればこの要件に該当するので、１％しか有しないＢを「他の者」とし、50％を保有するＡをその親族とすると、「他の者」Ｂの完全支配会社Ｙ社が特殊関係法人に該当してしまいます。

そうすると、Ｙ社の基準期間相当期間の課税売上高が、Ｘ社の課・免判定に影響を与えるので、注意が必要です。

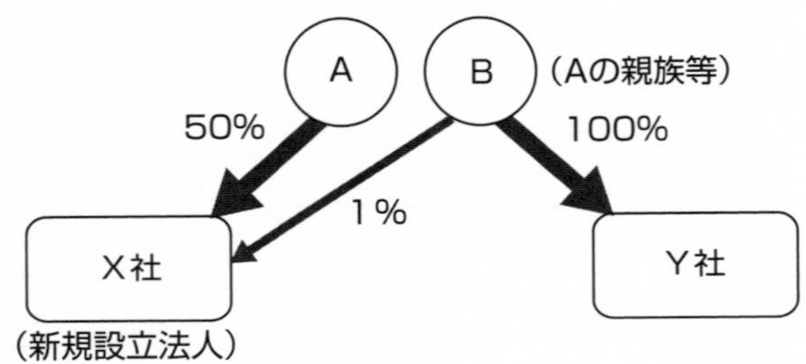

留意事項　調整対象固定資産を取得した場合の課税事業者３年縛り等

「特定新規設立法人」についても、その基準期間がない事業年度に含まれる各課税期間（一般的には設立２期目まで）中に調整対象固定資産又は高額特定資産の課税仕入れを行い、一般課税によって税額控除を行った（還付を受けた）場合には、その調整対象固定資産の課税仕入れを行った日の属する課税期間の初日から原則として３年間は、免税事業者となることも、簡易課税制度による申告を行うことも制限されるので、注意が必要です（FC1-3・FC1-4-1参照）。

用語14　調整対象固定資産（法2①十六、令5）

「**調整対象固定資産**」とは、棚卸資産以外の資産で、2に掲げるもののうち、一の取引単位が100万円（税抜）以上のものをいいます（法2①十六、令5）。

その判定は次のFCのとおりです。

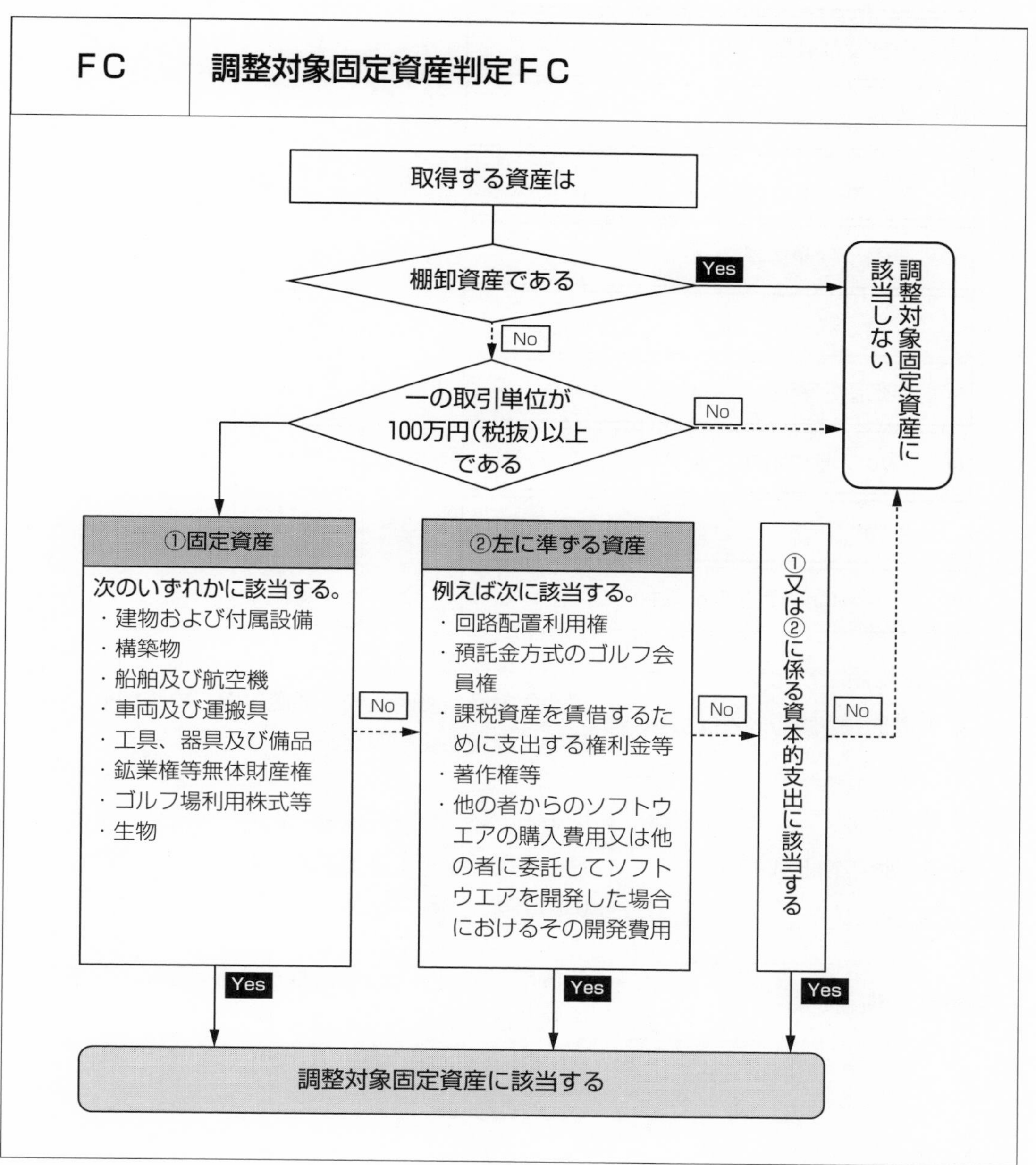
FC
調整対象固定資産判定FC
取得する資産は
棚卸資産である
Yes
調整対象固定資産に該当しない
No
一の取引単位が100万円(税抜)以上である
No
①固定資産
次のいずれかに該当する。
・建物および付属設備
・構築物
・船舶及び航空機
・車両及び運搬具
・工具、器具及び備品
・鉱業権等無体財産権
・ゴルフ場利用株式等
・生物
No
②左に準ずる資産
例えば次に該当する。
・回路配置利用権
・預託金方式のゴルフ会員権
・課税資産を賃借するために支出する権利金等
・著作権等
・他の者からのソフトウエアの購入費用又は他の者に委託してソフトウエアを開発した場合におけるその開発費用
No
①又は②に係る資本的支出に該当する
No
Yes
Yes
Yes
調整対象固定資産に該当する

○　調整の対象となる固定資産

名　称		詳　細
①　建物及びその附属設備	⇨	※1
②　構築物	⇨	※2
③　機械及び装置		
④　船舶		
⑤　航空機		
⑥　車両及び運搬具		
⑦　工具、器具及び備品	⇨	※3
⑧　無形固定資産	⇨	※4
⑨　ゴルフ場利用株式等	⇨	※5
⑩　生物	⇨	※6
⑪　①～⑩の資産に準ずるもの	⇨	※7

※1　その附属設備とは……	暖冷房設備、照明設備、通風設備、昇降機その他建物に附属する設備をいいます（令5一）。
※2　構築物とは……	ドック、橋、岸壁、桟橋、軌道、貯水池、坑道、煙突その他土地に定着する土木設備又は工作物をいいます（令5二）。
※3　備品には……	観賞用、興行用その他これらに準ずる用に供する生物を含みます（令5三）。

※4　無形固定資産とは……	次に掲げるものをいいます（令5ハイ～ソ）。 ㋑鉱業権（租鉱権及び採石権その他土石を採掘し、又は採取する権利を含みます。）、㋺漁業権（入漁権を含みます。）、㋩ダム使用権、㋥水利権、㋭特許権、㋬実用新案権、㋣意匠権、㋠商標権、㋷育成者権、㋦公共施設等運営権、㋸樹木採取権、㋾営業権、㋻専用側線利用権、㋕鉄道軌道連絡通行施設利用権、㋵電気ガス供給施設利用権、㋟水道施設利用権、㋹工業用水道施設利用権、㋞電気通信施設利用権
※5　ゴルフ場利用株式等とは……	ゴルフ場その他の施設の所有若しくは経営に係る法人の株式若しくは出資を所有すること又は当該法人に対し金銭の預託をすることが当該ゴルフ場その他の施設を一般の利用者に比して有利な条件で継続的に利用する権利を有する者となるための要件とされている場合における当該株式若しくは出資に係る有価証券（「ゴルフ場利用株式等」）をいいます（令9②）。
※6　生物とは……	次に掲げる生物（「※3　備品」に掲げる生物を除きます。）をいいます（令5十）。 ㋑牛・馬・豚・綿羊及びやぎ、㋺かんきつ樹・りんご樹・ぶどう樹・梨樹・桃樹・桜桃樹・びわ樹・くり樹・梅樹・柿樹・あんず樹・すもも樹・いちじく樹・キウイフルーツ樹・ブルーベリー樹及びパイナップル、㋩茶樹・オリーブ樹・つばき樹・桑樹・こりやなぎ・みつまた・こうぞ・もう宗竹・アスパラガス・ラミー・まおらん及びホップ
※7　①～⑩の資産に準ずるものには……	次に掲げるものが含まれます（基通12－2－1）。 ㋑回路配置利用権、㋺預託金方式のゴルフ会員権、㋩課税資産を賃借するために支出する権利金等、㋥令第6条第1項第7号《著作権等の所在地》に規定する著作権等、㋭他の者からのソフトウエアの購入費用又は他の者に委託してソフトウエアを開発した場合におけるその開発費用、㋬書画・骨とう

用語15	高額特定資産（法12の4①一、令25の5①一）

「高額特定資産」とは、一つの取引単位につき、課税仕入れの金額（税抜）が1,000万円以上の棚卸資産又は調整対象固定資産をいいます。

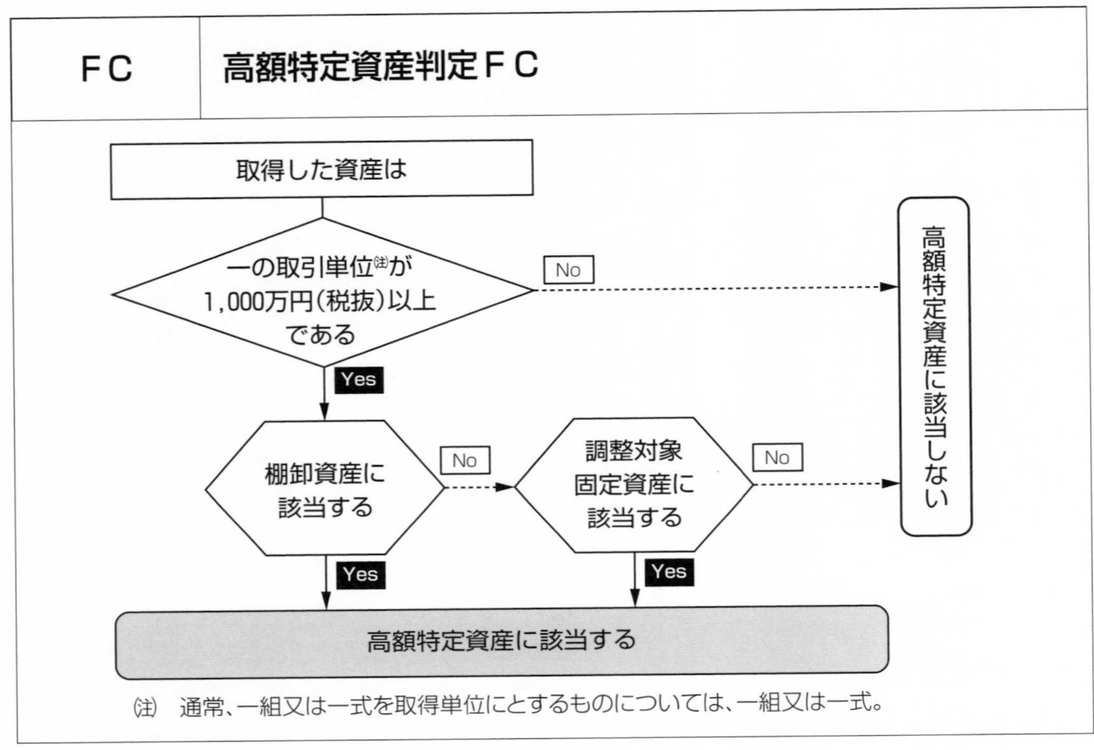
FC
高額特定資産判定FC
取得した資産は
一の取引単位(注)が
1,000万円(税抜)以上
である
No
高額特定資産に該当しない
Yes
棚卸資産に
該当する
No
調整対象
固定資産に
該当する
No
Yes
Yes
高額特定資産に該当する
(注)　通常、一組又は一式を取得単位にとするものについては、一組又は一式。

用語16	高額特定資産に該当する棚卸資産（法12の4①、令25の5①）

「高額特定資産に該当する棚卸資産等」とは、一の取引単位につき、課税仕入れ等に係る支払対価の額（税抜）が1,000万円以上の棚卸資産をいいます。

「免税から課税となる場合の棚卸資産に係る税額調整」【⇨用語19】の税額の調整対象となります。

用語17	自己建設高額特定資産（法12の4①二、令25の5①二）

「自己建設高額特定資産」とは、自ら建設等をした高額特定資産をいいます。

Point ☞ **「自ら建設等をした」とは――**

他の者との契約に基づき、又は当該事業者の棚卸資産若しくは調整対象固定資産として自ら建設、製作又は製造をしたことをいいます（法12の4①）。

用語18	自己建設高額特定資産の仕入れ等を行った（法12の4①、令25の5①二・②）

「自己建設高額特定資産の仕入れ等を行った」とは、自己建設高額特定資産の建設等に要した費用の額が1,000万円以上となった場合をいいます（法12の4①）。

用語19	免税から課税となる場合の棚卸資産に係る税額調整（法36①）

免税事業者が課税事業者になる場合に、免税事業者の期間中に仕入れて課税事業者になる期間の前日に保有している棚卸資産については、その資産に係る消費税額を課税事業者となる課税期間の課税仕入れとみなして、その課税期間の仕入控除税額に加えることができます。これは、国内仕入れによるものだけでなく、輸入した課税貨物についても棚卸資産を調整することとされています。

Point ☞ **税額調整の趣旨――**

免税事業者の間の仕入れについては、消費税の仕入税額控除ができません。この状態で、免税事業者が課税事業者になった場合は、その前期（免税）から持ち越された棚卸資産を（課税事業者となって）販売すると、売上げの消費税が課税される一方、免税事業者時代に仕入れた棚卸資産の仕入税額控除はできないままとなります。

そこで、このように免税期間に仕入れて課税期間に持ち越した棚卸資産は、課税事業者となった課税期間の課税仕入れとして調整計算をするように措置されています。

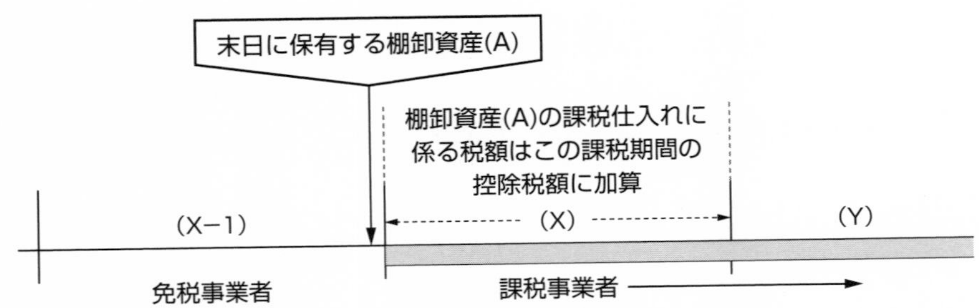

なお、「**課税から免税となる場合の棚卸資産に係る税額調整**」（法36②）については、191頁を参照して下さい。

また、調整対象の棚卸資産が高額特定資産に当たる場合は、第１章**5**にも注意が必要です。

用語20　棚卸資産（法２①十五、令４）

「**棚卸資産**」とは、次のものをいいます。

①	商品又は製品（副産物及び作業くずを含みます。）
②	半製品
③	仕掛品（半成工事を含みます。）
④	主要原材料
⑤	補助原材料
⑥	消耗品で貯蔵中のもの
⑦	上記①から⑥に掲げる資産に準ずるもの

用語21　棚卸資産の取得価額（令54①・基通12−７−１～12−７−３）

「棚卸資産の取得価額」とは、次の⑴～⑶の区分に応じて、それぞれ次の金額とされています。

⑴　国内課税仕入れの棚卸資産……次の①～③に掲げる金額の合計額

①　当該資産の課税仕入れに係る支払対価の額

②　引取運賃、荷役費その他当該資産の購入のために要した費用の額

③　当該資産を消費し、又は販売の用に供するために直接要した費用の額

(2)　輸入外国貨物の棚卸資産……次の①～③に掲げる金額の合計額

①　課税貨物に係る消費税の課税標準である金額と当該課税貨物の引取りに係る消費税額及び地方消費税額（これらの税額に係る附帯税の額に相当する額を除きます。）との合計額

②　引取運賃、荷役費その他当該課税貨物の保税地域からの引取りのために要した費用の額

③　当該課税貨物を消費し、又は販売の用に供するために直接要した費用の額

(3)　上記(1)及び(2)の棚卸資産を原材料として製作され、又は建設された棚卸資産（自己の採掘、採取、栽培、養殖その他これらに準ずる行為（「採掘等」）に係る棚卸資産を含みます。）……次の①・②に掲げる金額の合計額

①　当該資産の製作若しくは建設又は採掘等のために要した原材料費及び経費の額

②　当該資産を消費し、又は販売の用に供するために直接要した費用の額

用語22	調整対象自己建設高額資産（法12の4②、令25の5③）

「調整対象自己建設高額資産」とは、他の者との契約に基づき自ら建設、製作又は製造（以下「建設等」といいます。）をした棚卸資産で、その建設等に要した課税仕入れ（特定課税仕入れに該当するものを除きます。）に係る支払対価の額（税抜）、特定課税仕入れに係る支払対価の額及び保税地域から引き取られる課税貨物の課税標準である金額であって（その建設等のために要した原材料費及び経費に係るものに限ります。）、その累計額が1,000万円以上のものをいいます。

用語23	分割等（法12⑦）

「分割等」とは、①会社法に規定する新設分割、②一定の現物出資による法人の設立【⇨用語24】、又は③一定の事後設立【⇨用語25】をいいます。

用語24	一定の現物出資による会社設立（法12⑦二）

分割等に含まれる**「一定の現物出資による会社設立」**とは、次①～③の全ての要件

に該当するものです。

① 分割親会社が現物出資により新たな会社を設立すること。

② 新設分割子会社の設立時の発行済株式の総数又は出資金額の全部を分割親会社が有すること（100％の現物出資）。

③ その出資により新設分割子法人に事業の全部又は一部を引き継ぐこと。

用語25	一定の事後設立（法12⑦三、令23⑨）

分割等に含まれる**「一定の事後設立」**とは、次の①～④の全ての要件に該当するものです。

① 法人が金銭出資により新たな法人を設立すること。

② 新設分割子会社と会社法467条１項５号（事業譲渡等の承認等）に掲げる契約を締結し、その契約に基づき金銭以外の資産の譲渡をすること。

③ 新設分割子会社の設立の時において発行済株式の総数又は出資金額の全部を新設分割親会社が有していること（100％の金銭出資）。

④ 上記②の金銭以外の資産の譲渡が、新設分割子会社の設立の時において予定されており、かつ、その設立の時から６月以内に行われるものであること。

用語26	特定要件（法12③、④）

分割事業年度の翌々事業年度以降の判定において要件となる**「特定要件」**とは、次に(1)又は(2)に該当する場合です。

(1) 新設分割子法人の発行済株式又は出資（自己株式又は自己の出資を除きます。）の総数又は50％超を、新設分割親法人及びその新設分割親法人と特殊な関係にある者【⇨用語27】が所有する場合

なお、この**「新設分割親法人及びその新設分割親法人と特殊な関係にある者」**を「新設分割親法人等」といいます（令24④）。

(2) 次の①又は②に該当する場合

① 新設分割子法人の一定の議決権※のいずれかにつき、その総数（その議決権を

行使することができない株主等が有する議決権の数を除きます。）の50％超を、新設分割親法人等が所有する場合（令23④）

※「新設分割子法人の一定の議決権」とは、次イ～ニの決議に係るものです。
イ　事業の全部若しくは重要な部分の譲渡等又は現物出資に関する決議
ロ　役員の選、解任に関する決議
ハ　役員の報酬、賞与等に関する事項についての決議
ニ　剰余金の配当又は利益の配当に関する決議

②　新設分割子法人の株主等（合名会社、合資会社又は合同会社の社員※に限る。）の総数の50％を超える数を新設分割親法人等が占める場合

※　その合名会社、合資会社又は合同会社である新設分割子法人が、業務を執行する社員を定めた場合には、その業務を執行する社員です。

用語27　その新設分割親法人と特殊な関係にある者

「その新設分割親法人と特殊な関係にある者」とは、次に該当する者です（令24）。

(1)　新設分割親法人を実質的に支配している特殊関係者
【例】　新設分割親法人の発行済株式又は出資（その有する自己の株式又は出資を除きます。）の総数又は総額の50％超の数又は金額の株式又は出資を有する場合の株主等。

(2)　新設分割親法人が実質的に支配している特殊関係者
【例】　新設分割親法人が他の会社を支配している場合における当該他の会社。

用語28　「国内取引・国外取引」　～　内外判定

消費税は、国内取引を課税対象とします（法４①）。

したがって、第４章の**FC4**・１・①で示したように、国外取引は課税の対象外となります。

判断が困難なものの主な取扱いは、次のとおりです。

(1)　第４章の**FC4**・１の判断基準の一つである資産の所在場所については、特許権などの無体財産権や、船舶など、物理的にその特定が困難なものについては、概ねその「登録」を基準とする取扱いとなります（令６①）。例えば、特許権については、原則として登録した機関の所在場所が基準となります（令６①五）。

(2)　貸付金、売掛金などの金銭債権については、債権者の事務所（譲渡に係る事務所）等の所在地基準とされます（令６①九ホ）。

(3)　国際取引の中でも、役務の提供については、国内及び国外にわたって行われる取引もあり、このような場合の内外判定は、概ね次表のとおりですが、この中でも⑥の「上記以外」の取引について「明らかでないもの」の判断基準、つまり、「役務の提供に係る事務所等の所在地」基準が、たびたび問題となります。

	役務の提供の内容	判定場所
①	国際運輸（旅客、貨物）	旅客又は貨物の出発地、発送地又は到着地（令６②一）
②	国際通信	発信地又は受信地（令６②二）
③	国際郵便	差出地又は配達地（令６②三）
④	保険	保険会社の契約に係る事務所等の所在地（令６②四）
⑤	プラント建設・製造に関する調査、企画、立案、助言、監督、検査等	生産設備等の建設又は製造に必要な資材の大部分が調達される場所（令６②五）
⑥	上記以外の国内外に渡る役務提供で提供場所が明らかでないもの	役務の提供を行う者の役務提供に係る事務所等の所在地（令６②六）

(4)　いわゆる「三国間貿易」については、消費税法基本通達５－７－１において、国外取引に該当することとされています。すなわち、「事業者が国外において購入した資産を国内に搬入することなく他へ譲渡した場合には、その経理処理のいかんを問わず、その譲渡は」国内取引に該当しないものとして取り扱われています。

(5)　次表に掲げる「金融取引」については、貸付け又は行為を行う者の貸付け又は行為に係る事務所等の所在地が国内か国外かで判定することとされています。

	金融取引の範囲（令６③、10①、③一～八）	判定場所
①	利子を対価とする金銭の貸付け（利子を対価とする国債等の取得、国際通貨基金協定の特別引出権の保有を含みます。）	貸付け又は行為に係る事務所等の所在地
②	預金又は貯金の預入	
③	収益の分配金を対価とする集団投資信託、法人課税信託、退職年金等信託、特定公益信託等	
④	給付補填金を対価とする掛金の払込み	
⑤	無尽に係る契約に基づく掛金の払込み	
⑥	利息を対価とする抵当証券の取得	
⑦	償還差益を対価とする国債等又は約束手形の取得	
⑧	手形（約束手形を除きます。）の割引	
⑨	金銭債権の譲受けその他の承継（包括承継を除きます。）	

用語29　「事業として」の意義

1　法人と個人事業者

法人が行う取引は、すべて「事業として」行うものとされますが（基通５－１－１注書２）、個人事業者の場合、その個人が消費者として行う取引は「事業として」行うものには該当しません（同通達注書１）。

2　「反復、継続、独立して」

個人の行う取引が事業に該当するかどうかについては、「対価を得て行われる資産の譲渡及び貸付け並びに役務の提供が反復、継続、独立して行われる」ものであるかどうかが重要な判断基準になります。

例えば、サラリーマンでも建物の貸付けが「反復、継続、独立して」行われる場合には、事業性が認定され、課税の対象となります（ただし、住宅貸付けの場合は非課税です。）。

3　事業付随行為に含まれるもの

事業に付随する取引も、「事業」に含まれます（令２③）。例えば、次に掲げるものは、この事業付随行為に含まれます（基通５－１－７）。

(1)　職業運動家、作家、映画・演劇等の出演者等で事業者に該当するものが対価を得て行う他の事業者の広告宣伝のための役務の提供
(2)　職業運動家、作家等で事業者に該当するものが対価を得て行う催物への参加又はラジオ放送若しくはテレビ放送等に係る出演その他これらに類するもののための役務の提供
(3)　事業の用に供している建物、機械等の売却
(4)　利子を対価とする事業資金の預入れ
(5)　事業の遂行のための取引先又は使用人に対する利子を対価とする金銭等の貸付け
(6)　新聞販売店における折込広告
(7)　浴場業、飲食業等における広告の掲示

用語30	「対価を得て行う」の意義　～　対価性

1　対価性

消費税は、「事業として対価を得て行われる」取引（資産の譲渡等）を対象とします（法２①八）。

この「対価を得て行われる」とは、取引に対する反対給付のことで、この反対給付としての対価であるのか否かを「対価性」がある、あるいは「対価性」がない、と表現します。

例えば、寄附金や補助金などは、反対給付として授受されるものではないので「対価性」がないものになります。

ほかにも、利益配当や宝くじの当せん金なども「対価性」のない金銭の受領ということになります。

2　みなし譲渡

次の取引は無償の取引ですが、「事業として対価を得て行われた資産の譲渡」とみなされます（みなし譲渡）（法４⑤一、二）。

(1)　個人事業者の家事消費・家事使用
⇒　消費等の時における時価が対価とみなされます（法28③一）。

(2)　会社が役員に対して行う資産の贈与又は低額譲渡
⇒　贈与又は低額譲渡の時における時価が対価とみなされます（法28①、③二）。

3　代物弁済、負担付き贈与、現物出資、交換

これらの取引は、いずれも対価性があるものとされます。

(1)　代物弁済（令45②一）

⇒　その代物弁済により消滅する債務の額（差額の支払いがある場合は差額を加算した額）が代物弁済するものの対価とされます。

(2)　負担付き贈与（令45②二）

⇒　その負担付き贈与に係る負担の価額に相当する金額が対価とされます。

(3)　金銭以外の資産の出資（令45②三）

⇒　その出資により取得する株式（出資を含みます。）の取得の時における価額に相当する金額

(4)　交換（令45②四）

⇒　その交換により取得する資産の取得の時における価額（差額を補うための金銭を取得する場合は取得する金銭の額を加算した金額とし、差額を補うための金銭を支払う場合は支払う金銭の額を控除した金額）に相当する金額

用語31　「資産の譲渡」「資産の貸付け」の意義

1　「資産」とは

「資産」とは、取引の対象となる一切の資産をいいます。これには、棚卸資産又は固定資産のような有形資産のほか、権利その他の無形資産が含まれます（基通５－１－３）。

2　「資産の譲渡」とは

「資産の譲渡」とは、取引（売買、贈与、交換等）により、資産につきその同一性を保持しつつ、他人に移転させることをいいます（基通５－２－１、法２①八）。

3　「資産の貸付け」とは

「資産の貸付け」には、資産に係る権利の設定その他他の者に資産を使用させる一切の行為を含むものとされています（法２②）。

例えば、賃貸借や消費貸借等の契約により資産を他の者に使用させる行為をいう

ことになります。具体的には、建物の賃貸借、レンタカーなどの賃貸借、利息を対価とする金銭の貸付けなどがこれに該当します。

さらに、土地に係る地上権若しくは地役権、特許権等の工業所有権に係る実施権若しくは使用権又は著作物に係る出版権の設定なども「資産の貸付け」に含まれることになります（基通５－４－１）。

また、「資産に係る権利の設定」には、例えば次のようなものがこれに該当します（基通５－４－２）。

①　工業所有権等（特許権等の工業所有権や、その出願権及び実施権）の使用、提供又は伝授

②　著作物の複製、上演、放送、展示、上映、翻訳等、著作物を利用させる行為

③　ノウハウなどの使用、提供又は伝授

用語32　「役務の提供」の意義

「役務の提供」とは、例えば、次のようなものをいいます（基通５－５－１）。

①　土木工事、修繕、運送、保管、印刷、広告、仲介、興行、宿泊、飲食、技術援助、情報の提供、便益、出演、著述その他のサービスを提供すること。

②　弁護士、公認会計士、税理士、作家、スポーツ選手、映画監督、棋士等によるその専門的知識、技能等に基づく役務の提供も「役務の提供」に含まれます。

用語33　貨物の輸出

輸出とは、内国貨物を外国に向けて送り出すことをいいます（関税法２①二）。

この輸出として行われる資産の譲渡又は貸付けに該当するものは、消費税の免除対象となります（法７①一）。

Point☞　内国貨物とは――

本邦にある貨物で外国貨物【⇨用語37】でないもの及び本邦の船舶により公海で採捕された水産物をいいます（関税法２①四）。

用語34　国際旅客、国際貨物の輸送（国際輸送）

次のような国際旅客又は国際輸送として行われる役務の提供（国際輸送）は、輸出免税の対象となります（法７①三)。

① 国内及び国内以外の地域にわたって行われる旅客（国際旅客）

② 国内及び国内以外の地域にわたって行われる貨物の輸送（国際貨物の輸送）

Point☞ 国際輸送の範囲――

国際輸送は、国内から国外に向けたもの、又は国外から国内に向けたもの、そのいずれもが免税対象となります（基通７－２－４)。

Point☞ 国際旅客輸送の一部に国内輸送が含まれる場合――

次の全ての要件を満たす場合の国内輸送は，国際輸送に該当するものとされます（基通７－２－４(1)(2))。

① 国際輸送に係る契約において国際輸送の一環としてのものであることが明らかにされていること。

② 国内間の移動のための輸送と国内と国外との間の移動のための国内乗継地又は寄港地における到着から出発までの時間が定期路線時刻表上で24時間以内である場合

用語35　非居住者

「非居住者」とは、外国為替及び外国貿易法６条１項６号に規定する者をいい、具体的には、次表のとおりです。

この表を見てもわかるとおり、**「非居住者」**とは、本邦内に住所又は居所を有しない自然人及び本邦内に主たる事務所を有しない法人がこれに該当し、非居住者の本邦内の支店，出張所その他の事務所は、法律上の代理権があるかどうかにかかわらず、その主たる事務所が外国にある場合においても居住者とみなされます（令１②二、外国為替及び外国貿易法６①六、基通７－２－15)。

<table>
<tr><td rowspan="2">外国人</td><td>非居住者</td><td>①　外国人は原則として非居住者として取り扱われます。
②　外国政府又は国際機関の公務を帯びる者 等</td></tr>
<tr><td>居住者</td><td>①　本邦内にある事務所に勤務する者
②　本邦に入国後６か月以上経過するに至った者</td></tr>
<tr><td rowspan="2">本邦人</td><td>非居住者</td><td>①　外国にある事務所（本邦法人の海外支店等、現地法人、駐在員事務所及び国際機関を含みます。）に勤務する目的で出国し外国に滞在する者
②　２年以上外国に滞在する目的で出国し外国に滞在する者
③　①及び②に掲げる者のほか、本邦出国後、外国に２年以上滞在するに至った者
④　①から③までに掲げる者で、事務連絡、休暇等のため一時帰国し、その滞在期間が６か月未満の者</td></tr>
<tr><td>居住者</td><td>①　本邦人は、原則として居住者として取り扱われます。
②　本邦の在外公館に勤務する目的で出国し外国に滞在する者は、居住者として取り扱われます。</td></tr>
</table>

用語36　非居住者に対する役務の提供（免税とならないもの）

輸出免税の対象となるものから除かれる非居住者に対する役務の提供には、例えば、次のものが該当するとされています（基通７－２－16）。

①　国内に所在する資産に係る運送や保管
②　国内に所在する不動産の管理や修理
③　建物の建築請負
④　電車，バス，タクシー等による旅客の輸送
⑤　国内における飲食又は宿泊
⑥　理容又は美容
⑦　医療又は療養
⑧　劇場，映画館等の興行場における観劇等の役務の提供
⑨　国内間の電話，郵便又は信書便
⑩　日本語学校等における語学教育等に係る役務の提供

Point☞　国内に支店等を有する非居住者に対する役務の提供――

国内に支店等を有する非居住者に対する役務の提供は、一定の要件(注)を満た

す場合を除き、その支店又は出張所等を経由して役務の提供を行ったものとして輸出免税の対象から除かれますので注意が必要です（基通７－２－17）。

㈱　次の要件の全てを満たせば、輸出免税の対象として取り扱われます（基通７－２－17ただし書）。

①　役務の提供が非居住者の国外の本店等との直接取引であり、当該非居住者の国内の支店又は出張所等はこの役務の提供に直接的にも間接的にもかかわっていないこと。

②　役務の提供を受ける非居住者の国内の支店又は出張所等の業務は、当該役務の提供に係る業務と同種、あるいは関連する業務でないこと。

用語37　外国貨物（→関連「保全地域」「保全運送」）

⑴　「外国貨物」

「**外国貨物**」とは、次のものをいいます（関税法２①三）。

①　輸出の許可を受けた貨物

②　本法に到着した貨物[注]で輸入の許可がされる前のもの

㈱　外国の船舶により公海で採捕された水産物を含みます。

⑵　「保税地域」

「外国貨物」の状態で、倉庫での保管（関税法37、42）、工場での加工・製造などができる場所（関税法56ほか）を「**保税地域**」といいます。

⑶　「保税運送」

税関長の承認を得て「外国貨物」の状態で、港や空港などの保税地域の間を運送できる制度を「**保税運送**」といいます（関税法63）。

用語38　船舶運航事業者等

「**船舶運航事業者等**」とは、船舶運航事業、船舶貸渡業若しくは航空運送事業を営む者をいいます（令17②二）。

用語39　外航船舶等

「外航船舶等」とは、国際旅客、国際貨物輸送の用に供される次の船舶又は航空機のことをいいます（基通７－２－1⑷かっこ書き）。

① 専ら国内及び国外にわたって行われる旅客又は貨物の輸送の用に供される船舶又は航空機

② 専ら国内及び国外との間で行われる旅客又は貨物の輸送の用に供される船舶又は航空機

なお、この「外航船舶等」には、日本国籍の船舶又は航空機も含むものとされます。

用語40　輸出免税物品を輸出しないとき

非居住者が、免税店（輸出物品販売場）で消費税の免除を受けて購入した物品を出国の時までに輸出しなかった場合（法８③）や、国内でその物品を譲渡をした場合等（法８⑤）には、消費税が徴収されることとなります。

Point☞ 消費税が徴収されるケース――

次のような場合には、消費税が徴収されることとなります。

⑴　免税物品を国内において生活の用に供した場合（基通８－１－５）

輸出物品販売場において、免税手続を経て消耗品等を購入した非居住者が、その消耗品等を国内において消費等生活の用に供した場合には、輸出免税物品を輸出しない場合に当たるとして、消費税が即時徴収されることとなります（法８③）。

⑵　出国の際に免税物品を所持していなかった場合（基通８－１－５の２）

輸出物品販売場において、免税手続を経て消耗品等を購入した非居住者が、出国する際にその免税物品を所持していなかった場合は、原則として、輸出免税物品を輸出しない場合に当たるとして、消費税が即時徴収されることとなります（法８③）。

⑶　免税物品を国内で譲渡等した場合（基通８－１－６）

輸出物品販売場において、免税手続を経て消耗品等を購入した非居住者が、その免税物品を国内において譲り渡した場合、その免税物品をその非居住者から譲り受けた場合、及びその非居住者から引渡しを受けて所持した場合には、輸出免税物品の譲渡等があった（法８⑤）として消費税が即時徴収されることとなります。

用語41　一般物品

「一般物品」とは、家電、バッグ、衣料品など通常生活の用に供する物品（免税対象物品）のうち消耗品【⇨用語42】以外のものをいいます（令18②一）。

用語42　消耗品

「消耗品」とは、食品類、飲料類、薬品類、化粧品類その他の消耗品をいいます（消令18①二）。

なお、消耗品に該当するか一般物品に該当するかは、個々の物品の性質に応じて判断することとされます。

用語43　指定包装

消耗品を免税で販売する際に必要となる包装の方法は、次の表の①から④の要件の全てを満たす「袋」又は「箱」に入れ、かつ、開封された場合に開封されたものであることを示す文字が表示されるシールの貼り付けにより封印をする方法によることと定められています（平成26年経済産業省 国土交通省 告示第６号）。

	袋の要件	箱の要件
①	プラスチック製で無色透明又はほとんど無色透明であること。	段ボール、発泡スチロール製等であること。
②	使用される状況に照らして十分な強度を有するものであること。	
③	本邦から出国するまで開封してはならない旨及び消費税が免除された物品を消費した場合には消費税が徴収される旨が日本語及び外国語により記載されたもの又は記載された書面が貼り付けられたものであること。	

④	内容物の品名及び数量を外側から確認できない場合にあっては、内容物の品名及び品名ごとの数量が記載されたもの又は記載された書面が貼り付けられたものであること。	内容物の品名及び品名ごとの数量が記載されたもの又は記載された書面が貼り付けられたものであること。

㈲　消耗品の鮮度の保持に必要な大きさであり、かつ、当該消耗品を取り出せない大きさの穴を設けることは妨げない。

用語44　一般課税と簡易課税

(1)　課税売上げに係る消費税額から課税仕入れ等に係る税額を控除し、納付する税額を計算する方法を「**一般課税**」といいます。

この「一般課税」は、納付税額の計算方法の特例である「**簡易課税**」と区別するために「一般」とされるのですが、その計算方法の違いは、課税仕入れ等に係る税額を実額によるのか（一般課税）、みなした金額によるのかの違いにあります（第6章Ⅲ参照）。

(2)　簡易課税制度は、分かり易い言葉で「課税売上高から納付する消費税額を計算する制度」と一般的には説明されています。

具体的には、課税標準額に対する消費税額を基に納付する消費税額を計算する方法なので、売上（収入）については、「課税」対象となる売上だけを判別区分すれば足ります。課税されない取引（「免税」、「非課税」、「不課税」）は、納付税額の計算に影響することはありません（ただし、次の留意事項参照）。

留意事項　「免税」売上げの取扱いに注意

簡易課税制度は、「課税標準額」に対する消費税額を基に消費税額を計算する方法です。この「課税標準額」には「免税」売上げは含まれません（法45①）。したがって、納付税額の計算においては、「課税売上げ」以外の売上げを判別区分する必要はないでしょう。

ただし、次の①・②の場合に判定基準となる「課税売上高」には、「課税売上げ」のほか「免税」売上も含まれますので、その判定の際には「課税」のほか「免税」

を加えた金額で判定しなければならないことになります。

① 課税事業者・免税事業者の判定の際の「基準期間における課税売上高」【⇨用語３】及び「特定期間における課税売上高」【⇨用語５】。

② 簡易課税制度の適用を受ける基準としての「基準期間における課税売上高」【⇨用語３】

■■■ 留意事項 ■■■ 簡易課税のシミュレーション

簡易課税制度を選択できる場合は、一般課税と比較してどちらか有利な方法を選択することになります。また、簡易課税においても、特例計算があるので、どの計算方法が有利なのかシミュレーションする必要があります（第６章Ⅲ❷参照）。

用語45 軽減税率の対象となる資産の譲渡

軽減税率の対象となる資産の譲渡は、次のとおりです。

① 飲食料品（酒類、外食を除きます）

軽減税率が適用になる飲食料品とは、食品表示法に規定する食品㈱（酒類を除きます。）をいいます（「消費税の軽減税率制度に関するＱ＆Ａ（制度概要編）問２」国税庁）。

㈱ 食品表示法に規定する「食品」とは、全ての飲食物をいい、人の飲用又は食用に供されるものとされています。

なお、「食品」には、食品衛生法に規定する「添加物」は含まれますが、「医薬品」、「医薬部外品」及び「再生医療等製品」は含まれません。

② 新聞の譲渡

軽減税率が適用になる「新聞の譲渡」とは、週２回以上発行される新聞の定期購読契約に基づく譲渡をいいます（改正法附則34①二）。

なお、駅売りの新聞など定期購読契約に基づかないものは軽減税率の対象とはなりません（「消費税の軽減税率制度に関するＱ＆Ａ（制度概要編）問６」国税庁）。

■■■ 留意事項 ■■■ 軽減税率対象の可否

① 一体資産

おまけ付きお菓子など、食品と食品以外の資産があらかじめ一体となっている資産（一体資産）で一定の要件を満たすものは軽減税率の対象となる飲食料品に含まれます（「消費税の軽減税率制度に関するＱ＆Ａ（制度概要編）問３」国税庁）。

② テイクアウト、出前、宅配など

テイクアウト、出前、宅配などは軽減税率の対象となる飲食料品に含まれます（「消費税の軽減税率制度に関するＱ＆Ａ（個別事例編）問58」国税庁）。

③ 外食

食堂、レストランなど、飲食設備（テーブル・椅子等の飲食に用いられる設備をいいます。）がある場所における飲食料品の提供は、軽減税率の対象とはなりません（「消費税の軽減税率制度に関するＱ＆Ａ（制度概要編）問７」国税庁）。

④ ケータリング等

料理提供の出張サービス（ケータリング）は、軽減税率の対象とはなりません。

なお、老人ホーム等で行われる「役務を伴う飲食料品の提供」で、一定の要件を満たすものは、軽減税率の対象とされます（「消費税の軽減税率制度に関するＱ＆Ａ（個別事例編）問75」国税庁）。

⑤ コンビニなどでのイートイン

コンビニなどのイートインコーナーにはテーブル・椅子等が設置されていますので、そこでの飲食料品の提供には軽減税率は適用されないことになります（「消費税の軽減税率制度に関するＱ＆Ａ（個別事例編）問52」国税庁）。

⑥ 酒類

酒類（酒税法２条１項に定めるアルコール分１％以上の飲料をいいます）については、軽減税率は適用されません（「消費税の軽減税率制度に関するＱ＆Ａ（個別事例編）問12」国税庁）。

用語46　輸入取引の課税標準

保税地域から引き取られる課税貨物に係る消費税の課税標準は、その課税貨物につき関税定率法による課税価格の計算方法（関税法４～４の９）に準じて算出した価格に当該課税貨物の保税地域からの引取りに係る消費税以外の消費税等の額及び関税の額に相当する金額を加算した金額とされます（法28④）。

用語47　特定課税仕入れに係る消費税の課税標準

「**特定課税仕入れに係る消費税の課税標準**」は、特定課税仕入れに係る支払対価の額（対価として支払い、又は支払うべき一切の金銭又は金銭以外の物若しくは権利その他経済的な利益の額をいいます）とされます（法28②）。

⇨「特定課税仕入れ」については第７章を参照。

用語48　課税仕入れ

「**課税仕入れ**」とは、事業者が、事業として他の者から資産を譲り受け、若しくは借り受け、又は役務の提供（給与等を対価とする役務の提供を除きます。）を受けることをいいます（法２①十二）。

課税仕入れとは　事業として他の者から
- ①　資産を譲り受けること
- ②　資産を借り受けること
- ③　役務の提供を受けること

用語49　課税仕入れ等

「**課税仕入れ等**」とは、課税仕入れのほか、特定課税仕入れ（第７章参照）及び保税地域からの引取りに係る課税貨物を含めた用語として用いられます（法30②）。

課税仕入れ等とは
- ①　課税仕入れ【⇨用語48】
- ②　特定課税仕入れ【⇨用語54】
- ③　保税地域からの貨物の引取り（輸入取引）

用語50　課税仕入れ等の税額

「**課税仕入れ等の税額**」とは、上記【用語49】の①又は②に係る消費税額及び③の引取りに係る課税貨物につき課された又は課されるべき消費税額をいいます（法30②）。

用語51	「非課税資産の輸出等の金額・海外支店等へ移送した資産の価額」（付表2－3③欄）

非課税資産の譲渡等が国境を越えて行われる（輸出等）こともあり、また、国外で譲渡等するため又は自己の使用等のために資産を国外に持ち出すこともあります。

それらのために国内で要した課税仕入れ等について税額控除を認めないとした場合には、日本の産品等が日本の消費税の負担をコストとして抱えたまま国際市場に参入することになり、日本の産品等の国際取引を自ら不利にするようなものとなります。

ここでも、他の輸出取引と同様に、国境を越える取引については免税の効果を及ぼすべきとの考え（国境税調整）から、輸出取引として行われる非課税資産の譲渡等及び自己使用等のための資産の輸出を行った場合については，所定の証明がされることを要件として課税仕入れ等に係る消費税額の控除を認めることとされたもので（法31)、具体的には、課税売上割合の計算上、「非課税資産の輸出等の金額・海外支店等へ移送した資産の価額」は課税資産の譲渡等の対価とみなして、分母及び分子の金額に含めることとされています（法31、令51②③）。

留意事項　課税売上高（事業者免税店制度や簡易課税制度の判定基準）との関係

基準期間における課税売上高及び特定期間における課税売上高には、「非課税資産の輸出等の金額・海外支店等へ移送した資産の価額」は含まれません（基通１－４－２）。

非課税資産の輸出等を行った場合に課税資産の譲渡等の対価とみなされる金額は、あくまで課税売上割合の計算に限る取扱いとなります。

用語52	課税売上げ割合に準ずる割合

仕入税額控除を個別対応方式で行う場合（第６章Ⅲ 一般課税 －❷４参照）に、「課税売上げと非課税売上げに共通して要するもの」については、課税売上割合で按分した部分が控除できる消費税額となるのですが、この課税売上げ割合が、必ずしもその事業者の事業の実態を反映しているとはいえない場合などがあります。

そこで、課税売上割合により仕入控除税額を計算するよりも、課税売上割合に準ずる割合によって計算する方が合理的である場合には、課税売上割合に代えて課税売上割合に準ずる割合によって仕入控除税額を計算することも認められています（法30③）。

どのようなものが課税売上げ割合に準ずる割合として合理性があるか、及びその適用範囲については、次のとおりです。

(1) 課税売上割合に準ずる割合の合理性

課税売上割合に準ずる割合は、課税売上割合により計算した仕入控除税額がその事業者の事業の実態を反映していないなど、課税売上割合により仕入控除税額を計算するよりも、課税売上割合に準ずる割合によって計算する方が合理的である場合に認められる特例です。

したがって、使用人の数または従事日数の割合、消費または使用する資産の価額、使用数量、使用面積の割合など、課税売上げと非課税売上げに共通して要するものの性質に応じた合理的なものでなければなりません。

(2) 課税売上割合に準ずる割合の適用範囲

課税売上割合に準ずる割合の適用は、その事業者が行う事業の全部について同一の割合を適用する必要はないとされており、より実態に即した合理的な割合を、それぞれの状況に応じて適用することが認められます。例えば、次のような区分により、それぞれ別の課税売上割合に準ずる割合を適用することができます。

① 事業の種類の異なるごと

② 事業に係る販売費、一般管理費その他の費用の種類の異なるごと

③ 事業に係る事業場の単位ごと

(3) 課税売上割合に準ずる割合と本来の課税売上割合の混合適用

上記(2)の単位で適用を受ける場合には、一部の事業場について本来の課税売上割合を適用し、他の事業場については課税売上割合に準ずる割合注を適用することもできます。

(注) 「適用すべき課税売上割合に準ずる割合」のすべてについて、税務署長の承認が必要です。

用語53　特定仕入れ

「**特定仕入れ**」とは、事業として他の者から受けた「特定資産の譲渡等」【⇨用語55】をいいます（法４①）。

リバースチャージの対象となる取引について、その取引を行う者の側から定義したものを「特定資産の譲渡等」といい、その取引を受けた者の側から定義したものを「特定仕入れ」ということになります。

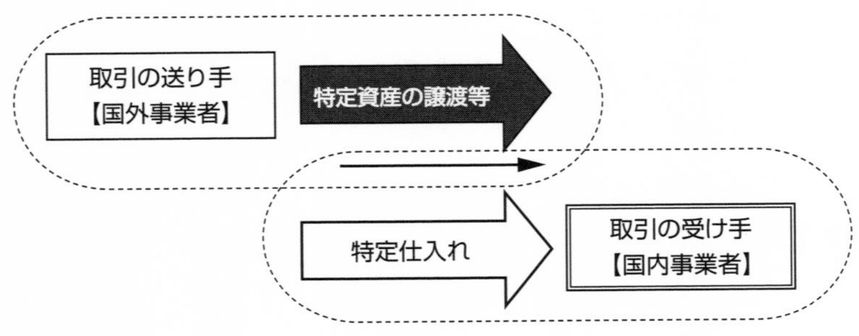

用語54　特定課税仕入れ

「**特定課税仕入れ**」とは、課税仕入れ【⇨用語48】のうち特定仕入れ【⇨用語53】に該当するものをいいます（法５①）。

特定課税仕入れを行えば、リバースチャージ方式課税の対象となります。

用語55　特定資産の譲渡等

「**特定資産の譲渡等**」とは、事業者向け電気通信利用役務の提供【⇨用語57】及び特定役務の提供【⇨用語59】をいいます（法２①八の二）。

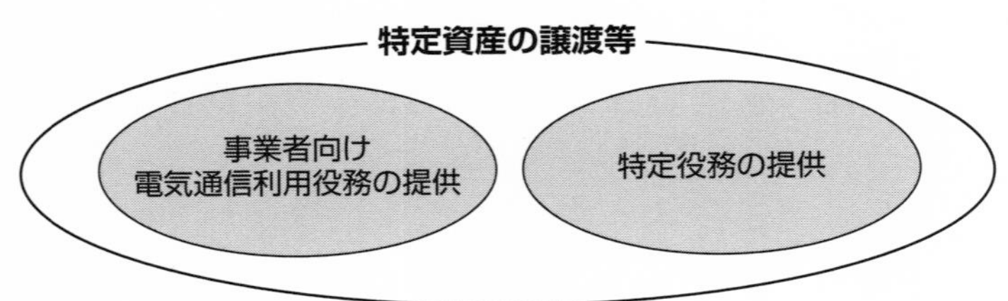

用語56　電気通信利用役務の提供

「**電気通信利用役務の提供**」とは、資産の譲渡等のうち、電気通信回線を介して行われる著作物の提供（当該著作物の利用の許諾に係る取引を含みます。）その他の電気通信回線を介して行われる役務の提供（電話、電信その他の通信設備を用いて他人の通信を媒介する役務の提供を除きます。）であって、他の資産の譲渡等の結果の通知その他の他の資産の譲渡等に付随して行われる役務の提供㈱1以外のものをいいます（法２①八の三）。

具体的には、インターネットなどの電気通信回線を介して行われる次のような役務提供が挙げられます（基通５－８－３）。

(1)　インターネットを介した電子書籍の配信㈱2

(2)　インターネットを介して音楽・映像を視聴させる役務の提供

(3)　インターネットを介してソフトウエアを利用させる役務の提供

(4)　インターネットのウエブサイト上に他の事業者等の商品販売の場所を提供する役務の提供

(5)　インターネットのウエブサイト上に広告を掲載する役務の提供

(6)　電話，電子メールによる継続的なコンサルティング

㈱1　「他の資産の譲渡等の結果の通知その他の他の資産の譲渡等に付随して行われる役務の提供」とは、例えば，次に掲げるようなものが該当します（基通５－８－３注書）。

①　国外に所在する資産の管理・運用等について依頼を受けた事業者が，その管理等の状況をインターネットや電子メール（「インターネット等」）を利用して依頼者に報告するもの

②　ソフトウエア開発の依頼を受けた事業者が，国外においてソフトウエアの開発を行い，完成したソフトウエアについてインターネット等を利用して依頼者に送信するもの

㈱2　なお、インターネットを通じて配信する電子版の新聞の取扱いですが、これは、「電気通信利用役務の提供」に該当し、「新聞の譲渡」に該当しないので、軽減税率の対象とはなりません（法２①八の三）。

用語57　事業者向け電気通信役務の提供

「**事業者向け電気通信役務の提供**」とは、国外事業者が行う電気通信利用役務の提

供のうち、当該電気通信利用役務の提供に係る役務の性質又は当該役務の提供に係る取引条件等から当該役務の提供を受ける者が通常事業者に限られるものをいいます（法２①八の四）。

具体的には、次のようなものが挙げられます（基通５－８－４）。

⑴　インターネットのウエブサイト上への広告の掲載のようにその役務の性質から通常事業者向けであることが客観的に明らかなもの

⑵　役務の提供を受ける事業者に応じて、各事業者との間で個別に取引内容を取り決めて締結した契約に基づき行われる電気通信利用役務の提供で、契約において役務の提供を受ける事業者が事業として利用することが明らかなもの

㈱　消費者に対しても広く提供されるような、インターネットを介して行う電子書籍・音楽の配信又は各種ソフトウエアやゲームを利用させるなどの役務の提供であれば、インターネットのウエブサイト上に掲載した規約等で事業者のみを対象とするものであることを明示していたとしても、消費者からの申込みが行われ、その申込みを事実上制限できないものについては、その取引条件等からは事業者向け電気通信利用役務の提供に該当しないものとされます（基通５－８－４注書）。

用語58　消費者向け電気通信役務の提供

「**消費者向け電気通信役務の提供**」とは、電気通信利用役務の提供から事業者向け電気通信利用役務の提供を除いたものをいいます（法２①八の四参照）。

なお、「消費者向け電気通信利用役務の提供」については、その役務提供を行った国外事業者が申告・納税を行うことになります。

また、国内事業者が国外事業者から「消費者向け電気通信利用役務の提供」を受けた場合は、当分の間、「登録国外事業者」から受けたものに限り、仕入税額控除を行うことができます。

㈱「事業者向け電気通信利用役務の提供」に該当するものの範囲は限定的に規定されています。したがって、電気通信利用役務の提供から事業者向けを除いたもの（「消費者向け電気通信利用役務の提供」）は，結果として事業者も利用する様々なサービスが含まれることになります。

用語59　特定役務の提供

「特定役務の提供」とは、資産の譲渡等のうち、国外事業者が行う演劇その他の一定の役務の提供（電気通信利用役務の提供に該当するものを除く。）をいい（法２①八の五)、具体的には、映画若しくは演劇の俳優、音楽家その他の芸能人又は職業運動家の役務の提供を主たる内容とする事業として行う役務の提供のうち、国外事業者が他の事業者に対して行う役務の提供㈱1（当該国外事業者が不特定かつ多数の者に対して行う役務の提供を除きます㈱2。）をいいます（令２の２)。

㈱1　外国人タレント等が「他の事業者に対して行う役務の提供」に限定しています。したがって、外国人タレント等が他の興行主等の事業者に対して行う役務の提供を対象としており、直接、観客等から対価を得て興行等を行ったとしても、その観客等（消費者など）にリバースチャージが課せられることはないこととされます。

㈱2　特定役務の提供は，国外事業者が他の事業者に対して行う役務の提供であっても不特定かつ多数の者に対して行うものは除かれます（令２②かっこ書き)。

例えば、国外事業者である音楽家自身が国内で演奏会等を主催し，不特定かつ多数の者に役務の提供を行う場合において，それらの者の中に事業者が含まれていたとしても，当該役務の提供は特定役務の提供には該当しないこととされます（リバースチャージの対象になりません。基通５－８－６)。

こうした取引については，興行等を行った外国人タレント等（課税事業者に限ります。）に申告納税義務が課されることとなります。

用語60　登録国外事業者

「登録国外事業者」とは、「消費者向け電気通信利用役務の提供」を行う課税事業者である国外事業者で、国税庁長官の登録を受けた事業者をいいます（平成27年改正法附則39①)。

国外事業者から受けた「消費者向け電気通信利用役務の提供」については、「登録国外事業者」から受けたもののみが仕入税額控除の対象となります。

なお、「登録国外事業者」については、国税庁ホームページで、当該事業者の氏名又は名称、登録番号及び登録年月日等について公表されています。

用語61	適格請求書

令和５年10月１日以後、一般課税【⇨用語44】により仕入税額控除を受けるためには、原則として，適格請求書発行事業者【⇨用語62】から交付を受けた適格請求書（又は適格簡易請求書）の保存が必要となります。

この「**適格請求書**」とは、次に掲げる事項を記載した請求書、納品書その他これらに類する書類をいいます（法57の４①（令和５年10月１日施行。以下【用語61】及び【用語62】において「新法」といいます））。

なお、事業の性質上、適格請求書を交付することが困難な一定の課税資産の譲渡等については、適格請求書の交付義務が免除されています（新法57の４①ただし書）。

【適格請求書の記載事項】

①　適格請求書発行事業者の氏名又は名称及び登録番号

②　課税資産の譲渡等を行った年月日（課税期間の範囲内で一定の期間内に行った課税資産の譲渡等につきまとめて当該書類を作成する場合には、当該一定の期間）

③　課税資産の譲渡等に係る資産又は役務の内容（当該課税資産の譲渡等が軽減対象課税資産の譲渡等である場合には、資産の内容及び軽減対象課税資産の譲渡等である旨）

④　課税資産の譲渡等に係る税抜価額又は税込価額を税率の異なるごとに区分して合計した金額及び適用税率

⑤　消費税額等

⑥　書類の交付を受ける事業者の氏名又は名称

ただし、事業の性質上、適格請求書を交付することが困難な一定の課税資産の譲渡等については、適格請求書の交付義務が免除されています（新法57の４第１項ただし書）。

用語62	適格請求書発行事業者

適格請求書【⇨用語61】を発行しようとする事業者は、あらかじめ適格請求書発行事業者として税務署長の登録を受けることが求められています（新法57の２①）。この登録

を受けた事業者を「**適格請求書発行事業者**」といいます（新法２①七の二）。

つまり、適格請求書は「適格請求書発行事業者」でなければ発行することはできないのですが、「適格請求書発行事業者」は課税事業者でなければならないこととされています（新法57の２①）。

著者略歴

内川　毅彦（うちかわ　たけひこ）

税理士、司法書士

関西大学法学部法律学科卒

国税庁間税部消費税第２準備室、国税庁課税部諸税第一係長、

大阪国税局課税第２部消費税課課長補佐、大阪国税局総務部税務相談室相談官、

大阪国税不服審判所副審判官などを経て平成28年３月退職

福井県立大学 経済学部経営学科、同大学院 教授（平成29年４月～令和３年３月）

現在、同大学 経済学部経営学科、同大学院 特任教授（令和３年４月～）

フローチャート消費税

――図解による消費税の課税関係――

令和４年11月１日　印　刷
令和４年11月８日　発　行

著　者　内　川　　毅　彦

発行者　鎌　田　　順　雄

発行所　法令出版株式会社

〒162-0822
東京都新宿区下宮比町２－28－1114
TEL　03（6265）0826
FAX　03（6265）0827
http://e-hourei.com

乱丁・落丁はお取替えします。　　印刷：モリモト印刷㈱
ISBN978-4-909600-29-5　C3033